KB069932

엑설런스

일러두기 ————

1 본문의 괄호 안 글 중 옮긴이가 독자들의 이해를 위해 덧붙인 글에는 '옮긴이'로 표시
   했습니다. '옮긴이' 표시가 없는 것은 지은이의 글입니다.
2 본문에서 언급하는 단행본이 국내에서 출간된 경우 국역본 제목으로 표기했고, 출간되
   지 않은 경우 최대한 원서와 가깝게 번역하고 원제를 병기했습니다.
3 책 제목은 겹낫표(『』), 영화, 공연, 방송 프로그램 등의 제목은 홑낫표(「」), 신문, 잡지의
   이름은 겹화살괄호(《》)를 써서 묶었습니다.

엑설런스
ExzellenZ

인간의 탁월함을 결정하는 9가지 능력

도리스 메르틴 지음 | 배명자 옮김

다산
초당

<hr>

인생이라는 비행기에서
어느 자리에 앉을 것인가?

지금 당신은 인생이라는 비행기에 올라타 있습니다. 과연 어디에 앉아 있을까요? 이코노미? 비즈니스? 퍼스트 클래스? 이 세 가지 선택지 외에 다른 자리를 떠올리지 못했다면, 아직 스스로를 '탁월함'과 연결하지 못하고 있을 가능성이 높습니다.

우리는 이제 학생이든, 주부이든, 사원이든, 관리자이든 상관없이 모두 조종석에 앉아야 합니다. 남이 조종하는 대로 따르면 목적지까지 안락하게 도착할 수 있는 시대는 지났습니다. 분초 단위로 세상이 변하고 있어, 직접 조종대를 쥐지 않으면 언제든 원치 않는 곳에 떠밀리듯 내릴 수 있기 때문이죠.

조종사는 비행을 승객과는 완전히 다르게 인식합니다. 그들은 항로와 고도를 결정하고, 모든 데이터를 숙지하고, 날씨 상황을 주시하고, 달라진 비행 조건에 대처해 원하는 목적지에 도달합니다. 삶도 마찬가지입니다. 조종사로 사는 사람은 가장 탁월하게 인생이라는 비행을 해내죠. 이 책은 앞으로 삶의 조종대를 직접 잡게 될 모든 이를 위해 썼습니다. 지금까진 승객이었다고 해도, 조종석에 앉겠다는 마음을 먹었다면 이미 탁월함에 다가선 셈입니다.

저는 『아비투스』를 집필하며 많은 이가 더 높은 곳으로 손쉽게 도달하길 바랐습니다. 그 바람이 한국 독자들에게도 닿아, 뜨거운 관심과 애정으로 보답해 주신 것에 깊은 감사를 표합니다. 그리고, 당신이 더 높은 곳으로 갈 수 있다면 이젠 어디로든 갈 수 있고 또 가야 한다고 말씀드리고 싶습니다. '탁월함'이란 날개를 달고서 말이죠.

그렇다면 엑설런스, 즉 탁월함은 대체 무엇일까요? 탁월함은 평범한 이들은 감히 이룰 수 없는 아주 거대한 목표라고 생각하기 쉽습니다. 그런데 왜 우리가 탁월함을 깨닫고, 탁월해지기 위해 노력해야 할까요?

서두에서 이야기했듯 우리는 점점 더 크고 빠르게 변화하는 시대, 가능성이 커지는 시대에 살고 있기 때문입니다. 인공지능, 빅데이터, 소셜미디어 같은 기술 덕분에 과거에는 유토피아처럼 여겼던 프로젝트를 실현할 수 있게 되었습니다. 에어비앤비, 틱톡 혹은 내 마음까지 읽어내는 웨어러블 기기 등을 생각해 보세요.

이런 혁신을 성공시키는 것은 과학기술이 아닙니다. 그건 그저 도구일 뿐이고, 실제 혁신의 원천인 기발한 아이디어는 바로 인간의 능력에서 나옵니다. 그러나 대부분은 아직 자신을 대단하게 여기는 데 익숙하지 않습니다. 그저 안전한 사고의 틀 안에만 머무르려는 경향이 강하죠. 앞서 언급했듯이 탁월함은 특출난 소수에게만 허락된 것이라 여기기 때문입니다.

하지만 그렇지 않습니다. 우리는 모두 더 탁월해지고 더 많은 잠재력을 발휘할 수 있습니다.

이 책에서 앞으로 설명할 열린 마음, 성찰, 공감 등의 아홉 가지 능력을 갖추고 발현한다면 말이죠. 저는 『엑설런스』를 통해 모두가 자신을 뛰어넘길 바랍니다. 그래서 더 호기심 많고, 더 민첩하고, 더 유연하고, 더 끈기 있고, 더 우수한 리더와 동료가 될 수 있는 방법들을 정리했습니다.

탁월함이 무엇인지 '아는' 것은 정말로 중요한 일입니다. 탁월함을 깨닫고 이를 체화하는 것이 바로 포스트 코로나 시대가 던진 변화에 유연하게 대처하고, 도전을 멋지게 극복하는 길입니다.

만약 당신이 '과연 나도 평범함을 넘어 탁월해질 수 있을까?'라는 질문을 품고 있다면, 이 책의 마지막 장을 덮을 땐 반드시 그렇다고 대답하게 될 것입니다. 이것이 바로 탁월함의 기적입니다.

아주 멀리 있는 것처럼 보여도 사실은 아주 가까이 있죠. 우리는 모든 일, 모든 영역에서 탁월함을 실현할 수 있습니다. 이제 자신의 한계를 넘어설 시간입니다.

당신의 앞날에 용기와 빛이 가득하기를.

도리스 메르틴

2022년 1월, 바트 아바흐에서

차례

1장
오직 탁월한 존재만이 대체되지 않는다

2장
열린 마음: 호기심은 초능력을 발휘하게 한다

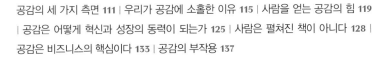

9장
웰빙: 때때로 멈춰 서서 자신을 돌보아라

10장
공명: 혁신은 홀로 태어나지 않는다

1

오직 탁월한 존재만이
대체되지 않는다

완벽함이 아닌 탁월함으로 가는 법

그들은 완벽을 추구하진 않았지만,

어떤 식으로든 자신이 늘 탁월하도록 관리했다. _미셸 오바마

탁월함. 듣기만 해도 가슴 벅찬 단어다. 일론 머스크, 빌 게이츠, 버락 오바마, 루스 베이더 긴즈버그, 그레타 툰베리. 나는 이들을 떠올리면 감탄사가 절로 나온다. 위대한 업적을 남겼고, 만인의 모범이 된 이들이다. 당신은 다른 이름들을 떠올렸을 수도 있다. 노벨상 수상자, 세계적 운동선수, 빌보드 정상에 오른 아티스트…. 그러나 확신하건대, 당신의 이름은 절대 떠올리지 않았을 것이다.

탁월함이라는 단어를 자기 자신과 연결하는 사람은 거의 없다. 마음속에서라도 잘 연결하지 않는다. 누구나 성공과 행복을 추구한다. 그렇다면 탁월함은? 존경받는 교사, 인정받는 의사, 숙련된 IT 전문가조차 탁월하다는 표현은 자신에게 과분하다고 여긴다.

나 역시 다르지 않다. 베이비붐 세대가 늙어가고 Z세대가 성인이 된 세계에서 탁월함(라틴어: excellentia=우수, 고상)이란, 눈에 띄게 특출나거나 야망이 넘치는 소수 엘리트만을 위한 단어였다. 즉, 평범한 사람에게는 어울리지 않는 단어였다. 그러나 우리는 지금 어느 때보다 역동적인 시기를 겪고 있고, 이를 위해서는 잠재력을 더 많이 발휘해야 한다. 탁월함이란 단어를 우리 자신과 연결할 때가 된 것이다.

VUCA 시대가 요구하는 정신

———◆———

디지털화, 기후변화 같은 메가트렌드가 전 세계적으로 사회와 경제뿐 아니라 사람도 변화시키고 있다. 이른바 'VUCA 세계'가 도래했다. VUCA란 변동성(Volatility), 불확실성(Uncertainty), 복잡성(Complexity), 모호성(Ambiguity)의 첫 글자를 딴 신조어로, 21세기의 일사분기를 요약하는 단어이기도 하다. 코로나 팬데믹 이전에 이미 드러났듯이, 익숙하고 안정적인 삶은 모든 영역에서 한계에 부딪혔다. 수십 년 넘게 통했던 가치와 지식의 유효기간은 끝났고 새로운 관점과 가능성이 곳곳에서 등장했다. 과학 기술이 점점 더 삶을 지배하고 있다. 얼마 전까지 유토피아처럼 보였던 일들이 현실에서 실현되고 있다.

이런 메가트렌드가 어떤 변화를 가져올지는 불확실하지만 한

가지는 확실하다. 산업 역사상 가장 큰 4차 산업혁명이 삶의 규칙을 송두리째 바꿀 것이다. 오늘은 부차적이었던 일이 내일의 표준이 될 것이다. 컨설턴트 헤르만 쉐러는 이를 한 문장으로 표현했다.

과거는 더 이상 미래의 기준이 될 수 없다.

기본적인 틀이 너무 빨리 바뀌고 있다. 엄격한 서열 체계, 표준화된 솔루션 같은 낡은 방식의 전성기는 끝났다. 인공지능과 자동화 기술이 우리 자리를 점점 더 많이 빼앗아갈수록 우리는 감성, 사회성, 윤리적 판단능력 같은 자신만의 고유한 능력을 더 많이 발달시켜야 한다. 지금까지는 소수에게만 필요했던 탁월함이 이제 모든 차원에서 더 많은 사람에게 필요해졌다.

과감한 시도가 필요한 시점
——— ◈ ———

2020년 2월 즈음, 나는 이 책의 초고를 50쪽 정도 썼었다. 각자 고유한 탁월함을 발휘하기로 결심만 하면 디지털화가 무한한 기회를 열어줄 거라고 독자들을 설득할 예정이었다. 인공지능이 인간을 괴롭히기만 하는 건 아니고, 매력적인 가능성도 열어줄 것이며, 인공지능 덕에 기존의 관점을 뛰어넘은 새로운 아이디어와 기획도 탄생할 거라고 주장할 예정이었다.

그리고 코로나 바이러스가 왔다. 세상이 완전히 뒤집혔다. 나도 대다수 사람들처럼 행동했다. 냉장고를 채우고, 세미나 일정을 미루고, 강연을 취소했다. 나는 새로운 눈으로 집필 기획안을 점검했다. 내가 쓰려는 내용과 지금 이 모든 일이 과연 관련이 있을까? 알 수 없다. 또한, 지금 이 일들이 과연 시대전환으로 연결될지도 알 수 없다. 그럼에도 아무 일 없었던 것처럼 계속 쓸 수는 없었다. 내가 아는 건 기껏해야 독자들이 내 책을 읽고 어떤 주제와 질문에 몰두할지 뿐이었다. 그러나 한 가지 변함없이 확고한 것이 있었으니, 바로 원고 마감일이었다. 어떻게든 해내야만 했다.

그렇지만 기존 집필 기획안은 엉터리 점괘 같았다. 나는 그렇게 불분명한 상태에서 책을 써본 적이 없었다. 내가 과연 할 수 있을까? 철학자 움베르토 에코가 말하지 않았던가. "예언은 신중하게 발표해야 한다. 미래는 빠르게 바뀔 수 있기 때문이다. 운석이 지중해에 떨어져, 바젤이 스위스에서 가장 아름다운 해변으로 변하고 리구리아가 수중 낙원으로 바뀌는 데는 6개월이면 충분하다."

달리 보면 탁월함이란 바로 그런 것이 아닐까? 불확실성에도 불구하고 뭔가를 결정하기. 변화에 민첩하게 대응하기. 정보가 불완전하고 주변이 끊임없이 변하더라도 과감하게 실행하기. 코로나 위기는 VUCA 대처법을 마치 퀵모션으로 가르쳐주는 것 같다. 모른다고 인정하기. 해결방안을 과감하게 시도해 보기. 새로운 발달에 맞춰 언제든지 프로젝트를 바꿀 준비가 되어 있기!

코로나와 디지털화가 주는 압박

첫 번째 셧다운 때 이미 한 가지가 명확해졌다. 디지털화는 모든 면에서 며칠 만에 급진적으로 진행되었다. 직장인 상당수가 재택근무를 했다. 아직 시험 단계에 있었지만, 이내 성공적인 도구임이 증명된 프로그램들 덕분에 원격 활동도 가능해졌다. 더는 사무실에 출퇴근하지 않아도 됐고, 출장을 갈 일도 거의 사라졌다. 콘서트와 강연을 스트리밍 서비스로만 만나야 했지만, 대신 거실에서 공짜로 즐길 수 있었다. 병원과 마트 방문이 드물어졌고, 대면 서비스의 소중함을 깨닫게 되었다.

동시에 우리는 계속 개인정보 보호와 온라인과 오프라인의 사회적 격차 등 디지털화의 위험성을 우려하며 토론했다. 이제 우리는 집에서 식탁에 앉아 디지털이 제공하는 가능성을 이용한다. 준비 단계 없이, 안내 없이, 누구나 쉽게 말이다. 마치 항공기의 사출 좌석에 앉은 기분이다. 코로나는 직업 세계의 변화를 가속시켰다. 내가 이 책으로 하려 했던 일을, 바이러스가 끝내버린 것이다.

몇 주 전까지만 해도 걸림돌이었던 디지털에 대한 거부감이 신기루처럼 사라졌다.

"디지털화는 모두에게 가능성을 열어준다. 그러나 그러기 위해서는 모두가 준비되어야 하고 모두가 함께 가야 한다."[1] 코로나 덕분에 우리는 이런 견해를 던져 버렸다. 달라진 가치관과 행동방식에 마음만 열면 가정과 직장을 통합할 수 있음을, 코로나 팬데믹이 우리에게 가르쳐주었다.

같이 일하는 사람에서 같이 생각하는 사람으로

얼마 전까지만 해도 우수한 직원이 되는 데는 많은 것이 필요하지 않았다. 그저 최선을 다해 업무를 수행하고, 자기계발에 힘쓰고, 불가피한 야근을 기꺼이 받아들이면 되었다. 기발한 아이디어를 내고, 변화를 요구하고, 규칙을 흔드는 사람은 창의성을 인정받기보다 튀고 싶어 하는 사람처럼 여겨졌다. 이전까지 우리는 민첩성이라는 단어에서 비전을 세우고 실현하는 능력자보다는 능수능란한 장사꾼을 떠올렸다.

그러나 아날로그에서 디지털로 시대가 전환되면서, 사고 및 행동방식이 거꾸로 뒤집혔다. 비즈니스 모델, 도시 생활, 의료 체계, 더 나아가 우리가 소통하고 배우고 즐기는 방식조차 바뀌었다. 글로벌 기업이든 중소기업이든 '통상적 비즈니스(Business as usual)'의 작동은 점점 드물어지고, 당장 개인정보 보호규정이나 정신적 과부하 혹은 미치도록 느린 인터넷과 싸우지 않는 것만으로도 나는 '다행'이라 여긴다. VUCA 세계의 삶은 기업가, 경영진에게만 흥미진진한 기회를 열어주지 않는다. 코로나 위기에서 확인했듯이, 중간관리자, 직원, 자영업자 역시 자신의 창조성을 새로운 수준으로 끌어올리고 발휘할 수 있다.

VUCA에는 VUCA로 대응하는 것이 최선이다.

하버드 비즈니스스쿨의 빌 조지 교수가 한 말이다. 빌 조지는 VUCA라는 네 글자에 새로운 개념을 부여했다. 그의 제안에 따르면, 변동성, 불확실성, 복잡성, 모호성이 요구하는 것에 가장 성공적으로 대응하는 방법은 비전(Vision), 이해(Understanding), 용기(Courage), 적응력(Adaptability)이다. 성취하고자 하는 목표를 뚜렷이 알고, 개별 요인을 깊이 이해하고, 불완전한 상태에서도 용기 있게 결단하고, 예상하지 못한 전개에 재빨리 적응하여 생산적으로 대처해야 한다.

포르츠하임대학교의 디지털미디어 교수 볼프강 헨젤러는, 모든 차원에서 열린 가능성을 한 문장으로 요약했다. "같이 일하는 사람이 같이 생각하는 사람으로 바뀐다." 평범한 업무용 휴대전화도 민첩한 사고와 결합하면 업무 과정 자체가 바뀐다.

나는 새로운 전기기술자를 불렀다. 전임자와 달리 그는 전기기술 그 이상을 이해한다. 그도 전선을 끌어와 콘센트에 연결한다는 점은 같다. 그러나 그는 자신의 업무 과정을 스스로 결정한다. 예전에는 아침 7시 전에 기술자의 상사에게 연락해 방문을 신청해야 했지만, 이제는 스마트폰 앱으로 기술자와 직접 소통하며 언제 무엇을 처리할지 정한다. 혹시라도 계획보다 늦어지면, 제때에 스마트폰으로 소식이 올 것이다.

기술이 세상을 어떻게 변화시키는지 보여주는 더 자극적인 일화는 얼마든지 있다. 그러나 기술직 업계에서 세대를 거쳐 전통이 되었던 관습이 스마트폰 하나로 무너졌다면, 변화의 물결은 IT 전문가와 기술 기업뿐 아니라 우리 모두에게 닥친 것이나 다름없다.

이제 남은 건 우리가 그 가능성으로 무엇을 해내느냐다. 디지털 전환이 우리에게 겁을 주고 강제로 굴복시키는가? 우리는 멀찍이 떨어져서 지켜보고만 있는가, 아니면 능숙하게 파도를 타며 파도가 남긴 무늬에 감탄하는가? 어떤 식으로든 해낼 수 있는 사람이 파도로 뛰어든다. 거대한 파도를 타려면 따뜻한 물이 있는 실내수영장에서 물장구칠 때와는 다른 능력이 필요하다. 기업컨설팅 회사 캡제미니는 방대한 연구로 그것이 무엇인지 알아냈다.

인공지능에도 감성적 탁월함이 필요하다

ꡍꡍꡍ

캡제미니 연구소는 11개국 6개 분야에 종사하는 직원과 관리자 2000명 이상에게 디지털 시대에 가장 중요한 성공 자질이 무엇인지 물었다. 관리자의 4분의 3과 직원의 절반이 인간관계, 공감,

윤리, 자제력, 소통, 회복탄력성 등 정서적 자질을 꼽았다.[2] 즉, 분야와 직무를 가리지 않고 사용할 수 있는 인간적인 능력을 가장 중요한 자질로 본 것이다.

매일 새로운 기술이 쏟아지고 있다. 빅데이터가 인간의 방대한 지식을 무용하게 만든다. 독일의 패션 회사 잘란도(Zalando)에서는 인공지능이 인간 스타일리스트보다 더 나은 패션을 제안한다. 정말 이런 상황에서 디지털 노하우보다 감성지능을 더 중시해야 한단 말인가? 이에 대해서는 설문조사 결과가 대신 대답하고 있다.

감성지능이 높은 직원의 수요가 향후 5년 동안 약 여섯 배 증가할 것이다.[3]

인간관계를 잘 맺고, 새로운 경험을 적극적으로 하고, 윤리적 회색 지대를 잘 분간하고, 자신과 다른 타인과도 잘 공감하고 공통 관심사를 찾아내는 직원은 기계가 아무리 똑똑해도 대체되지 않는다. 또한 디지털 시대와 포스트 코로나 시대의 변화에 더 성공적으로 대처한다. 모든 분야에서 말이다. 우리는 감성지능의 도움으로 사생활과 직장생활을 관리하고, 더 나은 결정을 내리고, 인간관계의 질을 높이고, 제품과 서비스를 사용자 관점에서 생각하며, 변화에 민첩하게 대처하고, 이미지 검색에서 유색인종이 고릴라로 분류되지 않게 그리고 광고 봇이 여성이나 소수민족을 배제하지 않게 훈련한다.

그러나 감성지능 역시 업그레이드가 필요하다. 나의 첫 책『이

큐(EQ)』에서 이미 나는 감성지능이 우리의 삶에서 어떤 역할을 하는지 다뤘었다.[4] 당시는 밀레니엄 전환 직전이었고, 감성지능은 주로 아동의 학습능력을 높이는 요인으로 통했다. 어른은 어른답게 자신의 감정을 잘 제어하고, 다른 사람의 마음을 헤아릴 줄 알아야 했다. 반면 직장생활에서는 아이큐가 여전히 주요 잣대였다. 빌 게이츠 역시 30년 전을 회상하며 이렇게 말했다. "나는 아이큐가 높으면 무슨 일이든 다 잘할 수 있다고 생각했다. 한 종류의 영리함만이 모든 것을 해결할 수 있다고 생각한 것이다. 그때 내가 더 정확한 사실을 알았더라면 얼마나 좋았을까."[5]

그다음 세대는 더 깨우친 상태로 직장생활을 시작했다. 그사이 대학의 커리큘럼과 기업의 직원 교육은 소프트 스킬을 핵심 역량으로 평가했으나 소프트 스킬 훈련 기회는 주로 관리자와 유망한 고급 인재에게만 주어졌다. 이제 인공지능 시대에는 모든 직장생활에서 감성지능이 필수 요소로 통한다.[6]

그 뒤에는 자동화와 디지털화가 우리의 일을 점점 더 빼앗아 간다는 인식이 숨어 있다. 그러나 표준화가 가능한 단순 반복 작업이 기계로 대체되고 있으며, 우리 인간에게는 쉽게 디지털화할 수 없는 변화무쌍한 일이 남는다. 저널리스트이자 작가인 볼프 로터는 경제지《브랜드 아인스》에서 무엇이 인간의 일인지 설명한다.

"혁신적이고 독창적인 일, 문제 해결, 숙고, 개선."[7]

더 멋진 일처럼 보인다. 그러나 최고경영자부터 실습생에 이르기까지 모두가 감성지능을 탁월한 수준까지 발달시켜야만 성장과 발전의 기회를 더 많이 잡을 수 있다.

독일은 이런 인식이 아직 자리를 덜 잡았다. 다른 나라들은 이미 한참을 앞서가고 있다. 예를 들어 설문에 참여한 인도, 중국, 미국의 관리자 거의 모두와 직원의 4분의 3이 높은 감성지능과 자기계발을 디지털 성공의 전제로 보았다. 반면 독일의 관리자들은 단 53퍼센트만이 이렇게 생각했다. 심지어 직원은 44퍼센트에 불과했다.[8] 11개국 중 독일이 꼴찌였다. 어떻게 이럴 수 있단 말인가?

기존 방식으로는 성공할 수 없다
———◇———

독일 일간지 《디 벨트》는 이에 대해 노골적으로 보도했다. "우리의 문제는 독일 엔지니어이다." 독일 엔지니어는 100년 내내 추앙받는 존재로, 완벽성과 기술선도를 보장하는 상징이었다.[9] 독일의 공학적 사고는 최초의 내연기관 발명은 물론이고 최초의 전화기, 최초의 자동차, 최초의 글라이더를 만들어냈다. 독일은 어려움을 끝까지 파헤쳐 이겨내 도전 과제를 해결했다. 철저함과 완벽을 추구하는 성향은 독일을 세계적 수출국으로 만들었고, 'Made in Germany'가 찍힌 제품은 최상의 품질을 약속했다. 여기에 필요한 사고방식이 표준화와 ISO 기준이라는 이름으로 기업 구석구석으로 전송되었다. 대학 역시 자격 인증이라는 전통적 경제 관점에서 운영되었다. 지금까지도 지평선 너머를 내다보는 것보다 효율적으로 학점을 이수하는 것이 더 높이 평가받고 있다.

그러나 옛 방식으로는 성공할 수 없다. 그럼에도 불확실성 제거, 비용 절감, 기술 극대화, 실수 무관용 원칙 등이 아직도 많은 사람의 뇌리에 박혀 있다. 이런 사고가 오히려 해로운 이유를 경제 저널리스트 레아 함펠이 정확히 설명한다. "미래의 비즈니스에서는 데이터, 고객 지향, 연속성, 그리고 무엇보다 끊임없는 변화가 중요하다. 일과 경제를 대하는 독일의 자세에는 이 모든 것을 위한 자리가 없다."[10]

그사이 기술 강국인 미국, 중국, 인도에서는 새로운 문화가 자리 잡았다. 대담한 사고가 더 큰 혁신과 변화를 이끈다. 에어비앤비가 혁신의 대표 사례이다. 불과 10년 만에 에어비앤비는 스타트업에서 문화를 바꾸는 메가급 성공 사례로 발전했다. 2019년에는 0.5초당 세 명이 에어비앤비 숙소에 체크인했다. 이 기업은 분명 코로나 위기도 잘 헤쳐나갈 것이다.[11] 수천 명이 넘는 프로그래머들, 이를테면 알고리즘과 인공지능 전문가들이 디지털 프로세스를 책임진다.[12] 그러나 에어비앤비의 마법은 첨단 기술에 있지 않다. 그들은 아주 사소한 방식으로 탁월함을 보여주었다.

"바이러스처럼 번지는 뭔가를 개발하려면, 고객의 뇌를 날려버릴 경험을 고안해 내야 한다." 에어비앤비 최고경영자 브라이언 체스키의 신조이다. 에어비앤비는 이런 관점을 기반으로 숙박 업계를 선도한다. 주인이 직접 고객을 맞이하는 것은 별 다섯 개짜리 경험이다. 친절하지만 짜릿함을 주진 않는다. 별 여섯 개짜리 경험은 어떨까? 주인이 고객을 맞이하고, 식탁에는 포도주, 물, 과자가 놓여 있다. 훨씬 낫다! 별 일곱 개짜리 경험은 어떨까? 주인은 고객의 취미가 서핑임을 알고 자신의 서핑보드를 빌려줄 뿐 아니라, 미리 개인 강습을 예약해 두고 소문난 맛집에 자리도 잡아둔다. 개선은 계속된다. 별 여덟 개. 아홉 개. 열 개. 그리고 마침내 별 열한 개 경험은 어떨까? 주인이 공항에서 고객을 기다린다. 그리고 일론 머스크처럼 고객에게 알린다. "우주로 보내드리죠!"

이런 상상이 디지털화와 무슨 상관이냐고 따지고 싶은가? 그렇다면 당신도 많은 이들이 그렇듯 오해를 하고 있는 것이다. 디지털화가 오직 IT나 컴퓨터와 관련이 있다고 믿는 오해를 말이다. 물론 그렇게 믿을 만하다. 영어 단어 'digit'는 숫자를 뜻하고 디지털화는 첨단 기술을 기반으로 하니까.[13] 그러나 기술은 목적을 위한 수단에 불과하다. 중요한 것은 기술이 어느 정도까지 우리에게 영감을 주느냐이다.

브라이언 체스키는 현실성의 한계를 없애는 방법을 설명한다. 이때 기술은 중간 역할만 한다. "계속해서 미친 아이디어를 내다보면, '주인이 고객을 맞는다'와 '우주로 보낸다' 사이에서 이상적인 지점을 찾는다. 먼저 미친 경험을 고안한 다음 거기서부터 거꾸로 내려오면, 주인이 고객의 취미를 알고 서핑보드를 빌려주는 서비스가 갑자기 아주 현실성 있게 보인다. 물론 터무니없는 논리지만, 멋진 경험은 그렇게 탄생한다."[14] 이런 차이를 이해하는 것이 중요하다. 새로운 기술은 그저 정교한 도구에 그치지 않는다. 기술은 완전히 새롭게 생각할 가능성을 열어준다.

> 코로나 위기가 새로운 가능성을 열었다. 홈스쿨링을 위해 교사가 교재를 스캔하여 이메일로 학생에게 전송하고, 몇몇 교사는 스카이프를 이용하거나 화상회의 시스템을 시험해 본다. 그러나 디지털화는 기존의 아날로그 내용을 온라인에 올리는 것 이상을 뜻한다. 새로운 기술은 그동안 꿈도 꾸지 못했지만 필요하다고 여겨졌던 수업 방식들을 가능하게 만든다. 과목 통합 수업 프로젝트, 아날로그와 디지털 수업이 혼합된 하이브리드 학교, 집에서 기초를 익히고 학교에서 심화하는 '역진행 수업(Flipped Classroom)' 등등.

아이디어가 없으면 아무 소용 없다

—◆—

디지털 기술은 '종자 폭탄'(여러 다양한 꽃씨를 배양토에 섞어 공처럼 둥글게 뭉쳐 놓은 흙덩어리-옮긴이)과 같다. 이 폭탄은 적합한 장소에 떨어지면 꽃을 피운다. 마찬가지로 혁신적 기술이 적합한 장소, 그러니까 무궁무진한 상상력이 있는 곳에 떨어지면 아주 거대한 힘을 발휘한다. 재기발랄한 에어비앤비의 아이디어는 어리석다는 지적 따위에 뒷걸음치지 않는다.

그러므로 디지털 전환은 그 자체로 대규모 문화 현상이다.

소프트웨어와 기술은 디지털 전환의 단 20퍼센트, 어떤 때에는 단 10퍼센트만 담당한다. 나머지는 인간과 인간의 행동 및 사고를 통해 이루어진다. 독일 잡지《호헤 루프트》역시 다음과 같이 강조한다. "디지털 전환의 주인공은 디지털이 아니라 인간이다. 디지털화되는 세계에서는 인간이 맡으려는 역할이 핵심이다."[15]

디지털 시대의 승자는 경직된 사고를 극복하고 실수의 여지를 두며 인간의 소망과 기술 가능성을 조화시키는 기업이다. 이런 문화에서는 사람이 점점 더 중요해진다. 디지털 인재는 기술로 삶의 질을 높이고, 완전히 새롭게 생각하며, 구매한 물건을 장바구니에 담아 집으로 가져가는 것만큼 당연하게 "이것이 디지털로도 가능할까?" 하고 질문한다. 이들 중 일부는 컴퓨터 괴짜들이지만 일부는 거의 IT 문외한이다. 그들의 탁월함은 다른 영역에 있다. 그들은 새 기술로 무엇을 시작할 수 있는지 상상하고 비전을 세운다.

델리아 라첸제는 대학 졸업 후 홈인테리어 잡지《엘르 데코레이션》에서 편집자로 일했다. 이때 라첸제는 가구와 인테리어 소품을 파는 매력적인 온라인숍이 없다는 걸 알게 되어 웨스트윙(westwing)

아이디어를 고안했다. 매일 새로운 세일 상품이 있고 인테리어 잡지처럼 'Look & Feel'을 제공하는 온라인 가구점. 이 젊은 창업자가 계획을 실현할 수 있었던 것은 그에 필요한 기술이 있었기 때문이다. 그러나 진정한 디지털 혁신은 쇼핑과 상품을 새롭게 혼합하는 아이디어에 있었다.

엔지니어 기술은 어제의 가치로 치부해야 할까? 당연히 아니다. 빠르게 디지털화되는 세상은 넓은 스펙트럼의 기술을 갖춘 전문가로 지탱된다. 미국의 사상가 존 노스타는 이렇게 일갈했다. "사무실에 테크놀로지를 위한 자리를 마련하라." 그는 오늘날의 성공 비결을 IQ+EQ+TQ의 조합으로 본다.[16] 그렇지만 과거의 엔지니어 사고는 여전히 시대에 뒤떨어졌다.

디지털 시대에 주변을 살피지 않는 터널 시각을 가진 고집불통과 꼼꼼쟁이들은 출장 여행과 디젤 SUV처럼 구식 모델이 된다.

포스트 코로나 시대에는 혁신이 더 실용적으로, 그리고 더 생활밀착형으로 진행될 것이다. 중요한 결정은 팀원들의 투표로 정하게 될 것이며 모든 면에서 만족하는 고객이 최고 목표가 될 것이다. 그것을 위해 가장 필요한 것이 환상이다. 환상이 앞장서고 나머지 모든 것이 그 뒤를 따라야 한다. 오스트리아 기타리스트 페터 호르톤이 말한 것처럼 "환상은 현실적 비전을 전달하는 천사이다." 우리는

테크놀로지의 진보 덕분에 점점 더 많은 환상을 점점 더 빨리 실현
할 수 있다.

평범함을 넘어서는 법

—◆—

미국 경제학자 리처드 플로리다는, 자신의 역할을 통해 가치
를 인정받는 30퍼센트의 사람들을 지식노동자로 분류했다. 그들은
지시에 따라 일하지 않고, 전문 분야에서 지성과 창조성을 발휘한
다.[17] 중간계층에 이를수록 노동환경은 더 매력적으로 바뀌고, 업
무가 더 의미 있어지며, 할 일을 스스로 결정하는 경우가 많아진다.
즉 전문성이 서열보다 더 중시된다. 그러나 많은 사람을 위한 발달
이란, 훨씬 더 많은 직원이 자신이 맡은 작은 업무만이 아니라 전
체 업무에 책임감을 느껴야 한다는 뜻이기도 하다. 자기 분야에서
탁월함에 도달하려는 욕구가 강할수록 이 과제를 잘 해낸다.

추락했다가 다시 우뚝 일어선 세계적 골프 스타 타이거 우즈는 이
런 마음가짐을 다음과 같이 설명한다.

"완벽함 따위는 없다. 불완전한 인간이 어떻게 완벽해질 수 있단 말
인가? 그러나 나는 늘 직업에서 탁월함을 실현할 수 있다고 믿고,
실제로 실현하려 애쓴다. 언제나 완벽한 스윙을 하는 완벽한 골퍼
가 될 수 없음을 안다. 나는 내가 할 수 있는 최선을 끌어내고자 할

뿐이다. 내게는 그것이 직업적 탁월함이다."[18]

보통의 생각과 달리 탁월함은 완벽함이나 큰 성공을 의미하지 않는다. 탁월함이란 오늘의 상태를 뛰어넘어 더 성장하려 노력하는 것이다.

탁월함은 상태가 아니라 노력이다.

탁월함은 자신을 뛰어넘어 성장하고 자신의 가능성과 삶의 질을 점점 더 최정상에 가깝게 하려는 의지에서 생긴다. 이런 개념 정의에 따르면, 이미 크게 성공을 했든, 이제 막 열의를 갖고 출발선에 섰든, 탁월함은 모두에게 열려 있다.

빌 게이츠는 세계에서 가장 부유한 동시에 기부를 가장 많이 한다. 당연히 이것은 탁월함의 증거이다. 그러나 대학생이 한 학기 전체를 온라인으로 마치고, 정년퇴직을 앞둔 교사가 일주일 안에 저학년 수업을 줌 강의로 바꾸고, 할머니부터 초등학생까지 모두가 마스크 제작을 돕는다면, 그것 역시 탁월함의 증거이다.

그러니까 탁월함은 거대한 일로만 실현되는 게 아니다. '그저' 개별 영역에서 혹은 특별한 상황에서 중간 이상으로 성장한다면, 우리는 작은 일에서도 탁월함에 도달할 수 있다. 게다가 철학자 빌

헬름 슈미트에 따르면, "탁월함의 규모가 모든 일에서 똑같을 거라 기대해선 안 된다."[19] 그러므로 탁월함을 증명하기 위해 훌륭한 연구 성과도 거두면서 집안일까지 창문에 티끌 하나 없이 완벽하게 관리해내야 하는 건 아니다. 직장에서 최고의 성과를 내지만 부모로서는 인내심의 한계에 직면할 수도 있다. 친환경의 모범이 되는 생활을 하지만 재정 관리 상태는 엉망일 수도 있다.

"한 분야의 탁월함이 모든 분야의 잠재력을 높인다."

세계에서 가장 성공한 팟캐스트 진행자로, 일론 머스크와 버니 샌더스 같은 명사를 인터뷰하고 수백만 팬이 있는 조 로건이 한 말이다. 왜 그럴까? 직업, 부모 역할, 자원봉사 그 무엇이든 한 분야에서 탁월한 사람은 그 작동 방식을 알기에 무의식적으로 다른 분야에서도 탁월함을 목표로 설정하게 된다. 그 어느 때보다 탁월함을 향한 욕구와 가능성이 최고조에 달한 시기이다. 이렇게 많은 사람이 교육, 자유, 가치, 성장 등을 추구했던 적은 없었다.

새로운 탁월함이 왜 필요한가

독일 시인 노라 곰링거는 이런 멋진 말을 남겼다. "디지털은 우리에게 온 세상을 선물한다."[20] 나도 완전히 공감한다. 디지털화와 그로 인한 사회 변화는 일과 삶의 지평을 넓힌다. 비록 코로나가 모두에게 생채기를 남기겠지만, 인류 역사상 언제 이렇게 많은 사람이 자유롭게 아이디어를 실현했던가? 한 번의 클릭으로 원하는 것을 얻고, 한 번의 요청으로 연락이 닿고, 몇 초 안에 종합적 지식과 창조적 영감을 얻는다. 빅데이터가 개인 맞춤 암 진단을 가능하게 하고, 운전 보조장치가 교통사고를 줄여준다.

물론 감수해야 할 위험도 있다. 수많은 시청각 요소가 범람하고, 무의식적으로 민감한 데이터를 폭로하고, 완벽한 인스타그램 이미지들이 회의감을 불러일으킨다. 이미 특권을 누리는 사람들이 재택근무의 자유로 가장 많은 걸 얻는다. 각종 디지털 장치에 감시당한다는 불안감은 이제 일상이 되었다. 우리는 낚시성 팝업광고와 가짜뉴스에 걸려든다. 첫눈에 반하는 대신 더 나은 매칭을 손가락으로 열심히 찾는다. 트렌드에 뒤처진 듯한 기분은 불안감과 스트레스를 준다. 기성세대는 자신의 지식이 구닥다리가 되는 상황에 빠르게 대처해야 하고, 그러는 동안 사고방식과 인간관계 방식마저도 빠른 주기로 바뀐다.

바로 이런 이유에서 애플, 구글, BMW 같은 거대기업들이 오래전부터 직원의 전문지식과 더불어 감성지능도 높이려 애쓰고 있다. VUCA 세계가 인격의 변화를 가장 크게 요구한다고 생각하기 때문이다. 직원들이 직업 세계의 변화에 동참해야만 우수한 제품과 프로세스, 비즈니스 모델이 탄생한다. 그러므로 전문 역량보다 정서적 역량이 더 큰 성공 동력이 된다. 소수의 유명 기업이 이를 먼저 깨달았지만, 아직 제대로 실현하지 못하고 있다. 2019년 캡제미니 설문에 응답한 기업에서 최고경영자의 절반이 자기계발을 독려받았지만 중간관리자는 30퍼센트, 직원은 20퍼센트에 그쳤다.[21]

새로운 탁월함은 어떻게 만드나?

당신이 VUCA 세계가 요구하는 정서적 역량을 키우기 위해 애쓸 때 회사가 곁에서 든든하게 지원한다면 정말 좋을 것이다. 그러나 개인의 탁월함은 스스로 성취해야 한다. 제아무리 부모를 잘 만났고 재능이 많더라도 탁월함 유전자는 존재하지 않는다. 태어날 때부터 탁월한 사람도 없다. 그렇다면 어떻게 해야 탁월함에 도달할 수 있을까?

시대가 바뀌었다고 해서 전략이 완전히 바뀌지는 않았다. 그러나 정서적 역량의 중요도가 약간 달라졌다. 공감과 의지력 같은 불변의 가치는 순위에 변동이 없지만, 개방성, 민첩성, 리더십 같은 새로운 가치들이 우선순위에 등장했다. 나는 이 책에서 탁월함에 필요한 동력 아홉 개를 다룰 예정이다. 이 아홉 가지 동력은 당신의 정신을 무장시켜 더 크게 생각하고, 더 과감한 시도를 하고, 더 새로운 길을 개척하도록 독려할 것이다.

열린 마음. 모험을 즐기는 사람은 소수이다. 대부분은 변치 않는 똑같은 생활을 원한다. 그러나 디지털화란 불확실성으로 들어간다는 뜻이다. 디지털화는 완전히 새롭게 접근하고 조직할 수 있는 도구를 제공하는데, 이를 위해 열린 마음이 필요하다.

자기 성찰. 디지털 시대에도 실력자의 수요는 그대로이다. 심지어 많은 결과물이 옛날보다 훨씬 더 빠르고 쉽게 구현된다. 물론 이는 자신과 자신의 과제를 잘 이해해야만 가능한 것이다. 그러므로 성찰 단계는 행동 단계와 똑같이 비즈니스에 속한다. 성찰 없는 행동은 큰 의미가 없다.

공감. 다른 사람의 입장이 되어 생각하기. 오늘날만큼 이 능력이 중요했던 적이 없었다. 상대방의 생각을 알아채고, 사람들이 어떤 반응을 할지 예측하기. 타인의 욕구와 관심사를 감지하는 사람만이 생산적 관계를 맺고, 적합한 해결책을 찾으며, 추종자들을 설득할 수 있다.

의지. 우리는 겉으로 드러나는 매력, 명성, 직업적 성공만을 볼 뿐이다. 그 뒤에 있는 노력은 잘 보지 않는다. 휴가 때도 연습을 쉬지 않는 음악가나 정기적으로 교육을 받는 인명 구조원, 창업 단계부터 늘 최선을 다해 혁신을 이룬 최고경영자…. 탁월함을 추구하는 사람은 끊임없는 노력과 인내가 없으면 최고의 재능도 평범함에 머물고 만다는 것을 잘 안다.

리더십. "당신이 아직 리더가 아니라면, 자기 자신을 뛰어넘어 성장하는 것이 성공이다. 당신이 리더라면, 다른 사람을 성장시키는 것이 성공이다." 미국 경영자 잭 웰치가 한 말이다. 탁월함을 추구하는 사람은 자기 자신을 중심에 두지 않는다. 그들은 자신의 관심사와 가치관으로 다른 사람도 독려한다. 그들의 권위는 힘 있는 직책보다는 비전과 긍정적 의사소통, 정직성에서 나온다.

평정심. 감정은 매우 높은 순위에 있다. 그러나 모든 감정이 다 그런 건 아니다. 스트레스와 조급함, 과도한 자기애는 어떤 영역에서도 우리를 발전시키지 않는다. 더불어 살며 서로에게 힘이 되려면 정서적 주권을 가지고 감정을 잘 다스려야 한다. 그리고 선의, 관용, 기쁨, 연민처럼 협력과 공존에 도움이 되는 감정을 앞에 둬야 한다.

민첩성. 낯선 바다에서 방향 찾기. 자신의 위치를 재빨리 파악하기. 상황이 바뀔 때 냉철한 머리 유지하기. 완벽에 집착하지 않기. 적응하고 개선하는 법 익히기. 민첩성은 현재 탁월함을 위한 아홉 개 동력 중에서 우리에게 가장 부족한 자질이다.

웰빙. 최고의 성과에는 에너지가 필요하다. 몸과 마음이 평안할수록 가정에서도 직장에서도 더 굳건히 버틸 수 있다. 그러므로 평안은 탁월한 성과의 보상이 아니라 전제조건이다.

공명. 영감을 주는 강렬한 만남은 창조성과 혁신능력을 강화한다. 축구단이든 실내악단이든 가족이든 프로젝트팀이든 공명은 변화와 발전을 수용하게 한다. 전혀 다른 능력과 경험을 가진 사람과 같은 공간에 있을 때 공명이 가장 많이 일어난다.

앞으로 다뤄지는 아홉 가지 동력을 순서대로 읽어도 되고, 빠르게 훑어본 뒤에 마음이 가는 곳부터 읽기 시작해도 된다. 어떤 경우든 탁월함을 위한 아홉 가지 역량은 전략과 가능성이 가득 찬 흥미진진한 세계로 당신을 안내할 것이다. 모두 자기 안에 탁월함을 위한 도구를 갖고 있다. 한 걸음 내디뎌 스스로를 뛰어넘거나 최고의 모습을 발견할 때마다 우리는 삶이 얼마나 비범할 수 있는지 경험하게 된다. 그것을 위해 세계 100대 기업가, 핀테크 창업자나 올해의 경영자일 필요는 없다.

2

열린 마음

호기심은 초능력을 발휘하게 한다

"뭔가를 해내겠다는 의지와 열린 마음으로, 세계 최대 IT 기업의 변화에 앞장서십시오." 마이크로소프트에서 일하고 싶은 사람은 경주마처럼 앞만 보고 달려선 안 된다. 이 회사는 입사 지원자들에게 특별한 역량을 요구한다. 심리학자들이 디지털 전환에 가장 중요하다고 말한 바로 그것, 즉 새로운 사고방식과 기술을 받아들이는 열린 마음과 남들이 보지 못하는 것을 볼 줄 아는 예리한 눈, 그리고 자기 의견만을 고집하지 않는 지적 겸손 말이다.

기업이 지원자의 필수 역량으로 개방성을 꼽는 이유는 호기심을 발전의 양분이라고 여기기 때문이다. '하던 대로 하기'를 버리는 순간 새로움이 시작된다. 풀리지 않은 수수께끼를 풀기 위해 기꺼이 안간힘을 쓸 때 혁신과 창조성이 싹튼다. '호모 쿠리오지타스(homo curiositas, 호기심 인간)'의 시대가 무르익었다.[1] 궁금증을 풀기 위해 연구하고 뜻밖의 발견을 수용하는 사람을 이렇게 부른다. 개방성이란 말은 쉬워도 행동으로 옮기기는 어려운 역량이다. 새로움을 향한 우리의 갈망은 종종 최신 스마트폰 모델, 최신 연예 기사로 소진되어 버린다. 그러므로 탁월해지려면 기존의 고정관념과 반복되는 일상을 버려야 한다. 그리고 그 자리를 호기심과 발견 욕구, 그리고 다른 눈으로 세상을 볼 때 느끼는 전율로 채워야 한다.

알겠어요, 꼰대 아저씨

대략 25년 전으로 돌아가 보자. 과학자들이 실험을 위해 의사들을 세 팀으로 나눴다. 각 팀은 환자 한 명의 영상 자료를 두 개씩 받았다.[2] 첫 번째 영상은 세 팀 모두에게 똑같이 제공되었다. 두 번째 영상은 각각 다른 버전으로 제공되었지만 각 팀은 그 사실을 몰랐다. 의사들은 영상을 본 뒤에 진단과 치료법을 내놓아야 했다. 같은 환자였음에도 서로 다른 진단과 치료법이 나왔다. 의사들은 자기만 아는 특별 정보를 다른 사람과 공유하지 않았다. 그 결과 의사들은 혼자서도 공동으로도 올바른 진단을 내놓지 못했다.

당시 실험에 참여했던 의사들은 현재 인생 후반기에 있다. 그들도 나처럼 스마트폰과 스트리밍 서비스, 소셜미디어 없이 성장했다. 대다수 직종이 창조성보다 정확성을 중시했고, 야심차게 도전하는 직원보다 제시간에 출근해서 자리를 지키는 직원이 더 인정받았다. 우리는 서열 체계를 당연하게 받아들였고, 높은 서열에 오르려 애썼다. 고객은 중심 요소가 아니라 주로 방해 요인이었다. 변화는 서서히 진행되었다. 그렇다. 우리는 '사일로 현상'(사일로는 곡식을 저장하는 원통형 창고인데, 전체를 보기보다는 부서 이기주의에 빠져 자기 부서의 이익만 추구하는 행태를 사일로 현상이라 부른다-옮긴이)에 빠져 있었다. 최선의 결과를 위해 지식을 공유하는 대신 자기만 알고 감췄다. 이런 경험이 사고에 각인되어 지금까지도 그 흔적이 우리를 붙잡고 있다.

당신이 비교적 젊은 세대라면 아마도 '꼰대'라는 단어를 떠올렸으리라. 뉴질랜드 국회의원 클로이 스워브릭은 자꾸 끼어드는 나이 많은 동료 의원을 한마디로 제지했다. "OK, Boomer(알겠어요, 꼰대 아저씨)!" 이 말은 인터넷에서 빠르게 번졌고, 이윽고 구닥다리 사고방식에 맞서려는 저항 의식을 가장 명확히 드러내는 표현이 되었다. 다만, 한 가지 바로잡고 싶은 것이 있다. 직장에서 만나는 네 세대(베이비붐 세대, X세대, Y세대, Z세대) 중에서 베이비붐 세대만 기존 방식에 집착하는 건 아니다. 가장 젊은 세대인 Z세대 역시 일반적인 인식과 달리 개방성이 부족하다.

MZ세대에게도 부족한 것

1985년 이후에 태어난 사람들은 과거 어떤 세대보다 우수한 교육을 받았고, 국제적 시각을 가졌으며, 일과 삶의 새로운 방식에 열린 세대로 통한다. GDI 연구소에 따르면 그들은 새로운 앱과 기술에 매우 개방적이다.[3] 그러나 그것이 전부다. Z세대 역시 베이비붐 세대와 마찬가지로 호기심과 혁신 부분에서 많이 뒤처진다. 메르크(Merck)와 학제간통합 연구소가 공동으로 진행한 호기심 연구에 따르면, 현재 경제활동을 하는 모든 네 세대 중에서 이제 막 직업 활동을 시작한 Z세대가 호기심 총점에서 꼴찌를 기록했다. 베이비붐 세대보다도 나쁜 성적이다. 타인의 아이디어를 받아들이는 개방성에서는 더욱 암울하다. 여기에서도 가장 젊은 직장인이 꼴찌였다. 반면, 베이비붐 세대는 다른 사람의 제안에 귀를 열었으며 이 부분에서는 심지어 다른 모든 세대를 이겼다.[4]

내 예상과 전혀 다른 결과였다. 늙음과 젊음에 관한 모든 예상과 반대였다. 나는 호기심이 생겨 이 문제를 추적했고, 생각했던 것보다 더 빨리 답을 찾았다. 젊은 세대는 많은 부분에서 앞서지만 그들의 개방성은 여러 이유로 제동이 걸린다.

첫째: Z세대는 좋은 삶에 대한 뚜렷한 상을 갖고 있다. IUBH국제대학교의 주자네 뵈리히 교수가 그 공통분모를 정리했다. 안정된 직업, 안전, 일과 삶의 명확한 분리, 그리고 가능한 한 비대면이어야 한다.[5] Z세대가 생각하는 좋은 삶은 이런 모습이다. 그러나 이런 '좋은 삶'과 개방성은 괴리가 있어 보인다.

둘째: 밀레니얼 세대와 Z세대는 일반 대중에 비해 더 비관적으로

생각한다. 2019년 딜로이트 밀레니얼 설문조사에서 그 사실을 알수 있다.[6] 가장 젊은 세대는 다른 모든 세대보다 기후변화와 테러를 더 많이 걱정하고, 정신적으로 문제를 겪고 있으며[7], 인공지능과 로봇에 대체될 것을 두려워한다.

셋째: 독일의 Z세대는 인생 목표가 부모 세대와 맞닿아 있다. 결혼과 여행이 가장 큰 꿈이다. 부유함, 내 집 마련, 사회에 미치는 선한 영향 같은 야망은 다른 국가의 동년배와 비교했을 때 그다지 중요하지 않다.[8]

넷째: Z세대는 도덕성을 높이 평가한다. 미디어와 사회의 기대에 맞게 자신을 연출한다. 그리고 당연히 가부장적·성차별적·인종차별적 사고를 싫어한다.

늙은 백인 남성의 견해는 당연히 Z세대와 맞지 않는다. Z세대는 무엇이 수용할 만하고 무엇이 그렇지 않은지 명확히 인식하는 이른바 '워크니스(wokeness, 각성)'를 기반으로 사고한다. 이때 어디에 경계선을 긋느냐가 중요하다. 자신과 다른 사고방식과 행동방식을 인정하지 못하면, 이런 '워크니스'는 지평을 넓히기는커녕 오히려 편협함을 낳는다.[9] 차이와 생소함에 관심이 있어야 혁신도 가능하다. 이런 관심은 과거에서 더는 미래를 추론할 수 없을 때, 특히 더 필요하다. 예술가 올라푸르 엘리아손은 이렇게 말했다. "세계와 마찰할 때 창조성이 생긴다."

모든 것을 좌우하는 정신 과제

우버 택시가 기존 택시에 타격을 주고 에어비앤비가 호텔을 물 먹인 이후로, VUCA 세계의 변화 강도가 달라지고 있음이 명확해졌다. 변화는 이제 단계별로 진행되지 않는다. '승자독식' 원칙이 지배한다. 코로나 위기가 닥치기 한참 전부터 비즈니스 모델과 기술이 전복되었다. 일하고, 생활하고, 소통하는 방식이 분야에 따라 미묘하게 혹은 거세게 뒤집혔다. 성장을 거듭하는 이른바 '힙'한 기업이 단지 대담한 솔루션 하나로 기존 기업에 도전한 건 아니다. 그들은 기존 기업을 고루해 보이게 만들었다. 설령 당신이 이제 겨우 변화의 표면을 긁기 시작한 회사에서 일하더라도, 손가락 하나로 끝내는 결제 시스템이나 구글의 자율주행차 같은 놀라운 혁신이 우연히 생겨난 게 아님을 잘 알고 있을 것이다. 그런 혁신은 남다르게 생각하고 공상 과학에 머물렀던 상상을 과감하게 시도한 사람들의 성과이다.

점점 많은 기업이 깨닫고 있듯이, 탁월한 관리자와 직원은 기술이나 마케팅 노하우 이외에 무엇보다 새로운 관점과 비범한 접근법에 열려 있다. 그러나 노년층과 중년층은 물론이고 Z세대까지도 이런 개방성이 확연히 부족하다. 하룻밤 사이에 생각을 바꾸고 행동을 고치기란 모두에게 힘든 일이다.

모든 학교가 등교를 중단했다. 하지만 공원과 카페는 더욱 붐볐다.

2미터 거리두기? 신경 쓰는 사람은 소수였다. 모두가 봄을 누리고 싶어 했다. 코로나 초기 상황은 사람을 바꾸기가 얼마나 힘든지 보여주었다.

사람들은 자신의 개방성이 부족하단 사실을 인정하지 않는 것 같다. 전체의 95퍼센트가 자기 자신을 평균 이상으로 개방적이라 여긴다는 사실에서 그것을 알 수 있다.[10] 그렇다. 우리는 자기 자신을 과대평가한다. 사실 개방성 부족은 인간의 본성과 관련이 있다. 인간은 연속성을 지향하고, 인간의 뇌 또한 익숙한 것을 보완하거나 확장하는 정보를 가장 효율적으로 작업한다.

그러므로 코로나 시기에 성대한 결혼식을 올리는 일이 왜 미친 짓인지 머리로는 이해하지만, 이 결혼식을 1년 전부터 계획했다면 뇌에서는 경제원리가 작동하게 된다. 그러면 계획 변경은 상상조차 할 수 없는 일이 되고, 성대한 결혼식은 꼭 필요한 일처럼 보인다. 뇌의 경제원리는 일반적으로는 아주 유익하다. 복잡한 도시에서 가이드북처럼 길을 안내해 준다. 덕분에 우리는 길을 잃지 않는다. 그러나 가이드북에 의존하게 되면, 더 이상 새로운 길을 개척하지 않게 된다.

익숙한 틀이 깨지면 매우 창조적인 사람조차 길을 잃는다. 2020년 연극 감독인 크리스티안 슈튀클은 자신이 감독한 그리스도 수난극이 역사상 처음으로 2년 뒤로 미뤄질 수밖에 없게 되자 이렇게 생각했다. "미치겠는 건, 내가 이 상황을 받아들였으면서 동시에 받아들이지 못했다는 사실이다. 나는 멍하니 앉아 속으로 물었다. 이제 뭘 어떻게 해야 하지?"[11]

기본 체계가 무너지면 우리는 세상을 이해하지 못하게 된다. 무의식적 차단기가 정신적 개방을 방해하고 새로운 제안을 거부하게 한다. 때론 새로운 맛의 요거트를 사는 일에도 어색함을 느끼고, 대부분 약 33세 이후로 새로운 음악을 찾아 듣지 않는다.[12] 같은 드라마를 시즌 3까지 보거나 추리소설 시리즈를 4권까지 읽으면 이내 새 시리즈에는 흥미를 잃는다. 다른 멋진 드라마와 재밌는 소설이 분명 있다 해도 위안이 되지 못한다. 페스티벌이나 공연이 취소되면 수많은 사람이 우울해한다. 왜 우리는 21세기에도 여전히 익숙한 것에 집착할까? 왜 우리는 새로운 삶이 주는 충만함 속으로 기쁘게 뛰어들지 않을까? 훌륭한 연구들이 그 이유를 밝혀냈다.

익숙한 것은 동화하기 쉽다. 새로운 것을 수용하려면 사고 구조를 재구성해야 한다.

인지발달심리학의 선구자 장 피아제의 설명에 따르면, 우리는 '동화'할 수 있는 정보를 거부감 없이 더 쉽게, 더 많이 수용한다. 그런 식으로 우리의 소중한 우주를 단계적으로 보완하고 확장한다. 낯선 정보에 '적응'하기는 확실히 더 어렵다. 낯설어 보이는 가치관과 행동방식은 우리의 사고 구조에 거의 추가되지 않는다. 잘못된 자리에 맞추려는 퍼즐 조각처럼, 그것들은 좀처럼 우리의 머리로 들어오지 않는다. 그래서 우리는 그것들과 씨름해야 한다. 거부감을 극복하는 것은 물론, 기존의 사고 구조는 현 상황에 적합하지 않아 버려야 할지도 모른다.

이 모든 것이 자아상을 흔들고 괴롭힌다. "인간은 육체적으로나 정신적으로나 현 위치를 고집한다. 어떤 공간에서 '자기 자리'를 정하면, 그 자리가 자석처럼 끌어당기는 기분이 든다."[13] 독일 일간지 《쥐트도이체 차이퉁》의 칼럼니스트 프리드만 카리그는 이렇게 말했다. 우리는 점유권을 방어하기 위해 새로운 사고를 거부한다.

우리는 이런 편협한 사고방식으로 구석에 붙어 있는 작은 행복을 얻을 수 있을지도 모른다. 그러나 넓고 큰 세상에서 편협한 정신은 진보를 방해한다. "바다 외에 아무것도 보이지 않을 때 육지가 없다고 여기는 사람은 형편없는 탐험가이다." 철학자 프랜시스 베이컨의 말이다. 혁신도 마찬가지이다. 새로움에 적응하려 애쓰는 사람만이 새로운 땅으로 갈 수 있다. 우리의 인지 구조는 동화가 아니라 적응할 때 넓어지기 때문이다. 새로운 것이 옛것과 마찰할 때 지평이 넓어지고, 한 단계 진보하며 창조성이 생긴다. 정말 희망차게 들리지 않는가? 다만, 앞서 말했듯이 우리의 뇌는 즉시 뭔가를 시작할 수 있는 익숙한 정보를 선호한다. 기존 견해에 도전하는 정보는 낯설고 심지어는 틀리게 보인다. 세계에서 가장 혁신적인 자동차에서도 그러한 행태가 드러난다.

테슬라는 전기차의 기준이다. 그럼에도 테슬라 자동차 역시 외관은 마차의 연장선이다. 장치와 부품 때문이 아니다. 전기차에는 주유통이 없고, 엔진은 대략 소시지 통조림 크기만 하며, 배터리 무게 역시 500그램이 채 안 된다. 그러므로 과거에는 없던 완전히 새로운 설계가 가능하다. 실제로 흥미진진한 설계들이 개발자와 디자이너의 노트북에 존재한다. 그렇다면 왜 테슬라는 폭스바겐이나 BMW와 마찬가지로 전기차의 외관을 옛날 모습 그대로 만들었을까? 자동차 디자이너 안드레아 자가토가 그 이유를 밝혔다. "나는 기존의 익숙한 외관으로 사람들을 안심시켰다. 소비자를 혁신으로 안내해야 하는데, 만일 혁신이 부담스럽게 느껴지면 소비자는 새로움과 다름을 거부할 것이다."[14]

'하던 대로 하기'의 거부하기 힘든 매력

다른 분야에서도 비슷한 일이 벌어진다. 기술은 이미 가능하지만, 진보로 이어지지 못한다. 고객·직원·주주들이 부담을 느낄 수 있기 때문이다. 코로나 이전의 우리는 갑작스러운 혼란을 순순히 받아들이기에는 너무 배부른 상태였다. 그냥 가만히 머물기를 더 원했다. 이는 당연한 사실이다.

어차피 어제의 삶에는 기존의 것을 의심할 계기가 없었다. 물질 과잉 사회에서는 새로움이 덜 매력적이라고, 스위스 GDI 연구소가 확언했다.[15] 제품은 그럭저럭 개선되고 서비스 문화가 발달했다. 이런 사고방식은 우리의 유전자에 새겨져 있다. 거대기업들은 임직원에게 개방성을 점점 더 자주 요구하면서도, 아이러니하게도 '연속성' 또한 계속해서 입에 올리고 있다. 애플 디자인의 전설인 조니 아이브의 퇴사, SAP의 지도부 교체, 올라 칼레니우스의 다임러 이사장 취임 등, 대부분의 경우 신뢰와 연속성을 약속하느라 분주했다.

> 2019년, 크리스티안 클라인은 제니퍼 모건과 함께 SAP의 대표 자리에 올랐다. 신임 최고경영자는 앞으로의 경영 방침을 밝혔다. "우리는 SAP의 전략과 방향에서 연속성을 유지할 것입니다. 출시된 프로그램은 이미 효력을 보이고 있습니다. 그러므로 계속해서 좋은 결과를 내도록 이 프로그램을 유지할 예정입니다."[16]

나는 당시 이 인터뷰를 보며 의아하게 생각했다. 지도부 교체는 다음 단계로 발전하기 위해 노력한다는 제스처가 아닌가? 변화를 선보일 기회가 왔는데 어째서 리더가 스스로 그 기회를 버릴까? 왜 모든 걸 예전 그대로 두겠다고 약속할까? 전임자 예우 차원에서? 아니면 직원과 주주들을 안심시키기 위해? 아마도 의식적 고려 없이 그냥 행동하는 이른바 오토마티즘(automatisme)에서 나온 발언일 터이다.

시대가 낯선 것에 적응하는 열린 사고를 요구하는데도, 우리는 낯선 것보다 익숙한 것을 더 가까이에 둔다.

자신의 행동을 의식적으로 평가하지 않고는 누구도 여기서 벗어날 수 없다. 최고경영자라도 마찬가지이다.

마이크로소프트 최고경영자 사티아 나델라는 사람들의 변화에 대한 거부감을 온전히 이해한 최초의 경영자일 것이다. 그가 말했다. "모든 변화는 어렵습니다. 회사는 잠시 잊고 개개인을 생각해 봅시다. '이봐, 자네는 오늘 반드시 다른 사람으로 변해야 하네'라는 말을 납득할 사람은 없을 것입니다. 그러나 모두가 알고 있듯이 변하지 않으면 우리는 가장 인간적인 능력, 즉 적응력을 잃게 됩니다. 기업도 변하지 않으면 언젠가는 사라지고 맙니다."[17]

변화는 두려움을 준다. 코로나가 닥쳤을 때 모두가 어쩔 줄을 몰랐다. 가장 큰 도전 과제는 코로나에 감염되는 두려움이 아니라 느닷없이 들이닥친 모호성과 불확실성 그리고 복잡성이었다. 우리는 닫힌 상점을 보며 경제를 걱정했다. 그러나 우리는 차츰차츰 위협 속에서 드러난 가능성, 즉 멈춤을 보기 시작했다. 자기 자신을 성찰하기, 삶의 새로운 형식 시도하기, 새로운 비즈니스 기회 발견하기 등. 적응에 어려움을 겪는 것은 매우 정상적인 반응이다. 개방성은 우리가 능동적으로 노력해야 얻을 수 있는 역량이다.

성장형 사고방식이란

2020년 봄에도 확연히 드러났듯이, 우리 중 일부는 남들보다 더 쉽게 새로움과 불확실성에 마음을 연다. 모두가 똑같이 개방성 자원을 가진 건 아니다. 새로운 경험과 아이디어를 얼마나 추구하느냐는 유전자가 결정한다. 성장 과정에 따라 관습과 개방성의 혼합 비율이 저마다 달라진다.

개방성이 낮은 사람	개방성이 높은 사람
- 보증된 성공 패턴을 따른다. - 자신의 견해를 고수한다. - 확장보다는 심화를 원한다. - 명확한 목표를 가진다. - 주어진 과제를 성실히 수행한다. - 위기란 원상 복구를 위해 최대한 빨리 없애야 하는 문제이다.	- 자신을 창조자로 이해한다. - 독립적으로 생각하고 행동한다. - 자기를 성찰한다. - 다양하게 관심을 두고 더 많이 시도한다. - 다른 사람의 삶과 행동에 주의를 기울이고 연관성을 살핀다. - 위기란 변화와 개선의 촉매제이다.

대부분의 성격 특징이 그렇듯 개방성 역시 돌에 새겨진 것처럼 고정된 것은 아니다. 새로운 경험에 열린 사람이 되고 싶다면 자기 성찰과 좋은 습관 만들기로 개방성을 훈련할 수 있다. 탁월한 사람은 '평생 매일' 훈련한다.

2014년, 마이크로소프트는 업계에서 뒤처진 기업으로 통했다. 그러나 사티아 나델라가 최고경영자가 되면서 상황이 바뀌기 시작했다. 나델라가 선도한 조직 문화가 중요한 동인이었다. 그는 열린 마음을 성공의 초석으로 여겼고, 소프트웨어 개발자와 경영진 그리고 자기 자신을 포함한 임직원 모두에게 개방성을 요구했다. "스스로에게 물을 수 있어야 합니다. '나는 어디에서 너무 편협하게 굴었을까? 혹은 어느 부분에서 성장하려는 태도가 부족했을까?'"[18]

나델라는 마이크로소프트의 조직문화를 바꾸는 결정적 아이디어를 어디에서 얻었을까? 타고난 천재적 재능도 아니고 유명한 컨설팅 회사도 아닌, 스탠포드대학교 심리학자 캐롤 드웩의 책에서 발견했다. 베스트셀러 『마인드셋』은 성장형 사고방식에 대해 다루고 있다. 캐롤 드웩에 따르면, 성장에 개방적이고 기존의 것을 고집하지 않는 한 인간은 자신의 재능을 점점 더 넓게 펼칠 수 있다.[19] 나델라는 여기서 깨달음을 얻었다. 성장형 사고방식이라는 단순한 심리학 원리에서 경영 원칙의 핵심을 발견했다. 임직원 모두가, 뭐든지 아는 사람에서 뭐든지 배우는 사람으로 변해야 했다. 직원들이 서로 경쟁하는 것이 아니라 협력하여 새로운 해결책을 급진적으로 연구해야만 마이크로소프트는 새롭게 시작할 수 있었다. 직원들이 함께 성공하는 과정에서 열정을 발견하고, 피드백을 늘리고, 풍부한 기술 가능성을 활용할 때 기업이 성공할 수 있었다.

나델라의 개방성은 열매를 맺었다. 마이크로소프트는 2019년에 시가 총액에서 애플과 아마존을 앞섰다. 180도 바뀐 조직문화

덕분에 임직원과 고객 그리고 입사 지원자들까지도 마이크로소프트를 쿨하고 혁신적인 기업으로 인식하기 시작했다. 마이크로소프트의 부회장 조 휘팅힐은 이렇게 말했다. "확신하건대, 우리의 변화와 오늘 서 있는 위치는 성장 마인드셋을 얼마나 깊이 이해하느냐가 결정할 것입니다."[20]

나델라의 성공 신화에서 알 수 있듯이, 탁월함에 다가가기 위한 동력은 사방에 널려 있다. 나델라가 2014년에 최고경영자가 되어 기업을 변화·개방·역동의 모범으로 발전시켰을 때, 『마인드셋』은 출간된 지 이미 1년이 지나 있었다. 누구나 모히토 두 잔 값에 그 책을 살 수 있었으며 누구나 나델라처럼 그 책에서 아주 많은 것을 읽어낼 수 있었다.

누구나 세계에서 가장 성공적인 최고경영자처럼 탁월한 아이디어를 낼 수 있다.

물론 우리는 나델라와 달리 아이디어를 실현할 넓은 경기장을 갖지 못했다. 그럼에도 나는 이런 생각을 매력적이라 여긴다. 획기적인 깨달음은 사방에서 온다. 우리는 오직 그 가치를 알아보는 마인드셋만 갖추면 된다. 열린 마음으로 눈을 떠 세상을 본 다음 낯선 자극의 혁신 능력을 알아보고, 그것을 자신의 삶과 프로젝트 혹은 경력에 이용하면 된다.

보이지 않는 것을 보는 능력

새로운 경험에 열려 있다는 것은 무슨 뜻일까? 미국 과학 잡지 《사이언티픽 아메리칸》이 대답했다. "새로운 경험에 열린 사람은 기본적으로 지적 호기심이 있고 창조적이며 상상력이 풍부하다. 그들의 의식 안으로 더 많은 자극이 진입하기 때문에, 그들은 다른 사람이 보지 못하는 것을 본다."[21] 말 그대로 탁월한 개방성을 가진 사람은 세상을 다르게 인식한다. 유명한 실험 하나를 보면, 그 차이를 명확히 알 수 있다.

> 유튜브를 열어 검색창에 'Awareness Test Simons Chabris' 혹은 '보이지 않는 고릴라'를 치면 나오는 짧은 영상을 보자. 하버드대학교의 실험심리학자인 크리스토퍼 차브리스와 대니얼 사이먼스는 100명 이상의 피험자에게 똑같은 영상을 보여주었다. 하얀색 옷을 입은 농구선수 세 명과 검은색 옷을 입은 농구선수 세 명. 피험자들에게 주어진 과제는 하얀색 옷을 입은 농구선수의 패스 횟수를 세는 것이었다.[22] 다 세었는가? 당신이 패스 횟수를 맞혔는지 알아보기에 앞서, 훨씬 더 흥미로운 일이 남아 있다.
> 당신은 혹시 선수들 사이에 섞여 있던 검은 고릴라를 보았는가?

예상치 못한 고릴라를 인식했다면 당신의 개방성 지수는 상위권이다. 그러나 보통은 패스 횟수를 세는 데 열중하여, 새로운 존재가 섞어 있음을 전혀 몰랐을 확률이 높다. 실험에서는 네 명 중 세 명이 고릴라를 보지 못했다.[23] 그 이유는 명확하다. 대부분은 주어진 질문(하얀색 옷을 입은 선수의 패스 횟수)에만 주의를 집중하기 때문이다. 이런 집중 능력 덕에 우리는 과제를 잘 풀 수 있었으며, 학창 시절에는 이런 능력으로 칭찬도 받았을 것이다. 우수한 학생은 딴 곳에 정신을 팔지 않고 구구단이나 영단어 암기에 온전히 집중했을 것이다. 반면, 온갖 일에 주의를 빼앗기는 학생들은 산만하다는 평가를 받곤 했다.

이런 주입은 계속 영향을 미쳐서 편견을 더욱 강화한다. 뇌는 제한된 자원을 아끼기 위해 중요하다고 여기는 것에만 집중한다. 독일의 심리학자 카리나 크라이츠가 이런 뇌의 역설 효과를 입증했다.

당장 몰두하는 일과 주변의 자극을 명확히 구분할수록, 주변의 자극은 우리 눈에 덜 띈다.

뇌는 중요하지 않은 일을 흐릿하게 처리한다. 심리학에서는 이런 현상을 '부주의맹'이라 부른다. 높은 지성을 갖고 있대도 이 현상은 막지 못한다.[24] 우리는 거대한 나무들 앞에서 숲을 보지 못하고 농구선수 사이에서 고릴라를 보지 못한다. 물론 부주의맹 덕분에 우리는 과제를 효율적으로 끝낼 수 있으며, 중요한 일에 더욱더 집중할 수 있다. 이것들도 반드시 필요한 일이다. 그러나 VUCA 세계에서 기존 규칙은 통하지 않는다. 좁은 시야로 가능한 과제들은 표준화가 가능하니 앞으로는 점점 더 인공지능에 맡겨질 것이다. 인공지능의 알고리즘과 신경망은 각 전문 분야에서 아주 완벽하고 효율적으로 작동하게 되어 그런 과제를 수행하는 인간의 능력은 빛을 잃게 될 것이다.

> 유방 조영술 사진을 분석하는 일은 매우 큰 책임을 요구한다. 그러나 실수하기 쉬운 데다가 단조롭다. 이제는 과학자들이 인공지능을 학습시켜, 의사의 도움이나 후속 검토 없이 유방 조영술 사진에서 종양을 찾아내게 한다. 훈련된 인공지능의 적중률은 약 90퍼센트에 달한다. 다시 말하면, 이미 인공지능은 유방에 생긴 변화를 전문의 못지않게 잘 찾아내고 있다.[25]

디지털화가 진행될수록 의료 영상 분석처럼 삶과 죽음을 다루는 일에서도 인간의 지능이 쓰이지 않게 될 것이다. 인간의 지능은 이제 기술에 맡길 수 없는 상황과 문제를 해결하는 데 쓰인다.

왜 호기심 없는 탁월함은 불가능한가

"개인이든 사회든 조직이든, 인간의 호기심보다 더 강하게 우리를 진보시키는 것은 없다." 첫 미국인 코로나 확진자가 시애틀

국제공항에 착륙한 이후 인간 항체를 연구하는 과학기술기업 머크 (Merck)의 홈페이지에 적힌 문구이다. 건강 분야의 기업이, 주로 어린 시절에나 독려받았던 자질인 호기심을 강조한 것이다. 호기심은 뭔가 장난스럽고 재미난 것과 연결되며, 진지한 노력보다는 무의미한 행동이나 시도를 더 연상시킨다.

호기심을 향한 부정적 이미지는 역사 속에서도 발견된다. 기독교의 시선에서 호기심은 죄로 통했다. 신의 전지적 특권에 도전하는 일이었기 때문이다. 갈릴레오 갈릴레이의 호기심, 즉 '발견'이 이 경우에 해당한다. 그는 세계를 새로운 시대로 안내했지만 교회로부터 처벌을 받았다. 기독교가 굳건히 고수했던 지구 중심 세계관에 의문을 제기했기 때문이다. 갈릴레오가 모든 해결책의 첫걸음으로 여겼던 호기심은 근대 전반기에야 비로소 '금지 항목'에서 벗어났고, 그 이후 호기심은 과학과 연구의 원동력이 되었다.

호기심은 우리에게 전기, 우주여행, 스마트폰, 녹색 에너지를 안겨주었다.

오늘날 아이들은 「세서미 스트리트」를 통해 질문하지 않는 사람은 바보로 남는다는 걸 배운다. 기업들도 이런 견해를 갖기 시작했다. 갈릴레오가 떠난 지 400년이 지난 지금, 다양한 분야의 리더들이 "무엇이 혁신 문화를 일으키는가?"라는 질문에 "호기심을 지원하고 보상하기"라는 답을 가장 많이 한다. 평생 세계의 무지와 싸웠던 스웨덴 통계학자 한스 로슬링은 이렇게 말했다. "호기심이 있다는 말은, 새로운 정보에 열려 있고 그것을 찾기 위해 적극적으로 노력하며, 자신의 세계관에 맞지 않는 사실도 수용하고, 그것을 이해하려 애쓴다는 뜻이다. 또한 자신의 실수에 당혹하기보다 오히려 호기심을 더 발전시킨다는 뜻이다."[26]

호기심이 많은 사람은 사물의 근본을 파헤치고, 새로운 영역을 탐험하며, 심지어 더 나빠진 조건에도 적응한다. 과학자들은 모든 일의 이면을 살피려는 욕구가 특히 두드러진다. 머크의 호기심 현황 보고서에 따르면 호기심지수 상위권 중 절반은 과학자였으며, 행정 공무원은 네 명 중 한 명에 불과했다.[27] 때때로 과학자들은 과도한 호기심으로 자신의 명예를 위협하는 일까지 단행한다.

1929년 여름. 젊은 외과 수련의 베르너 포르스만은 점심시간에 자신의 왼쪽 팔을 마비시켰다. 그는 바늘을 혈관에 찔러 넣은 다음, 얇은 고무관을 정맥에 연결하여 심장 방향으로 60센티미터 정도 밀어 넣었다. 엑스레이 사진으로 고무관의 끝이 우심실에 닿은 것을 입증했다. 그의 상사는 이런 실험을 쓸데없는 일로 치부했고 포르스만은 비웃음을 샀다. 그러나 과학적 호기심이 더 강했던 포르스만은 또 다른 실험으로 연구를 이어갔고 1956년에 심장도관술로 노벨의학상을 받았다.[28]

미친 짓이 혁신으로 바뀌는 과정

벌집나방은 플라스틱을 먹어치운다. 스페인 생물학자 페데리카 베르토치니가 발견한 사실이었다. 양봉이 취미였던 베르토치니는 벌통을 청소하다가 우연히 벌집나방 애벌레를 발견했다. 이 애벌레는 벌집에 퍼져 밀랍을 먹어치웠다. 호기심이 동한 베르토치니는 애벌레를 비닐봉지에 넣고 관찰했다. 얼마 후 애벌레들이 비닐을 갉아먹고 밖으로 나왔다. 베르토치니는 이 현상을 끝까지 파헤쳤고, 애벌레 백여 마리가 12시간 안에 비닐봉지 92밀리그램을 먹어치운다는 사실을 알아냈다. 벌집나방 애벌레는 지금까지 알려진 모든 방법보다 더 빨리 플라스틱을 분해했다. 그들의 소화체계가 밀랍에 맞춰져 있고, 밀랍의 화학구조가 폴리에틸렌과 유사하기 때문일 것이다.[29] 플라스틱 쓰레기 문제를 생각하면 매우 놀라운 뉴스이다.

일반적인 생각과 달리 진보는 실험실과 노트북에서 나오지 않는다. 가장 기발한 발견은 종종 가장 예상치 못한 곳에서 생긴다. 이런 우연한 발견을 영어로 '세렌디피티(serendipity)'라고 한다. 번역어가 마땅치 않은 이 단어는 페르시아 동화 『세렌딥의 세 왕자 (The Three Princes of Serendip)』에서 비롯되었다. 오늘날의 스리랑카는 한때 세렌딥이라 불렸다. 전설에 따르면, 세렌딥에 강력한 왕과 세 아들이 살았다. 왕은 세 아들에게 생명을 구하는 중요한 재능을 키워주고자 했다. 그래서 세 아들에게 권력과 황금 대신 뛰어난 관찰력과 감각을 가르쳤다. 세 아들은 풀이 자라는 소리를 들을 정도로 탁월해졌다. 그들은 눈에 보이지 않는 특별함을 볼 줄 알았고, 서로 관련 없는 정보들을 통합할 줄 알았다. 그들은 탁월한 관찰력으로 어디서든 모든 상황에서 올바르고 영민하게 처신했다.

독일에서 현대판 세렌딥의 왕자를 꼽는다면 홀게르 자임, 토비아스 발링, 제바스티안 클라인, 니클라스 얀센이 있을 것이다.

이 네 사람은 2019년 말에 도서 요약 앱인 '블링키스트(Blinkist)'로 전 세계 1200만 이용자를 감탄시켰다. 그들은 자기 자신과 다른 사람을 연결했고 거기서 새로운 발견을 해냈다. "지난 몇 해 동안 점점 더 많은 책이 읽히지 않은 채 책꽂이에 쌓여만 갔어요. 우리는 이 문제를 해결할 방법을 찾지 못했죠. 그러던 어느 날 문득 묻게 되었습니다. 아이디어와 기획을 전달하는 데 정말로 300쪽이나 필요할까?"[30] 이런 물음에서, 책의 내용을 요약하여 앱으로 읽어주는 아이디어가 싹텄다. 블링키스트 이용자들은 15분 안에 책 한 권의 핵심 내용을 이해할 수 있다. 블링키스트는 아주 적절한 슬로건을 택했다. 'Serving curious minds(호기심 많은 사람을 위한 서비스).'

현대판 세렌딥의 왕자와 공주는 전통적 의미의 지성만 갖춘 게 아니다. 그들은 눈을 크게 뜨고 세상을 보기 때문에 빠르게 트렌드를 이해하고 기회를 감지한다. 그들의 우수성은 미묘하고 엉뚱한 특징을 감지해 내는 능력에서 기인하며, 그들의 호기심 많고 깨어 있는 정신은 편향된 사고방식을 가진 사람이 미친 짓으로 폄훼하는 일을 황금으로 바꾼다.

> 과학자, 예술가, 작가 등 창조적인 사람들은 늘 그렇게 일한다. 프랑스 화가 이브 클라인은 자신이 발명한 진한 군청색 물감만으로 캔버스를 채웠다. 아이폰 발명가 스티브 잡스는 전화기, 사진기, MP3 플레이어를 하나의 기기로 합쳤다. 호텔 사업가 클라우스 하우버는 950미터 높이에 제비집처럼 걸려 있는 '아웃도어 식당'을 짓고, 범접할 수 없는 자연에서 요리와 문화를 제공한다.[31]

세렌디피티는 뜻밖의 것을 만나는 행복한 재능이다. 넘어진 자리에서 예기치 못한 것을 발견하여 빛나는 아이디어가 떠오른다. 그러나 이것이 다가 아니다. 세렌디피티의 잠재력을 이해하고 추구해야 우연한 영감이 혁신, 행복, 성공의 열쇠가 된다. 세렌디피티에 주의를 기울이고 감지할 만큼 민첩한 사람은 극소수에 불과하다. 고대에도 마찬가지였다. 그리스 신화에서 기회의 신 카이로스는 우연한 행운을 잡기가 얼마나 어려운지 은유적으로 보여준다. 카이로스는 동에 번쩍 서에 번쩍 하며 금세 사라진다. 그의 앞머리는 길게 늘어뜨려져 있지만, 뒤통수는 벗겨져 있다. 앞에 남아 있는 머리채를 주저 없이 움켜쥐어야만 기회의 신을 붙잡을 수 있다. 머리채를 낚아챌 타이밍을 놓치면 민머리 뒤통수에서 손이 미끄러지고 만다. 절호의 기회를 놓치면 돌이킬 수 없다. 일상에 갇혀 있으면 그런 일이 특히 더 자주 발생한다. 일상에서는 즉흥적 아이디어의 가치를 탐구하는 것보다 책상에 앉아 루틴 업무를 처리하는 것이 더 중요해 보이기 때문이다.

그러므로 뭐든지 허용되고 의무는 없는 자유로운 환경에서 우리는 세렌디피티를 최대한 활용하게 된다.

독일 심리학자 다니엘 멤메르트는 핸드볼 선수를 대상으로 실행한 실험을 통해 이를 증명했다. 감독이 선수들에게 작전 지시를 많이 내릴수록 오히려 행운의 기회를 자주 놓쳤다. 즉 좋은 위치를 선점한 동료 선수를 보지 못하고 그냥 지나친 것이다. 감독의 지시 때문에 선수들은 특정 전술만 신경 쓰느라 기회를 보지 못했다. 이와 비슷하게 기업에서는 압박과 표준이 시야를 좁힌다. 세렌디피티 효과를 얻고 싶다면, 거친 아이디어를 비옥한 땅에 던질 준비를 해야 한다.

고속도로 모드에서 사파리 모드로

최근까지만 해도 최고경영자들은 호기심, 세렌디피티, 성장마인드셋을 심리학이 떠는 호들갑 정도로 여기고 멸시했다.[32] 그래서 '작동하는 시스템은 바꾸지 마라'라는 원칙이 유행했고 거의 모든 직원과 관리자가 사실로 현상에 기반한 사고방식으로 기능성을 강조했다. 그리고 여전히 그렇게 하고 있다.

당연히 우리는 변화가 필요하다는 것을 안다. 그러나 개방성을 갖추고 있는 사람은 극소수이다. 코로나 이후 옛날의 일상으로 돌아가더라도, 옛날 루틴과 신념으로 돌아가지 않도록 특히 조심해야 한다. 마술사의 손짓처럼 한 번에 성공하긴 어렵겠지만, 우리는 불확실성에 대처할 수 있게 우리의 뇌를 훈련할 수 있다. 경영 컨설턴트 더그 마르샬크는 이런 필수 사고 전환을 아주 구체적으로 보여주는 비유를 찾아냈다. 그의 명제는 다음과 같다.

지금까지는 대부분이 고속도로 모드에서 생각하고 일했다. 그러나 VUCA 세계에서는 사파리 모드가 우리를 발전시킨다.

지금까지는 속도가 목표인 사람이 보통 큰 성공을 거머쥐었다. 이런 시스템에 따라 우리는 대학에서 좋은 학점을 따고 목표에 시선을 고정한 채 아주 짧은 시간 안에 탄탄한 경력을 쌓았다.

하지만 VUCA 세계에서는 다르다. 목적지에 도달하는 길도 결과도 예측할 수 없다. 그러므로 탁월한 사람은 불확실한 시나리오에 적응한다. 코로나 이후 불확실성의 세계에서는 일요일 아침 한산한 고속도로에서처럼 속도를 올릴 수 없음을, 우리는 각자의 삶에서 경험했다. 의료진도 정치인도 목적지를 더듬더듬 찾았고, 그것을 위해 공부했고, 벌어진 일을 관찰했고, 경로를 조정했고, 자기

자신을 검열했다. 더그 마르샬크는 케냐에서 사파리를 갔을 때 이렇게 행동했다.[33]

> 직접 운전해서 다니는 사파리에서는 열린 마음으로 뜻밖의 일을 받아들이는 자세가 필요하다. 원하는 순간에 코끼리가 큰 소리로 울고, 하마가 물을 내뿜고, 사자가 모습을 드러낸다는 보장은 없다. 물웅덩이 옆에 앉아 몇 시간씩 기다려야 할 때도 있다. 밖에서 보면 이런 태도가 무계획적으로 보일 수 있지만 더 자세히 살펴보면, 숨은 시스템이 있다. 더그 마르샬크가 설명했다. "나는 장면들을 사진으로, 영상으로 그리고 글로 잡아둔다. 우리는 이미 갔었던 장소를 지도에 표시했다. 가이드북에서 본 희귀 동물을 조사하고 공부했으며 다 같이 모여 토론했다." 그렇게 준비된 상태라야 표범이 나타났을 때 빠르고 안전하게 행동할 수 있다.

야생에서는 야생의 감각이 필요하다

———◆———

VUCA 세계는 아프리카의 야생 환경과 같다. 야생의 생동감을 경험하려는 사람에게는 목적지에 관한 지식과 인내심 그리고 뜻밖의 발견을 할 수 있는 감각이 필요하다. VUCA 세계에서는 야생동물 대신에 사고의 실마리를 찾으면 된다. 시몬스대학교의 문헌정보학자 샌드라 에델레즈는, 정보를 찾을 때 예기치 못한 발견의 가치를 알고 그것을 아이디어의 원천으로 이용하는 직감을 "정보 인카운터링(Information Encountering)"이라고 부른다. 이른바 '슈퍼 인카운터러(super-encounterer)'가 이것을 가장 잘 해낸다. 그들은 좋은 일이 뜻밖의 장소에, 때로는 생각보다 더 가까운 곳에 있음을 알고 탁월한 아이디어를 아주 의식적으로 계획에 넣는다. 남다른 감각 없이는 할 수 없는 일이다. 그래서 에델레즈는 슈퍼 인카운터러가 어떻게 예기치 못한 정보의 가치를 알아차리는지 궁금했다. 그 대답은 구체적 논리의 영역과는 거리가 멀었다.

슈퍼 인카운터러는 그저 기분 변화 속에서 뜻밖의 탁월한 아이디어를 알아차린다.

절망했다가도 갑자기 하늘을 나는 듯한 기분으로 바뀔 때, 그들은 그 가치를 재빠르게 알아차린다. 그러나 대부분의 세렌디피티 프로들은 자신의 직감을 떠벌리지 않는다. 호들갑처럼 보일까 두렵기 때문이다. 디즈니랜드의 사례를 생각해 보면 이해할 수 있을 것이다. 월트 디즈니는 놀이터에서 디즈니랜드 아이디어를 얻었다고 한다. 그는 딸이 그네를 타는 모습을 보면서, 어린이뿐 아니라 어른도 즐길 수 있는 놀이터는 어떤 모습이어야 할지 생각을 굳혔다.

메가급 계획들은 그렇게 작은 데서 시작되었다. 그러나 획기적 아이디어가 우연한 관찰에서 비롯되었고, 짤막한 의견이 결정적 실마리를 제공했다고 하면, 회사에서는 이를 매우 미심쩍게 여긴다. 발견이 아주 대단한 일로 발전했을 때에서야 비로소 탁월함의 증거로 기꺼이 공유된다. 스타벅스 창립자 하워드 슐츠의 이야기도 그중 하나이다.

하워드 슐츠가 처음부터 세계적인 부자에 속했던 건 아니다. 가족 중 처음으로 대학을 졸업한 사람이었고, 스타벅스 직원으로 커피, 차, 향신료 분야에서 직장 생활을 시작했다. 당시 스타벅스는 시애틀에 상점 네 개를 가진 작은 회사로 갓 볶은 커피콩과 커피 메이커를 팔고 있었다. 그는 어느 날 밀라노 출장을 통해 이탈리아의 커피 문화를 알게 되었다. 커피 바, 모든 손님에게 인사를 건네는 바리스타, 거품이 가득한 커피에 감탄했다. 그는 이런 커피 문화를 미국으로 가져가려 했지만 그의 상사는 미심쩍어했다.

그래서 슐츠는 퇴사하여 자신의 커피하우스를 열었다. 그러나 스타벅스라는 이름이 머리를 떠나지 않았다. 그래서 기회가 생기자마자 스타벅스 지점들을 인수했다. 나머지는 우리가 알고 있는 그대로이다. 슐츠는 커피를 볶는 작은 상점을, 3만 개가 넘는 매장을 가진 세계적 기업으로 바꿔놓았다. 스타벅스의 매력은 '아이스 아메리카노'와 '향이 풍부한 라테'를 훨씬 넘어선다. 스타벅스의 모든 지점은, 손님들이 이탈리아 커피 바에서처럼 편안함을 느끼도록 설계되었다.

물론 정보 인카운터링과 세렌디피티가 세계적 기업의 초석을 놓는 일은 아주 드물다. 그러나 세렌디피티는 더 작은 규모로도 작동한다. 단, 조건이 있다. 우연한 자극을 감지했을 때, 그 느낌을 쓸데없는 일로 무시하지 않아야 한다.

요리사 도루 나카무라는 유럽 고급 요리와 일본 요리를 결합하여 자신만의 고유한 요리를 선보인다. 다른 요리사가 감히 흉내낼 수 없는 경지다. 한 인터뷰에서 그는 농어와 회양, 녹차를 조합하는 아이디어를 어떻게 얻었는지 설명했다. "집에서 설거지할 때 일본 녹차인 센차를 마십니다. 바로 그때 이런 아이디어를 얻었어요."[34]

날생선에 녹차 소스를 올리는 아이디어를 당신이라면 생각해 낼 수 있을까? 일단 나는 아니다. 완성된 레시피에 따라 요리를 할 수는 있지만, 뭔가 기발한 레시피를 고안해 내기에는 퓨전 요리나 음식 궁합에 관해 아는 것이 별로 없다. 여기서 알 수 있듯이, 세렌디피티는 전문 지식과 합쳐졌을 때만 그 힘을 발휘한다. 우연한 발견의 가치를 알아차린 뒤 자신의 전문적 프로젝트에 통합할 수 있는 노하우까지 가지면 우연한 발견은 가장 도움이 된다.

팀에서도 즉흥적인 아이디어의 가치를 알아차리는 누군가의 존재가 중요하다. 나는 글쓰기 강좌에서 자주 이런 경험을 한다. 누군가가 지금까지의 논의를 뛰어넘는 생각, 아직 다듬어지지는 않았지만 놀라운 문구를 찾아낸다. 그러나 누구도 이 기발한 아이디어의 가치를 알아차리지 못하고 그저 이리저리 돌려 보다가 제자리에 내려놓는다. 어떤 불꽃도 튀지 않고 원래의 주제로 되돌아간다. 결국 내가 끼어들어 논의를 중단시키고 그 아이디어를 지적하면 그제야 그것을 자세히 관찰하고 사고의 도움닫기로 이용한다. 사파리 모드를 제안했던 더그 마르샬크가 말했듯이, "뜻밖의 일이 우리의 손에 떨어지면, 우리는 거기에서 이익을 얻어야 한다."[35] 우연은 오직 우연의 가치를 알아차리고 끈기 있게 자본화하는 사람에게만 유용하다.

탁월함의 비밀 ①
: 열린 마음을 위한 7가지 자극

우리는 한동안 과거에서 챙겨온 가방으로도 어느 정도의 수준을 유지할 것이다. 그러나 새로운 시대의 도전 과제에 대응할 만큼 성장하려면, 그 이상이 필요하다. 격변하는 세계에서는 호기심과 열린 마음이 탁월함의 기본전제이다. 설령 회사가 기존 논리에 계속 집착하더라도, 아래에서 제시하는 7가지 방법으로 당신의 정신적 유연성을 높일 수 있다.

1. 무한한 호기심을 가지자

"명심하세요! 별을 올려다봐야지 자신의 발을 내려다봐선 안 됩니다." 영국의 천체물리학자 스티븐 호킹이 마지막 강연에서 한 말이다. "눈에 보이는 것을 이해하려 애쓰십시오. 우주가 왜 존재하는지 궁금해하세요. 호기심을 가지세요."[36] 스티븐 호킹은 지난 수십 년간 자연과학계의 슈퍼스타로 통했다. 그는 비범한 성공의 기반이 무엇인지 알았다. 호기심은 개인과 기업의 혁신 잠재력을 여는 열쇠이다. 그러나 호기심이라고 해서 다 같지는 않다. 무엇보다 비즈니스 환경에서 우리는 목표에 맞춰 정보를 찾는 습관이 몸에 배어 있다. 이런 '특별한 호기심'은 빠르고 확실한 결과를 가져다준다. 그러나 오리건주립대학교의 조직심리학자 제이 하디의 연구가 보여주듯이, 관습적이지 않아서 특히 돋보이는 혁신은 '폭넓고 다양한 호기심'에서 비롯된다.[37] 이제 호기심은 발전의 가장 큰 원동력이 될 것이다.

2. 폭넓게 읽자

폭넓은 독서는 살면서 가장 간단하게 탁월함을 얻을 수 있는 전략이다. 소설, 과학, 철학, 정치, 경영, 교육, 심리학 등등. 독서만큼 시야를 넓혀주는 전략은 없다. 너무 단순하고 저렴하며 누구든지 할 수 있는 방법이라 종종 과소평가되는 경향마저 있다.

빌 게이츠는 1년에 50권의 책을 읽는다. 세계에서 가장 중요한 사람들을 맘껏 만날 수 있고 지구 어디든 여행할 수 있더라도 그는 독서를 가장 중요한 영감의 원천으로 본다. 어디를 가든 그는 항상 책을 가져간다. 그의 독서 블로그를 보면, 현재 세계에서 가장 부유한 사람이 장르와 주제를 가리지 않고 책을 두루 읽는다는 사실을 알 수 있다.[38] 이런 독서 태도는 개방성과 다양한 호기심의 증거인 동시에 행운의 발견과 창조적 변화의 최고 전제조건을 충족한다.

3. 메아리만 들리는 작은 골방에서 나가자

나는 아마존에서 기꺼이 책을 추천받고, 어떤 패션 브랜드가 내게 가장 잘 어울리는지 안다고 믿으며, 영어권 국가에서 즐기는 휴가를 제일 좋아하고, 나의 관심사와 가치관을 재확인해 주는 사람의 소셜미디어 계정을 팔로잉한다. 대다수가 이런 식으로 일상을 보낸다. 그러나 익숙한 환경에만 머무는 태도는 우리의 관용과 혁신 능력을 약하게 만든다. 우리는 가장 맘에 드는 삶을 보여주는 필터 버블 안에 머물고 구글이나 페이스북 등의 알고리즘의 지원에 기댄다. 이런 정보 분할은 사회 전체에서 분열과 양극화로 이어진다. 우리는 '낯선' 정보를 점점 멀리한다.

그러나 우리가 능동적으로 이런 태도를 버리고 새로운 접근 방식을 의식적으로 받아들이지 않는 한, 더는 도전하지 못하고 깨달음을 얻지도 못하며 편협한 견해에서 깨어나지도 못한다. 다양한 인간관계, 독서, 문화, 여행, 심지어 음식에 대한 경험은 삶의 필수 요소다. 인생을 다채롭게 만들고, 호기심을 자극하여 혁신을 추동하고, 변화에 잘 대처하는 탁월함을 북돋기 때문이다.

4. 다의성을 받아들이자

VUCA 세계에 단순한 진실이란 없다. 찬성과 반대가 명확하지 않은 상황이 점점 더 일반화되고 있다. 팀에 완벽하게 적합하지만 프로젝트에 꼭 필요한 기술 도구를 한 번도 써본 적이 없는 신입 사원을 채용해야 할까? 해가 드는 쪽에 시끄러운 도로가 있는 호숫가 대지를 구매해야 할까? 코로나 위기 동안 외롭지 않게 노부모를 방문해야 할까, 아니면 감염 위험이 없게 거리를 둬야 할까? 대다수가 이런 모호한 상황에 힘들어한다. 그들은 간단한 대답을 바라고 근거가 확실한 결정을 원한다.

하지만 열린 사고방식을 가진 사람은 복잡한 감정을 더 유연하게 받아들이고 창조적으로 이용한다. "예술의 적은 한계의 부재이다." 전 시대를 통틀어 가장 영향력 있는 영화감독 중 한 명으로 꼽히는 오슨 웰스의 명언이다. 혁신도 마찬가지이다. 우리 앞을 가로막는 한계는, 기존의 해결책을 넘어 대담하고 비범한 길을 선택하도록 우리를 자극한다.

5. 전문가의 덫을 조심하자

우리 인간은 지식에 관대하지 않다. 자기 생각과 맞지 않는 정보라면 일단 무시하거나 과소평가하는 경향이 있다. 특히 그 분야의 최고 권위자일수록 이런 경향이 가장 두드러진다. 스스로 권위자라고 느낄수록 새로운 관점을 가장 많이 배제하는 것이다.[39] 하버드대학교의 심리학자 엘런 랭어 교수는 이런 전문지식 독단주의를 막는 방법을 설명한다. "이전 경험과 반대되는 신호 혹은 약한 신호까지 포함하여 모든 다양한 신호를 열린 마음으로 인식해야 한다. 신호를 즉시 분석하고 분류하고 평가하지 말고, 그대로 인식해야 한다. 뭔가를 그냥 알아차리고 관찰해야 한다." 이런 능력은 하룻밤 사이에 얻을 수 없다. 즉흥적 판단과 선입견을 억제하려는 끊임없는 노력이 필요하다.

6. 전문 분야 그 너머를 보자

획기적 아이디어는 대개 예기치 않은 곳에서 온다. 지금까지 몰랐던 연관성을 종종 다른 분야 사람들이 우연히 발견하는 경우가 있다. 덴마크 건축가 얀 겔의 이야기를 들어보자. 어느 날 심리학자인 아내와 대화를 나누던 중 그녀가 따지듯이 물었다고 한다. "건축가들은 어째서 자기가 설계한 집에 살아야 할 사람들에 대해서는 전혀 생각하지 않지?" 이 물음은 겔이 건축가로서 당연시했던 것들을 완전히 바꿔놓았다. 그 후로 겔은 늘 이렇게 물었다고 한다. 도시를 어떻게 설계해야 아이들이 즐겁게 놀고, 어른들이 햇볕을 쐬며, 편안하게 자전거를 타고 자동차를 집에 두고 나올까? 그 결과는 뉴욕, 모스크바, 런던, 코펜하겐의 도시 재구성으로 이어졌다. 특히 코펜하겐은 겔이 생각하는 살 만한 대도시의 본보기로 재구성되었다.

7. 지적 겸손을 보이자

새로운 경험에 개방적일수록, 이미 끝낸 일이라도 의심해 봐야 함을 더 자주 확인하게 된다. 계속되는 고객 요청이 완벽해 보이는 기획을 재고하게 한다. 예기치 않게 등장한 관점들이 마무리된 건축 설계에 의문을 제기한다. 이런 경험들은 우리를 화나게 한다. 게다가 일도 많아진다. 그렇기에 확실성 뒤에 숨고 싶은 마음이 강해질 수도 있다. 그러나 다른 의견을 받아들이고, 필요하다면 자신이 사랑하는 것마저 버리는 사람은 지적 겸손을 알게 된다. 물론 이 말이 아주 멋지게 들리진 않을 것이다. 그러나 사회학자 브렌 브라운에 따르면 결핍은 우리에게 생기를 불어넣기 때문에 '혁신, 창의성, 변화의 탄생지'나 다름없다.[40] 방패를 내려놓아야 우리는 감탄할 수 있고, 위험을 무릅쓸 수 있으며, 고정관념을 극복할 수 있다.

베스트셀러 『드림 팀스(Dream Teams)』의 저자 셰인 스노는 지적 겸손을 이렇게 설명한다. "개방성은, 시큼한 오이지 맛 아이스크림을 먹어볼 준비가 되었음을 뜻한다. 지적 겸손은, 시큼한 오이지 맛 아이스크림이 예상과 반대로 맛있다는 사실을 인정할 준비가 되었음을 뜻한다."[41] 탁월함을 추구하는 사람은 두 가지 모두를 기꺼이 한다. 그들은 낯선 견해를 받아들인다. 더 나은 것을 배울 수 있다면 그 어떤 것도 소홀히 하지 않는다.

"새로움에 적응하려
애쓰는 사람만이
새로운 땅으로 갈 수 있다."

3

자기 성찰

나의 소망과 가치를 아는 사람은 나뿐이다

무언가를 이루었다고 해서, 탁
월함을 향한 노력이 끝나진 않는다. 그것이 얼마나 큰 자부심을 주
느냐와 상관없이 탁월함을 추구하는 사람은 성취에 안주하지 않는
다. 그들은 자신과 자신의 행위를 성찰하고, 경험을 분석하고, 잠재
력과 약점을 알아내고, 가능한 행동 옵션을 고려하고, 위험을 계산
하고 자신의 욕구와 가치를 명확히 파악한다. 그들 대다수는 이것
을 위해 일, 월, 분기, 연도별로 확고한 일정을 짜둔다. 그들은 시간
과 에너지를 잘 써야 한다는 걸 안다. 능력과 가능성을 최대한 발
휘하는 것이 탁월함의 전제조건이기 때문이다. 정해진 청사진은
없다. 각자 스스로 깊이 생각해야 한다.

반성하는 사람만이 발전한다

인간은 원래부터 자신과 자신의 삶을 성찰한다. 델포이 신전 기둥에는 "너 자신을 알라"라고 적혀 있다고 한다. 이 글귀는 모호하면서도 깊은 깨달음을 준다. 단순하게 해석하면 자신이 했던 행동과 하지 않은 행동을 살피고, 나아갈 방향을 늘 새롭게 조정하라는 얘기이다. 그러나 우리 대다수는 성찰을 제대로 배운 적이 없다. 오히려 다른 사람의 평가에 자신을 비춰보는 데에만 익숙하다.

칭찬과 평점, 좋아요와 보너스, 매출과 주문량을 우리는 올바른 길로 가고 있다는 신호로 이해한다. 주변의 눈들이 그렇게 보기 때문이다.

칭찬이라는 피드백이 없으면 우리는 이렇게 해석한다. 아무것도 아니었다는 얘기군. 이렇다 할 사항이 없었다는 거야. 물론, 우리는 동의와 피드백에서 많이 배울 수 있다. 외부인이 우리를 어떻게 보는지 아는 것은 개인의 발달에 도움이 된다. 그러나 외부인의 인정은 얼마나 정직하고, 그 비판은 얼마나 타당할까? 그들의 피드백이 우리의 자기평가와 얼마나 일치할까? 자신에게 이런 질문을 하는 사람은 거의 없으리라. 우리는 일상에 매몰된 채 규정과 유행을 그냥 받아들인다. 이를 바꾸려면 어떻게 해야 할까? '조직문화 적합도(cultural fit)'의 시대에, 기업의 기대에 그냥 순응하기는 나쁜 전략은 아니다.

사생활에서도 마찬가지이다. 우리는 다른 사람의 시선과 평가에 신경을 많이 쓴다. 직업 교육이냐 대학 공부냐, 아이를 낳을지 말지 결정할 때, 혹은 완벽한 셀카를 연출할 때, 다른 사람의 의견에서 완전히 자유롭기 어렵다.

스위스 작가 쥐빌레 베르크는 대중의 평가에 휘둘리는 경향을 정확히 지적했다. 베르크의 관찰에 따르면, 인간은 자신의 결정에 책임지기를 힘들어한다. 차라리 주류에 편승하고자 한다. "튀지 않아야 살기 편하다는 걸 어렸을 때부터 감지하는 걸까? 너무 잘나지도, 너무 못나지도 않기. 그리고 남들처럼 대학에 가고 (…) 항상 단정하게 옷을 입고 (…) 실수만 저지르지 않으면 된다! 왜 이렇게 할까? (…) 품위 있게 행동하고 좋은 목소리로 좋은 말을 하는 괜찮은 사람에게 기대되는 것이 바로 그거라고 믿기 때문일까?"[1]

쥐빌레 베르크는 이 글을 10년 전에 썼다. 그 후로 세상은 변했다. 효율적으로 일하는 사람보다 반성하는 사람이 더 많은 혁신과 가치 창출을 이뤄낸다. 지아다 디 스테파노의 연구팀이 콜센터 직원을 대상으로 한 실험에서 그것이 입증되었다.

연구팀은 콜센터 직원에게 하루를 마감하며 그날의 상담 내용을 검토하고 거기서 무엇을 배웠는지 깊이 생각하라고 청했다. 반면에 같은 수의 비교 집단은 하루를 마감하며 상담 기술의 기본 규칙을 공부했다. 열흘 뒤, 두 집단의 차이는 엄청났다. 반성한 직원들의 실적이 비교 집단보다 23퍼센트나 높았다.[2] 실적 평가의 기준은 고객평가서였는데, 실험이 끝난 뒤에도 연구팀은 계속해서 고객의 피드백을 분석했고 더욱 흥미로운 결과를 확인할 수 있었다. 직원이 더는 반성하지 않자 곧 우수한 실적도 사라진 것이다. 두 비교 집단은 3개월 뒤에 옛날 상태로 돌아갔다. 스테파노와 동료 연구자들은 다음과 같이 결론지었다.

직원이든 관리자든 깊이 생각하고 예측하며 자신의 행동을 반성하면 더 많은 성과를 낼 수 있다.

그들은 또한 스트레스를 덜 받고, 더 넓은 마음으로 변화를 맞이한다. 말하자면 직장 생활이나 사생활에 관해 정기적으로 반성하면 성과뿐 아니라 평안함도 높아진다. '요즘 떠오르는 트렌드는 무엇인가? 어떻게 해야 거기서 이익을 얻을 수 있을까? 새로운 첨단 기술이 주는 두려움을 극복하려면 어떻게 해야 할까? 인공지능이 내 업무의 일부를 가져간다면, 나는 성공을 위해 무엇을 할 수 있고 어떻게 나를 발달시켜야 할까? 협상에서 나는 얼마나 효과적으로 목표에 도달했는가? 부모로서, 애인으로서 나는 어떻게 행동하고자 하는가?'와 같은 반성과 숙고에서, 개인과 가족의 요구는 직장과 재정 상태 못지않게 중요한 역할을 한다.

빌 게이츠는 나이가 들수록 삶의 여러 측면을 생각하게 되었다. 스무 살에는 오직 하나에만 관심이 있었다. 마이크로소프트의 소프트웨어가 퍼스널컴퓨터의 꿈을 실현할 수 있을까? 60세가 넘은 지금, 그는 스스로에게 다양한 질문을 한다. 나는 가족에게 시간을 충분히 할애하는가? 나는 깊고 새로운 우정을 쌓고 있는가? 나는 매일 새로운 것을 얼마나 많이 배우는가? 그는 이렇게 썼다. "25세에는 이런 질문들이 우스워 보였을 것이다. 그러나 나이가 드니, 이런 질문들이 훨씬 의미 있게 다가온다."[3]

지식 사회는 스스로 생각하고 자신의 삶과 세상을 책임지는 사람을 필요로 한다. 최상위층뿐 아니라 모든 계층에서 기업가처럼 생각하고 놀라운 관점을 제공하며 탁월함을 계속 높이는 독립적인 사람들이 앞서간다. 코로나 팬데믹은 이 사실을 아주 강렬하게 우리 눈앞에 보여주었다. 계산대 직원이 리더십을 발휘하고 재택 근무를 하는 직원이 자신의 역량 밖에 있는 일을 결정하고 책임졌다. 2020년 3월까지만 해도 디지털 활용 평가에서 '심각한' 미달 수준이었던 교사들이 주말 사이에 온라인 수업으로 완전히 전환했다.[4] 당연히 사장들도 다양한 프로그램을 도입해 사태를 수습하려 애썼으며 그보다 더 많은 직원들이 스스로 알아서 조직하고 일하고 해결책을 찾아내면서 업무와 함께 성장하여 최고 수준을 보여주었다.

위협적인 바이러스가 미래에 경제를 움직이게 될 동력을 우리 스스로 찾아내 활성화하도록 박차를 가했다.

인자 클라싱은 기업을 위한 디지털 코칭 프로그램 '더넥스트위(TheNextWe)'의 공동창립자이자 최고경영자이다. 클라싱은 스스로 성장하려는 의지를 VUCA 세계에 필요한 탁월함의 열쇠로 본다. 코로나 팬데믹 이후로 더 많은 사람이 이런 도전 과제를 받아들인다. 바이러스 이후에도 디지털화를 유지한다면 분명 보람이 있을 것이다. "디지털화에 관심을 둔 모두가 아주 흥미진진한 시간을 경험하게 될 것이다. 디지털화에는 믿을 수 없을 만큼 새로운 가능성이 있기 때문이다."[5]

뒤돌아볼 때 보이는 것

어렸을 때, 우리 집에는 매일 저녁마다 하루를 반성하는 시간이 있었다. 신앙심이 깊은 부모님에게는 이런 성찰이 필수 의식이었다. 이런 전형적인 자기 성찰에는 장단점이 있었다. 나는 자신을 돌아보고, 하루의 행동을 찬찬히 점검하는 법을 배웠다. 한편으로는 하루를 반성하다 보면 잘한 일보다는 잘못한 일로 시선이 향했다. 빼먹은 일과 잘못한 일이 중심에 서고, 성공이나 기쁨은 후미진 곳으로 밀려났다. 성찰의 영적 아버지인 이냐시오 폰 로욜라는 자기 성찰을 그렇게 단편적으로 생각하지 않았다. 예수회를 설립한 그는 자기 성찰을 '영혼의 모든 동요'를 확인하는 계기로 여겼다.

자신의 생활과 성과를 반성하는 일은, 이미 500년 전에도 일종의 360도 파노라마와 비슷했다.

예나 지금이나 사람들은 자기 성찰을 하며, 나약함뿐 아니라 성과와 진보도 살핀다. 일상의 요구와 거리를 두고 관찰자의 눈으로 자기 자신을 살핀다. 이때 예쁘게 윤색하거나 검게 덧칠하는 일 없이 최대한 객관적으로 보는 것이 중요하다. 성찰의 목표는 현실적 자기평가, 직장 생활과 사생활에서의 발전, 그리고 나의 관점을 발견하는 일일 것이다. 그러나 다음의 것들도 똑같이 중요하다. 성취한 일을 인식하고 감사하기, 새로운 아이디어 발전시키기, 관계와 상황을 새롭게 보기, 더 높은 수준으로 사고하기.

역사상 가장 위대한 농구선수 마이클 조던은 프로 시절 정기적으로 자기 성찰을 실천했다. "나는 내가 어디에 서고 싶고 어떤 선수가 되고 싶은지를 구체적으로 떠올렸고, 어디까지 나를 발전시킬지 정확히 알았으며, 그것을 실현하는 데 집중했다."

삶을 성찰하면 곧 통찰이 시작된다. 이런 성찰이 습관처럼 몸에 배면, 책에서 읽은 지혜나 무의식적 선입견을 기계적으로 반복하는 수준을 금세 넘어서게 된다.

어떤 방식으로 혹은 어떤 장소에서 자신의 경험과 관심사를 성찰하느냐는 중요하지 않다. 어떤 비즈니스 파트너는 6개월에 한 번씩 수도원에 들어가 조용히 주의력을 키우고, 어떤 친구는 일주일에 몇 번씩 고마운 일을 기록하고, 또 어떤 친구는 코칭을 받아 인생 지도나 인생 곡선을 그리고, 어떤 팀장은 퇴근길에 자동차 안에서 하루를 돌아보며 그날 겪은 일(예를 들어 좋은 피드백)을 성찰한다. 이 모든 방법이 지속적인 개선을 도와 탁월함에 더 가까이 다가가게 한다.

내면을 성찰할 때는 특별한 환경이나 방식이 아니라 규칙성과 객관성이 중요하다.

몸을 격하게 움직이며 성찰해도 된다. 예를 들어 자전거를 타거나 거실에서 음악을 들으며 성찰해도 된다. 나는 어렸을 때부터 몸에 밴 습관대로 저녁마다 잠들기 전에 그날 있었던 일을 돌아보며 인간관계와 가능성, 다음 할 일 혹은 그날 일어난 최고의 사건을 찬찬히 살핀다. 방식은 중요하지 않다. 길든 짧든 시간을 내서, 주의를 산만하게 하는 자극이나 일과에서 벗어나 마음을 가다듬는 것이 중요하다. SNS, 단체 채팅방, 업무 사이에서는 좋은 생각을 할 수 없다.

독일 총리 앙겔라 메르켈은 일정을 잡을 때 언제나 한숨 돌리며 생각에 잠길 수 있는 시간을 따로 정해둔다. 전화의 방해를 받지 않는 긴 비행 혹은 주말에 생각을 정리한다. "언제나 시간을 내서, 어제를 반성하고 내일의 과제를 정합니다. 휴가 때는 산책을 하며 깊이 생각에 잠기죠." 메르켈이 자신의 경험을 밝힌다. "몇 시간이라도 나 자신을 위해 시간을 내면, 정신적으로 더 자유롭고, 어려운 과제들도 깊이 생각할 수 있어요."[6]

최초의 예수회 수도자인 이냐시오의 이상은 '활동 중의 관상(Contemplativus in actione)'이었다. 모순된 두 개념을 한데 묶어놓았으니 모순으로 가득한 우리의 현실에 안성맞춤인 셈이다. 한쪽에는 실질적이고 창조적인 '활동'이 있고 동시에 다른 한쪽에는 자신의 감정과 사고를 관찰하고 인식하는 '관상'이 있다. 활동 다음에는 언제나 평가가 이어지는데, 이때 새로운 지식과 발전된 관점이 도입된다. 이것은 일상에도 쉽게 적용할 수 있다. 활동하고 멈추고, 활동하고 멈추면서 활동과 반성이 리듬에 맞게 저절로 반복된다.

밤에 나누는 자신과의 대화는 훌륭한 해답 혹은 최종 대답을 준다.

모든 활동과 행위 사이에 집중해서 자기를 성찰하는 시간만 갖더라도, 우리는 명확한 나침반과 내적 독립을 얻을 수 있다. 생각 없이 주류에 편승하지도 않고 그것에 반사적으로 저항하지도 않는다. "반성은 가장 드물게 사용되는 동시에 가장 강력한 도구이다."

심리학자 리처드 칼슨의 말이다. 그가 말하는 삶의 기술은 바로 반성이며 긍정적 사고가 아니다. 전자는 현실을 이해하게 돕지만 후자는 현실에서 멀어지게 한다.

당신은 승객인가 조종사인가

한 비행기에 탄 사람들은 운명을 같이한다. 그러나 그들 사이에는 근본적 차이가 있다. 비즈니스석과 이코노미석의 차이를 말하는 게 아니다. 비행에 얼마만큼 책임감을 느끼느냐에서 차이가 난다. 승객들은 누군가에 의해 하늘을 난다. 모두가 똑같이 정해진 항로를 날고, 무슨 일이 생기면 승무원의 지시를 따라야 한다. 반면, 조종석에 앉은 조종사는 근본적으로 비행을 다르게 인식한다. 그들에게는 비행을 지배할 의무가 있다. 그들은 항로와 비행고도를 결정하고, 모든 데이터를 알고, 날씨 상황을 주시하고, 달라진 비행 조건에 대처한다.

삶에서도 비슷하다. 패키지 관광객으로든 퍼스트클래스 승객으로든, 어떤 이들은 다른 이에게 조종을 맡긴다. 그러나 어떤 이는 스스로 방향을 정하고 경로를 고민한다. 당신은 어느 쪽인가?

삶이라는 비행기에서, 당신은 어디에 앉았는가?

승객인가 아니면 조종사인가?

당신이 직원이냐 중간관리자냐 임원이냐에 따라 대답이 달라진다고 생각하는가? 그렇지 않다. 자기 성찰은 사장이나 최고경영자만의 특권이 아니다. 생각이 깊은 직원과 생각이 없는 사장이 있을 수 있고, 반대로 생각이 없는 직원과 생각이 깊은 사장이 있을 수 있다. 깊이 생각하고 자신의 운명을 책임지는 일은 모두에게 열려 있다.

"모든 일을 스스로 짊어져야 한다." 노벨의학상을 수상한 생물학자 크리스티아네 뉘슬라인폴하르트가 말했다. 그녀는 '생각할 용기'를 탁월함의 기본 조건으로 본다. "다른 사람의 얘기를 너무 많이 듣지 말고 스스로 결정하고 스스로 생각할 용기. 많은 사람이 감히 생각할 용기를 내지 못한다."[7]

자기 성찰은 자기매몰이나 과몰입과는 전혀 상관없다. 또한 무조건적인 긍정 사고와 자신을 응원하는 '파이팅' 고함과도 다르다. 자기 성찰은 드러나지 않게, 우리를 보통 이상으로 발전시키는 길로 안내한다. 뮌헨 비즈니스스쿨의 스포츠 경영 교수 토트 다베이가 말한다. "각자의 활동 혹은 능력의 질은 자기 성찰을 통해 개선될 수 있다."[8] 그러므로 탁월함을 추구하는 사람은 자기 성찰을, 의지와 능력 사이의 간격을 점차 줄여나가는 구체적이고 현실적인 가능성으로 평가한다. 나는 그것을 원하나? 나는 그것을 할 수 있나? 그럴 자신이 있나? 어떤 자원을 투자할 수 있나? 어디에 걸림돌이 있나? 무엇이 더 필요한가? 누구와 접촉해야 하나? 최악의 경우 무슨 일이 생길 수 있나?

자신의 능력과 계획과 목표를 반성하는 습관은 '개별 맞춤형 통찰'을 준다. 다른 사람이 아니라 바로 자신에게 딱 맞는 통찰을 얻을 수 있다. 우리는 경영 컨설턴트나 전문 서적이 보편적으로 주는 격려를 훨씬 넘어서는 통찰을 얻게 된다. 자신의 가능성과 한계를 직접 마주할 때라야 우리는 용기를 내고, 계속 자신을 발전시키고, 장애물을 알아내고, 그것을 없애는 방법을 찾을 수 있다.

평범함에서 탁월함으로 가는 길은 반성을 통해 열린다.

성숙한 숙고를 거부하는 사람은 자기 관점을 고집한다. 그러면 긍정적 자아상은 보호할 수 있겠지만, 앞으로 더 나아가지는 못한다. 그러나 자기를 성찰하는 사람은 더 발전하는 기회를 스스로 만든다. 그래서 그들은 자신의 목표와 가능성을 향해 주도적으로 방향을 잡고 다가간다.

일카 호르스트마이어는 BMW의 이사로 임명되기 전에, 딩골핑에 있는 BMW 공장을 이끌었다. 그녀는 한 인터뷰에서, 경제학자로서 자동차공장을 이끌게 되었을 때 무슨 생각을 했느냐는 질문에 이렇게 대답했다. "당연히 그런 제안을 받으면 밤새 곰곰이 생각하고 사람들과 의논하고 이런저런 주장들을 비교하게 되죠." 이때 그녀는 명확히 깨달았다고 한다. "생산에서는 제작공정과 사람이 중요한데, 나는 두 가지 모두를 잘 압니다!"[9] 일반적이지 않은 도약을 단행할 수 있도록 호르스트마이어에게 용기를 준 것이 바로 이런 생각이었다.

생각의 자유에는 한계가 없다

비평의 눈으로 자기 자신을 살피는 일은 일종의 훈련이며, 습관처럼 행하는 것이 중요하다. 표준화된 훈련 프로그램은 없지만 활용할 수 있는 앱들이 무수히 많다. 예를 들어 'Three Good Things(좋은 일 세 가지)'가 있다. 이 앱은 일종의 행복 기록으로 멋진 경험과 그때의 감정을 매일 세 가지씩 찾아낸다. 긍정적 효과를 꼽자면, 이 앱은 당신이 평소 무심히 지나쳤을 작은 기쁨과 소소한 성공을 더 의식적으로 인식하게 돕는다.

'Three Good Things'는 듀크대학교의 연구를 기반으로 한다. 브라이언 섹스톤 교수가 알아낸 바에 따르면, 인간은 부정적 경험을 긍정적 경험보다 더 많이 기억한다. 특히 스트레스를 받거나 피곤한 상태면 긍정적이거나 평범한 일을 인식하는 감각이 없어진다. 'Three Good Things'는 이런 현상을 막는다. 매일 성찰을 통해 기쁜 일 세 가지를 찾아내면, 작은 기쁨과 소소한 성공을 더 강렬하게 느끼고 감사하게 된다. 힘들고 지친 날에도 '그래, 지평선 끝에 한 줄기 빛이 있잖아'라고 평가한다. 뇌 생리학적 관점에서 보면, 우리는 이런 방식으로 긍정적이고 건설적인 사고를 담당하는 뇌 부위를 훈련한다. 14일 정도가 지나면 효과가 나타난다. 잠을 더 잘 자고, 관계가 개선되고, 생산성이 높아지고, 더 평안해지고, 더 의식적으로 산다. 섹스톤에 따르면 감사하는 마음은 우울증 치료제만큼 효과가 좋다. 게다가 위험과 부작용이 전혀 없다.[10]

'Three Good Things' 같은 앱이 작은 자극이 될 수 있다. 지금까지 당신이 생각하는 사람보다는 행동하는 사람에 속했다면, 이런 앱의 활용이 자기 성찰의 탁월한 시작이 될 수 있다. 앱에서 발전적 아이디어와 숙고를 얻게 될 것이다. 그러나 명심할 것이 있다.

앱을 이용한 성찰은 러닝머신 위에서 달리는 것과 같다.

사고가 좁은 발판 위에서만 달리는 것이다. 다양한 방향으로 생각해야 사고의 폭이 넓어진다. 생각의 자유에는 한계가 없다. 추상적 사유에서 아주 구체적인 개별 고민까지 모두 아우른다. 연애, 가정, 직장, 심신의 평안, 재정 및 돈 관리, 행동, 관심사, 열정 등을 분석할 수 있다. 과거(작년에 가장 아름다운 추억은 무엇이었지?), 현재(오늘 무엇을 하면 좋을까?), 미래(다음 주/내년에는 어디에 중점을 둘까?)를 곰곰이 생각할 수 있다. 당신이 이룩한 자랑스러운 업적, 목표, 소망 혹은 당신이 조만간 배우고 시도하고 경험하고자 하는 일에 생각을 집중할 수 있다. 지금의 삶을 1퍼센트 더 아름답게 하려면 무엇을 바꿔야 하고, 어떤 나쁜 습관을 더 좋은 습관으로 대체할 수 있을지 자기 자신에게 물을 수 있다. 삶의 의미 혹은 '더 높이 더 빨리 더 멀리'가 얼마나 무의미한지 생각할 수 있다. 미국 동화 작가 닥터 수스가 이를 매우 의미심장하게 요약했다.

왼쪽으로 생각하고 오른쪽으로 생각하고 낮게 생각하고 높이 생각하세요. 노력만 하면 할 수 있을 거예요!

지나가는 생각을 낚아채라

우리는 자유롭게 흐르는 생각을 낚아채야 한다. 이때 권장할 만한 좋은 방법이 메모이다. 설익은 아이디어, 찜찜한 기분, 매력적인 경험 등을 기록하면 우리는 그것들을 더 오랫동안 간직할 뿐 아니라 내적 경험을 이해하며 그 안에 담긴 개인의 발달을 읽어내고 너무 자주 몰두하는 주제 또한 알아차릴 수 있다. 토마스 만부터 마크 저커버그까지 엄청난 성공을 이룬 이들도, 글이나 그림으로 자신의 내면을 표현하고 마주하라고 당부한다.

미국 작가 엘리자베스 조지는 추리 소설 『검사관 린리(Inspector-Lynley)』로 전 세계적으로 유명해졌다. 특히 흥미로운 부분은, 작가가 일종의 집필 일기를 작성했다는 점이다. 그녀는 아침마다 집필하기 전에 아이디어, 생각, 기분을 메모한다. 어떨 땐 그저 한 문단 정도, 어떨 땐 한두 쪽. 주로 다음과 같은 내용이다. "캐릭터를 만들어내기가 어렵다. 쓸 만한 캐릭터는 이미 다 썼다는 생각이 들 때도 있다. 다른 책에서 이미 한 번 썼던 캐릭터를 또 쓰고 있는 건 아닌지 걱정이 된다. (…) 사실, 우리는 자기가 경험했던 것 혹은 입장 바꿔 생각할 수 있는 것만 쓸 수 있다. 그렇게 나는 다른 작가들보다 더 노련하게 지난 작품들을 완성했다. 그러나 이제 나의 경험은 바닥났다."[11]

무엇이든 일기처럼 기록하면, 단순 기록의 한계를 넘을 수 있다. 일기는 '어디서 무엇을 했다' 식의 사실만을 다룬 외적 경험뿐만 아니라 내적 경험까지 다루게 된다. 그래서 더 고차원적으로 숙고할 수 있다. 정해진 규칙은 없지만 보통 무의식적으로 세 단계로 진행된다. 인식하기, 깊이 생각하기, 실천하기.

인식하기. 문제가 생긴다. 불안해진다. "쓸 만한 캐릭터는 이미 다 썼다는 생각이 든다." 불안감이 괴로움으로 바뀐다. 그러나 이것을 인식하면 생각이 시작된다.

깊이 생각하기. 생각이라고 해서 다 똑같은 생각이 아니다. 절망속에 같은 생각만 계속 맴돌고, 고민의 고리가 끝없이 얽혀 있나? 그렇다면 생각은 이미 고뇌로 바뀌었고, 고뇌는 우리를 앞으로 데

려가지 않는다. 아니면 자기 자신과 거리를 두고 있는가? 그렇다
면 상황을 더 좋게 바꿀 방법을 깊이 생각할 수 있다. 강점을 찾아
내거나("나는 다른 작가들보다 더 노련했다"), 균형을 맞춰야 할 약점
을 알게 된다("나의 경험이 바닥났다").

실천하기. 생각을 행동으로 옮기는 방법을 얼마나 빨리 발견하느
냐가 가장 중요하다. 목표를 향해 가는가? 생각을 실현할 구체적
아이디어를 발달시키는가? 전략과 대안을 세우는가?

이런 기록을 통해 우리는 탁월함에 다가간다. 최소한 생각으로
먼저, 우리의 목표를 점점 더 이뤄갈 수 있다. 공책과 15분의 시간
만 있으면 된다. 바쁠 땐 3분만 있어도 된다. 공책에 확정된 일정을
기록하고, 떠오르는 생각들을 적어라. 멋지게 쓰려 하지 말고 솔직
하게 메모하라. 당신은 미국의 심리학자 낸시 애들러와 비슷한 경
험을 하게 될지도 모른다. "소중한 자기 성찰 시간에 나는 설레는
맘으로 내 손을 보고 곧 쓰게 될 내용에 미리 감탄한다."[12]

탁월함은 자극과 반응 사이에 있다

————— ◈ —————

만약 행동파라면, 생각에 깊이 잠기기 쉽지 않을 것이다. 그들
은 활동을 지향한다. 스스로 채찍질하기, 하얗게 불태우기, 100퍼

센트 쏟아붓기. 그러나 이런 정신 자세는 종종 유익하기보다는 해롭다. 이스라엘의 한 연구팀이 매우 인상 깊은 연구로 이것을 입증했다. 연구팀은 주요 축구 경기의 페널티킥 약 300개를 분석했다. 결과는 명확했다. 골키퍼가 골대 중앙에 가만히 있을 때, 골을 막을 확률이 확실히 높았다. 그러나 대다수 골키퍼는 이런 '아무것도 하지 않기' 전략이 맘에 들지 않았는지, 90퍼센트 넘게 오른쪽 혹은 왼쪽으로 몸을 던졌다.[13] 연구팀은 이런 행동이 기대 압박과 성공 압박에서 비롯된다고 보았다. 수천 명이 그들을 주목하고, 거액이 걸린 경기라면 가만히 기다리는 것보다, 이렇게 혹은 저렇게 움직이는 것이 더 옳은 일처럼 느껴진다. 성공에 익숙한 사람들도 마찬가지이다. 가만히 있는 사람은 기회를 놓치거나 아무것도 안 했다는 비난을 받을까 두렵다. 반면 분주한 행위는 상황을 제어하고 있다는 인상을 준다. 실상은 전혀 그렇지 않더라도.

코로나 셧다운 직후, 독일 정부는 기업의 공장 임대료 연체를 허용하는 법률을 통과시켰다. 셧다운으로 손해를 본 작은 기업들을 위한 결정이었다. 그런데 유명 스포츠 브랜드인 아디다스가 제일 먼저 이를 이용하리라고는 예상치 못했을 것이다. 아디다스는 재정적으로 어려운 작은 기업이 결코 아님에도, 바로 공장 임대료 납부를 유예하려다 뭇매를 맞았다. 아디다스의 행동은 경제적 관점에서는 타당할 수 있지만 소비자들의 신뢰를 잃었다. 아디다스 경영진은 국가 보조 정책의 악용이 소비자에게 어떤 기업 이미지를 전달할지 아마 깊이 생각하지 않았을 것이다. 그들은 주어진 기회를 이용할 생각만 했다. 그러나 기업이든 개인이든 모든 상황에서, 적절치 못한 자극-반응 패턴을 예방할 수 있는 결정적 순간이 있다.

우리는 성찰을 통해 특정 행동이 타인에게 어떻게 비칠지, 어떤 대안이 있는지 상상으로 미리 시험해 볼 수 있다. 또한 빠른 대응이 혹시 역효과를 내지는 않을지 판단할 수 있다. "돈이 있군. — 내가 챙겨야지." "신제품이 나왔군. — 사야지." "잘 모르는 일이야. — 물러나 있자." 우리는 내적 대화를 통해 인간적이지만 재앙에 가까운 이런 뇌 편도핵 자극에서 벗어난다.

성찰은 출발 신호와 출발 사이에 정지 구간을 만든다. 이 정지 구간 덕분에 우리는 다양한 선택 중에서 적합한 반응을 의식적으로 고를 수 있다. 그러려면 시간이 필요하다. 관리자들이 뭔가를 놓칠까 두려워 감히 내지 못하는 시간. 관리자들은 뭔가를 행하고 결정하고 앞서가야 한다는 압박을 느낀다. 미국의 경영 컨설턴트 피터 드러커는 이 압박을 누구보다 잘 이해했다. 그래서 그는 고요와 멈춤을 권한다. "조용히 성찰하여 효과적인 정책을 따르십시오. 조용히 숙고하면 더 효과적으로 행동하게 됩니다." 드러커의 제안은 행동파들을 자극하는 가장 중요한 질문에 대한 해답이기도 하다. 그 질문은 다음과 같다.

투자 수익은 어디에 있는가?

윤리적 관점은 미뤄두고, 비용-효용 계산부터 해보자. 자기 성찰 요구는 다소 관념적으로 들릴 수 있지만, 사실 성공 가능성을 매우 구체적으로 높이는 행동이다. 자세히 살펴야 눈에 띄는 자원과 대안, 잠재성을 알아차릴 수 있다. 성공은 오직 전문 역량과 목표 추구만으로 이뤄지지 않으므로, 비전을 갖고 다방면으로 생각한다면 창의성과 혁신에 도달할 수 있다. 차분한 자기 성찰과 대담한 행동의 상호작용은 일찍 이해할수록 좋다.

"중요한 결정은 절대 즉시 내리면 안 된다." 2019년, 독일 최초로 고급 딸기 초콜릿을 파는 온라인숍 프레일아이스(Frailice) 스타트업을 창업한 카트린 바우어는 이렇게 말했다. "나는 뭔가를 결정하기 전에 반드시 24시간을 기다리고, 외부인 한 명에게 살펴보게 한다."[14] 모순처럼 들릴지 모르지만, 앞으로 나아가려는 사람은 반드시 수시로 브레이크를 밟아야 한다.

나는 어떤 사람이 되고 싶은가?

———— ❖ ————

"나는 어떤 사람으로 발전하고 싶은가? 이 질문에 답할 수 있는 사람만이 뭔가를 해낼 수 있다." 노벨상 수상자이자 생물학자인 크리스티아네 뉘슬라인폴하르트는 이렇게 말했다. "해내야 한다는 의무 때문에 뭔가를 해내는 사람은 탁월한 사람일 수 없고, 스스로 탁월하다고 느끼지도 않을 것이다." 무엇이 나를 내가 원하는 곳으로 데려갈까? 나는 무엇을 중요하게 여기나? 내게 소중한 것은 무엇인가? 이런 질문들의 대답은 그냥 생기지 않는다.[15] 인생은 자신과의 내적 대화로 확정한 것보다 훨씬 더 다층적으로 흐른다. 자기 자신에게 솔직하고, 자아와 성과를 중립적으로 볼 때, 우리는 삶의 모든 상황과 영역에서 앞으로 나아간다. 다음의 수많은 질문을 깊이 생각할 필요가 있다.

관심사. 나는 무엇에 가슴이 뛰는가? 무엇을 할 때 진정한 나를 느끼는가? 나의 에너지를 어디에 쓰고 싶은가? 내게 중요하고, 더 중요하고, 가장 중요한 것은 무엇인가? 돈, 삶의 의미, 명예? 독립? 창의성? 포용력? 나의 인생 목표는 무엇인가? 인생 목표를 이루려면 무엇을 해야 하고 할 수 있나?

예상. 미래를 잠시 내다보자. 내년 이맘때쯤 무엇을 이루고 싶은가? 5년 뒤에 내가 점점 더 탁월해지고 있음을 어떻게 알 수 있을까? 어떤 전문적·문화적 트렌드가 등장할까? 5년, 10년 뒤에도 두각을 나타내려면, 나를 어떻게 발전시켜야 할까?

대안. 현재 나의 가장 큰 계획은 무엇인가? 계획대로 되지 않으면 어떻게 할까? 그 대안은 얼마나 매력적인가? 나의 삶은 어떤 기둥 위에 세워졌는가? 내 삶을 받치고 있는 기둥 하나가 무너진다면, 나를 지탱해 줄 기둥이 몇 개 남는가? 행복하고 만족스럽게 살 수 있는 다른 길들이 있나?

결정. 내 결정의 기준은 무엇인가? 성급하게 한 가지에 모든 걸 걸지는 않나? 어떤 대안을 고려하나? 나의 결정으로 해를 입을 사람이 있나? 그 대가로 나는 무엇을 얻게 될까? 나는 어떤 감정을 느끼나? 불안감? 기대에 찬 설렘? 마음의 평화? 희망?

경험. 지금의 큰 성공을 이끈 주역은 무엇인가? 무엇 혹은 누가 나를 감탄하게 했나? 내가 예상조차 하지 못한 일은 무엇이었나? 무엇이 나를 더 쉽게 목적지에 데려다줬을까? 다음에는 무엇이 더 필요할까? 나는 무엇을 유지하고 무엇을 그만둘까?

습관. 나는 어떤 습관을 자랑스러워하나? 그 이유는 무엇인가? 어떻게 그런 습관을 갖게 되었나? 습관이 내 삶을 개선할까? 버리고 싶은 습관은 무엇인가? 어떤 좋은 습관으로 나쁜 습관을 상쇄할 수 있을까? 프랑스 작가 마르셀 프루스트는 『잃어버린 시간을 찾아서』에서 습관의 영향을 마취에 비유했다. 생각 없이 따르는 습관이 있는가? 그것이 내게 이로운가, 아니면 생각과 감정을 마비시키는가?

소통. 어떤 원칙에 따라 말과 주장을 선택하나? 의식적으로 선택하기는 하나? 나중에 후회할 말을 가끔 하는 편인가? 비밀을 잘 지키나? 나의 생각을 얼마나 잘 전달하는가? 다른 사람을 감탄시키기 위해 나는 어떤 수단을 이용하나? 상처를 주지 않으면서 솔직한 피드백을 줄 수 있나? 상대방에게 미치는 나의 영향을 인식하고 있나? 나는 앞에 나서는 사람인가? 나는 경청하고, 침묵하고, 다른 사람에게 설득될 수 있나?

우선순위. 무엇이 내게 가장 중요한가? 돈인가 의미인가? 건강인가 쾌락인가? 가족인가 경력인가? 지위인가 사회정의인가? 안전인가 자유인가? 나를 위한 시간? 아니면 함께 보내는 시간? 나는 얼마나 일관되게 우선순위를 지키는가? 더 많은 시간을 가족과 보내고 싶음에도 어째서 나는 매주 50시간을 일할까? 왜 나는 휴가 때 해변에 누워서 여가가 부족한 삶을 아쉬워할까?

개방성. 가까운 지인들과 나는 얼마나 비슷한가? 나와 공통점이 많은 사람을 특히 지지하나? 내가 결코 동의할 수 없는 관점을 고집하는 사람과 마지막으로 토론한 때가 언제인가? 나와 다른 사람의 관점을 나는 충분히 배려하나? 마지막으로 낯선 곳에 간 때가 언제인가?

강점과 결핍. 지역신문 1면에 내 기사가 실리면, 나는 그것을 좋아할까? 나의 최대 재능은 무엇이고, 어떤 재능을 더 잘 이용하고 싫나? 나의 강점을 가정, 직장에서 얼마나 잘 발휘할 수 있나? 어떤 과제를 억지로 혹은 성공적으로 수행하고 있는가? 그 이유는 무엇인가? 얼마나 많은 시간과 관심을 나의 탁월함에 투자하는가? 더 많이 투자할 수도 있을까? 나만의 독특한 경험, 교육, 성격은 어떻게 섞여 있는가? 그것은 내게 어떤 능력을 주는가?

캐서린 마허는 이슬람학과 동양학을 전공했다. 현재는 위키미디어 재단을 이끌며, 세계에서 가장 힘 있는 여성 중 하나로 통한다. 이슬람학, 동양학에서 위키미디어로? 어떻게 가능했을까? 마허는 자신의 관심과 경험의 독특한 조합을 장점으로 삼았다. "나는 이집트와 시리아에서 살았고, 아랍어를 배웠으며, 교수가 되리라 생각했었다. 그러나 시간이 흐르면서 관심 분야가 확장되었다. 대학을 마친 후, 국제 원조 단체에서 일했고 인권과 민주주의에 몰두했다. 그것이 나를 위키피디아로 안내했다. 나는 보스가 되려고 위키피디아에 온 게 아니라, 그것이 내 일이었기 때문에 온 것이다."[16]

대화, 협상, 프레젠테이션 준비. 주제가 무엇인가? 어떤 가능성이 있는가? 무엇을 찬성하고 무엇을 반대하나? 결과적으로 나의 입장은 무엇인가? 나의 요점을 어떻게 전달할까? 어떤 질문과 저항이 예상되나?

목표. 올해, 이번 연수에서, 이번 모임에서, 나의 가장 중요한 목표는 무엇인가? 나는 현재 그 목표를 얼마만큼 이루었나? 목표를 이루는 데 중요한 세 단계는 무엇인가? 지금 수행하는 과제들이 나의 목표와 가치관에 적합한가? 그리고 끊임없이 다음과 같이 물어야 한다.

지금 하는 일로 나는 탁월함에 더 가까이 다가가고 있는가?

미래. 미래의 자아가 손님처럼 당신을 잠깐 방문한다고 상상해 보라. 5년 더 경험이 많고, 더 성공했고, 더 많이 아는 최고의 당신이 시간여행을 하여 현재의 당신을 본다. 미래의 당신은 현재의 당신에게 어떤 조언을 해줄 것 같은가? 조언에 따르면 현재의 당신은 무엇을 바꿔야 할까? 어떤 과감한 발걸음을 용감하게 내디뎌야 할까? 미래의 당신은 현재의 당신에게 무엇을 권할까?

탁월함의 비밀 ②
: 객관적인 관점을 위한 7가지 프레임

농구스타 코비 브라이언트는 이렇게 말했다. "나는 오로지 앞으로 가는 법을 배우는 차원에서만 반성한다." 두려움을 직시하고 단계별로 극복하기. 가치와 이익을 명확히 알고 자신의 관심사에 맞게 행동하기. 다른 사람의 결정이 잣대가 되어선 안 된다. 물론, 탁월함을 추구하는 사람은 다른 사람의 욕구도 고려한다. 그러나 다른 사람의 말과 생각에 휘둘리진 않는다. 자기 자신을 객관적으로 보는 사람은 말과 행동이 자아와 일치할 것이다.[17]

1. 생각과 행동의 균형을 찾자

어떤 이는 자주 고뇌에 빠지고 문제의 그물에 오래 잡혀 있다. 반면 어떤 이는 생각의 힘을 믿으며 '긍정적으로 생각하기만 하면, 성공은 저절로 찾아올 거야!'라고 스스로 최면을 건다. 자기 자신에게만 몰두하는 이 두 유형은 유익보다 해악이 더 크다. 다음의 표가 그것을 보여준다.

자기 성찰	상호 보완	행동
부정적 발전	긍정적 발달	부정적 발전
고뇌	정반대	과잉 행동주의

보다시피 자기 성찰은 구체적 행동이 있어야 균형을 찾는다. 그렇지 않으면 성찰은 결실 없는 고뇌에서 그친다. 반대로 자기 성찰 없는 행동은 무분별한 행동주의로 빠질 수 있다.

2. 제자리를 맴도는 생각에서 빠져나오자

자기 성찰에는 치유의 힘이 있다. 해결책을 발견할 수 있게 하고 정신 건강에 공헌한다. 그러나 통계에 따르면 자신에 대해 너무 많이 생각하는 사람은 쉽게 고뇌에 빠진다. 고뇌를 많이 하는 사람은 결코 해결책을 찾는 방향으로 생각하지 않는다.[18] 그러므로 성찰하는 사람들 역시 고뇌에 빠지지 않게 조심해야 한다. 이를 위해 체계적으로 성찰하는 것이 가장 좋다. 특정 시간대에, 정해진 시간 동안만, 글로, 앱을 활용하여, 코치와 함께, 당신을 단단히 잡아줄 친구와 함께. 그리고 무엇보다 측정 가능한 결과를 염두에 둬야 한다. 마치 다른 사람을 보듯 자신을 관찰한다면, 생각이 제자리를 맴돌 위험은 줄어든다.

3. 자기 자신을 의심하자

누구에게나 다른 사람의 눈에 거슬리는 특징이 있다. 그런데 정작 본인은 그것을 장밋빛 색안경을 끼고 보거나 그 가치를 착각한다. 목표만 생각하는 단호한 관리자는 다른 사람들이 그를 강압적인 사람으로 평가한다는 사실을 알게 되면 적잖이 충격을 받을 것이다. 활기찬 행동파는 비즈니스 파트너가 그를 열정 과다로 본다는 사실을 모른다. 반면 수줍음이 많은 사람은 자신의 조용한 태도가 팀에 안정을 가져다준다는 사실을 알지 못한다. 사람들이 당신과 다르게 평가하는 특정 행동 방식이 있는가? 만약 그렇다면, 믿을 수 있는 사람들로부터 솔직한 피드백을 받아라. 진실은 대개 자신의 인식과 타인의 인식 중간 지점에 있다.

4. 우선순위를 정하고 그에 따라 살자

우리는 살면서 계속 뭔가를 추가하는 경향이 있다. 더 많은 사람, 과제, 활동, 물건. 축적은 탁월함에 유익하기보다는 해롭다. 당신 안에 있는 잠재력을 실현하려면 힘과 자유로운 머리가 필요하다. 그러므로 선택과 집중이 중요하다. 불필요한 것에 대해선 명료하게 싫다고 말하라. 그러려면 먼저 무엇이 가장 중요한지 알아야 한다. 자신을 많이 알수록, 우선순위를 명확히 정할수록 주의를 빼앗는 과제를 거부하고, 초대를 거절하고, 시간과 에너지를 빼앗는 원흉을 찾아내고, 목표에서 멀어지게 하는 습관과 업무를 버리기가 더 쉬워진다.

5. 내가 있을 곳이 여기가 맞나?

잘하는 일을 맘껏 할 수 있을 때, 우리는 탁월함에 도달한다. 직장에서 자신의 가치와 야망을 얼마나 잘 발휘할 수 있는지, 스스로에게 물어라. 회사의 가치관과 당신의 가치관이 일치하는가? 회사의 철학이 처음엔 낯설게 보이더라도, 결과적으로 당신을 고무시키는 이상을 추구하나? 아니면, 회사의 제품과 경영 방식, 분위기가 당신의 자아상과 모순되는가? 당신은 예컨대 지속 가능한 세상을 위한 노력을 중시한다. 그렇다면 환경보호 규정을 걸림돌로 이해하는 회사는 당신에게 잘못된 직장이다. 선망받는 기업에서 '조직문화 적합도'를 위해 자신의 가치관과 관심사를 저버리면, 어쩌면 승진에는 도움이 될 수 있겠지만 탁월함에 다가가진 못한다.

6. 나는 충분히 우수한가?

미셸 오바마는 회고록 『비커밍』에서, 자신의 삶에서 가장 중요했던 두 가지 질문에 대해 이야기했다. "나는 충분히 우수한가?" 미셸 오바마는 청소년기 이후로 늘 자신에게 이렇게 물었다. 이 질문은 그녀가 자기 안에서 최고의 것을 끄집어내도록 했다. 두 번째 질문은, 하버드 출신 법률가로 경력을 쌓은 뒤에 생겼다. "이것은 내게 충분히 유익한가?" 반드시 깊이 생각해야 할 질문이다. 성공적인 삶에 필요한 모든 요소를 가졌더라도 그것이 무조건 행복을 가져다주진 않는다. 그러므로 목표를 지향할 때 늘 자신에게 물어야 한다. 현재 아주 탁월하게 해내는 일이 나의 소명인가? 내게 만족을 주는가? 삶의 의미인가?

7. 여럿이 같이 성찰할 수도 있다

성찰하는 사람은 윤리적·이념적 견해도 가지고 있다. 둘이 혹은 더 많은 사람이 모여서도 이런 성찰을 할 수 있다. 여럿이 모인 자리에서 다음과 같은 질문을 한번 던져보라. "인공지능이 뭔가를 발명한다면, 특허권을 인공지능이 가져야 할까요?"[19] "완전한 차단과 디지털 기술로 사회적 접촉을 빈틈없이 감시하는 것 중 무엇이 더 옳은 걸까요?" "사회·경제적 결과와 무관하게 건강이 언제나 최우선일까요?" 열린 마음으로 나누는 대화를 통해 윤리적 딜레마를 숙고하는 자세는 세계관을 넓힐 것이다. 명확한 정답이 아니더라도, 새로운 통찰과 관점들을 얻을 수 있다. 어차피 정답은 처음부터 존재하지 않는다.

4

공감

깊은 이해심은 혁신을 창조한다

코로나 초기, 나 역시 여느 사
람들과 다르지 않았다. 사회적 관계를 더 세심하게 신경 썼다. 이
기심이 절로 줄었고 이타심이 커졌다. 죽은 듯 조용한 거리를 걷
다 한 서점 문에 붙어 있는 포스터를 봤다. 동네 서점을 애용해 달
라는 부탁이었다. 그 순간 앞으로는 온라인 서점에서 원클릭으로
책을 사지 않겠다고 결심했다. 시간이 조금 들었지만 사고 싶은 책
제목을 적어 동네 서점 이메일 주소로 주문했다. 요즘 같은 시절에
모두 건강하게 잘 지내기를 진심으로 바란다는 인사도 잊지 않았
다. 두 시간쯤 뒤에 답장이 왔다. "주문하신 책이 오늘 우편으로 발
송될 예정입니다." 신속한 처리에 존경심마저 들었지만, 너무 기계
적인 메시지에 나도 기계가 된 기분이 들었다. 이와 비슷한 메시지
를 6개월 뒤에 또 받았다. 광고 메일이었다. 제목이 있어야 할 자리
에는 '제목 없음'이라고 적혀 있었다. 과연 나는 그 서점에서 또 책

을 샀을까?

때로는 아주 작은 것이 결정적인 역할을 한다. 물론 감수성이 모든 상황에 필요한 건 아니다. 하지만 평범한 일상에서든 뉴노멀에서든, 비즈니스를 잘하려면 개인의 기분과 사회 흐름에 세심히 공감할 줄 알아야 한다. 협력과 혁신이 그러하듯 충성심과 열정 역시 이해받고 인정받았다고 느낄 때 생기기 때문이다. 소비자, 환자, 직원, 동료, 지원자… 그 누구든 마찬가지이다.

공감의 세 가지 측면

공감이라는 개념은 고대 그리스어 'empatheia(감정이입)'로 거슬러 올라간다. 이는 다른 사람과 집단의 감정, 생각, 관점을 그대로 공유하지는 않더라도 얼마나 잘 이해하고 받아들이느냐를 뜻한다. 예를 들어 안심 스테이크를 좋아하는 사람이 있다고 치자. 그는 순무 스테이크를 즐겨 먹는 동료를 이해한다. 동료의 채식을 반대하거나 놀리지 않고, 순무의 먹음직스러운 색상을 칭찬하며 맛있게 먹는 동료를 보며 기뻐한다. 이것이 공감능력이다. 본인도 육식을 끊고 채식주의자가 되겠다고 결심할 필요까진 없다.

공감할 줄 아는 사람은 설령 본인은 다르게 생각하더라도 상대의 기분을 인식하고 그의 태도와 기대를 가늠해 적절한 감정표현과 행동을 보여준다. 그러므로 공감은 모든 영역에서 정서적 탁월함의 전제조건이다.

이미 자주 들었던 내용일 것이다. 그럼에도 직장에서는 감정이 필요치 않으며, 필요하더라도 순진한 소비자의 감성을 자극하여 상품을 판매하는 마케팅부서나 트렌드연구소에나 해당할 거라는 생각이 우리 머릿속에 남아 있다. 그렇다, 마케팅부서와 트렌드연구소는 무엇이 중요한지 알고 있다. 기업은 사람이 사람을 위해 만들었다. 그러므로 당연히 감정이 중요하다. 그것도 아주 많이.

연인이나 부부, 친구, 잘 정비된 주택단지는 사회·문화적으로 점점 더 동질화된다. 반면 비즈니스에서는 다양한 연령대와 집단이 각기 다른 배경과 가치관, 취향으로 서로 충돌한다. 하필이면 냉정한 경제계에서 우리는 매우 복잡하게 얽히고설킨 관계망 속에서 움직인다. 업무 능력은 뛰어나나 사회성이 부족한 동료보다 공감 능력이 탁월한 사람이 이런 환경에서 더 잘 지낸다. 그들은 불확실한 상황에 잘 적응하고 남들이 버거워하는 사람과도 무난하게 잘 지내기 때문이다. 그들은 높은 이해심으로 두려움과 선입견을 없애고 협력과 혁신의 기반을 마련한다.

그러나 공감이라고 다 같은 공감이 아니다. 다양한 형식의 공감이 있는데, 개개인은 그 중 일부만을 지닌다. 공감은 크게 세 가지로 나눌 수 있다. 정서적 공감, 인지적 공감, 사회적 공감. 탁월한 공감 능력이란 세 가지 모두가 높은 수준으로 발현되고 상호작용하는 것을 말한다. 그러나 독보적 성공을 거둔 사람들을 보면 한 가지 형식이 특히 두드러진다.

정서적 공감은 타인의 감정에 예민하게 이입하여 함께 기뻐하거나 괴로워한다. 결혼식에서 눈물을 흘리거나 스릴러 영화를 보며 주인공과 한마음이 될 때 정서적 공감이 발현된다. 타인의 기분에 전염되어 그들과 같은 기분을 느끼고 자기 자신과 동일시한다. 타인의 운명을 마치 자신의 운명처럼 느낀다. 그렇게 실생활에서 동참, 지원, 반향이 생긴다.

인지적 공감은 정서적 공감과 다르다. 이때는 타인의 감정과 사고를 공유하지 않아도 된다. 그들의 입장이 되지 않아도 된다. 그보다는 객관성을 유지하며 상황을 포괄적으로 조망한다. 언어적·비언어적 신호를 기반으로 무엇이 그 사람을 몰두시키고 감정을 자극하는지 그리고 그가 어떻게 반응할지, 그의 감정이 어느 영역에 속하는지 알아낸다. 인지적 공감 능력이 뛰어난 사람은 말과 행동을 세심하게 선택해 다른 사람의 동의를 끌어낼 줄 안다.

사회적 공감이란 프로젝트팀부터 수백만 고객이나 유권자에 이르기까지, 여러 집단의 분위기와 태도를 이해하고 영향을 미친다는 뜻이다. 사회적 공감 능력이 높은 사람은 개인의 경험과 환경의 한계를 넘어 폭넓게 본다. 그들은 흐름과 트렌드를 읽을 줄 알고, 정치·사회적 연관성을 이해하며 낯선 문화와 생활방식에 관대하다. 실제로 사회적 공감 능력으로 우리는 생산적인 기업문화를 마련하고, 분위기를 전환하며, 자신의 이익을 위해 사람들을 움직이고, 집단에서 가장 많은 걸 얻어낼 수 있다.

사업 성공과 리더십, 우수한 경력에는 사회적 공감이 가장 중요하다. 그다음이 인지적 공감이다. 약 1만 7000명을 대상으로 한 경영혁신연구소의 조사에서 밝혀진 사실이다. 직업적으로 가장 성공한 상위 10퍼센트와 가장 성공하지 못한 하위 10퍼센트의 공감 지수를 비교한 결과이다.[1] 이 지점에서 명확해지는 것이 있다.

공감은 좋은 사람의 특징도 아니고, 다른 사람에게서 좋은 면만 본다는 뜻도 아니다.

예를 들어 높은 공감 능력으로 무장한 관리자는 팀원들에게 절대 휘둘리지 않는다. 오히려 그 반대이다. 공감 능력으로 그는 어느 직원이 프로젝트 발전에 도움이 되고 어느 직원이 방해되는지 누구보다 잘 파악한다. 이런 관리자는 공감의 언어로 피드백을 준다. 명료하게 그러나 상처 주지 않는 언어로 말이다.

공감은 자신이나 기업의 목표를 흐리지 않는다. 정서적 공감은 연민과 세심함의 일반적 기대를 채워주지만, 인지적·사회적 공감은 냉철한 머리와 비즈니스 사고를 아주 잘 통합한다. 탁월한 공감 능력은 다른 어떤 경영 능력보다 더 훌륭하게 타인의 감정, 사고, 동기를 알아내고 상호존중의 관계를 맺게 해준다. 그렇더라도 사람은 결코 쉬운 상대가 아니다.

빌 클린턴은 정치와 경제에서 공감 개념이 아직 낯설었던 시절에도 공감의 거장으로 통했다. 그는 마치 스위치를 누른 것처럼 생전 처음 만난 사람과도 금세 정서적 유대 관계를 형성하고, 그의 말을 귀 기울여 들으며, 관심을 보이고, 누군가 잘 지내지 못할 때 제일 먼저 전화를 거는 사람이었다. 그러나 그가 다른 사람의 관심사에 공감한다는 것은 그 사람의 관점을 공유하고 의도를 지지한다는 뜻은 아니었다. 클린턴 정부의 재무장관이었던 로버트 루빈은 이렇게 회고한다. "클린턴은 매우 공감하는 태도로 귀 기울여 듣는다. 그래서 그에게 익숙하지 않은 사람들은, 클린턴이 마지막에 결국 반대 입장을 취하면 이중인격자라며 비난했다."[2]

우리가 공감에 소홀한 이유

공감은 고객 응대와 제품 설계, 그리고 혁신 추구의 영감을 얻는 원천으로 통한다. 우리는 이런 얘기를 익히 들어 잘 알고 있다. 그러나 우리가 현재 공감을 오히려 소홀히 하고 있음은 잘 알지 못한다. 주요 원인은 화면 앞에서 보내는 시간이 점점 늘어나는 데 있다. 컴퓨터나 스마트폰을 이용하면 우리는 실재하는 사람과 소통한다는 사실을 쉽게 잊는다. 미국의 심리학자 존 설러는 이런 상호작용에 잠재되어 있는, 눈에 보이지 않는 위험을 '사이버 탈억제성(Cyber-Disinhibition)' 혹은 인터넷 탈억제 효과라고 불렀다.

사람들이 오프라인보다 온라인에서 자신의 충동을 더 함부로 표출하는 데서 사이버 탈억제성이 드러난다. 온라인에서 우리는 타인에게 쉽게 상처를 주거나 과도하게 친밀해진다. 다시 말해 쉽게 예의를 잊거나 신중함을 잃는다. 사실 사이버 탈억제성의 범주는 이보다 훨씬 더 넓다. 우리의 뇌는 얼굴과 얼굴을 맞대는 경험과 즉각적 피드백에 맞게 설계되었다. 그러나 컴퓨터나 스마트폰에는 그것이 없다. 문자를 쓰고, 검색하고, 데이팅앱을 사용하는 동안 우리는 실제로 혼자다. 가상공간에서 우리는 함께 있지만 외로운 삶을 경험한다. 서로를 스치듯 본다. 단체 채팅방에서 대화하더라도 관련된 모두가 동시에 대화에 참여하는 경우는 매우 드물다. 일상 업무를 디지털로 처리하는 빈도가 늘수록, 다른 사람의 표정을 읽고 목소리에서 불편함을 감지하며 이모티콘으로 대체되지 않는 감정을 드러낼 기회가 줄어든다.

결국 우리는 연습이 부족하여 대인관계 기술을 발달시키지 못한다. 공감을 담당하는 신경 구조가 서서히 퇴화하게 된다. 경제심리학자 엘리자베트 페히만의 말처럼, "모든 상호작용이 사이버상에서 일어나면, 우리의 감각 두뇌에는 단서가 부족하여 밀리 초 단위로 자동으로 상황을 파악하여 적절히 반응할 수 없다."[3] 모니터에서 픽셀로 표현되는 얼굴로는 상대방이 내 의견에 정말로 동의하는지, 잠시 딴생각에 빠졌는지 아니면 화가 났는지 거의 읽어낼수 없다. 게다가 전염병 세계에서 디지털 세계로 피신해야 하는 지금, 모든 직종과 분야에서 가장 필요한 능력은 바로 감정이입 능력이다. 점점 놀랍도록 발전하는 인공지능의 성능보다 더 우월한 뭔가를 우리가 아직 가졌다면, 그것은 바로 공감 능력이다. 비록 우리가 고객 관리시스템부터 챗봇을 넘어 채용 도구에 이르기까지, 이미 오래전부터 기술 도구를 이용했더라도 말이다. 기술 도구는 고객이나 지원자를 긍정적으로 응대하도록 지원하고 돕는다. 그러나 기술 도구라는 이름만으로도 다음의 사실을 알 수 있다.

기술 도구는 진정한 인격적 도구가 아니다. 비즈니스 관계를 포함하여 모든 관계는 궁극적으로 개인의 삶으로 채워진다.

직원의 사회적 감수성은 기업 이미지에 매우 중요하다. 예를 들어 콜센터 직원은 최고경영자만큼 중요한 역할을 한다. 생산전문가는 홍보담당자 못지않게 사회 분위기와 사람들에 대처할 줄 알아야 한다. 개인 모두가 기업 이미지에 영향을 미친다. 소비자가 브랜드와 자신을 동일시하느냐, 엘리트 지원자의 눈에 기업이 매력적으로 보이느냐, 공급업체가 이 기업에 대해 좋게 말하고 다니냐는 모든 임직원에게 달렸다. 그들의 공감하는 태도가 기업 전체를 빛나게 할 수 있고, 작은 실수 하나로 이미지를 망칠 수도 있다.

새로 이사한 집의 수도꼭지에서 물이 사방으로 분출했다. 수리하면 그만이지만 욕실용품점뿐 아니라 철물점도 셧다운 상태라면 얘기는 달라진다. 나는 수도꼭지 제조회사에 전화했다. 재택근무 중인

사무직원과 연결이 되었다. 뒤에서 시끄럽게 뛰어다니는 아이들 소리가 들렸다. 나는 겨우 내 문제를 설명했고, 직원은 곧바로 수도꼭지 두 개와 거기에 맞는 육각렌치를 같이 보내겠다고 했다. 다음 날 택배가 도착했고, 동봉된 영수증에는 무료 서비스라고 적혀 있었다.

전례 없는 상황에서 제조회사 직원은 고객을 위해 적절하게 행동했다. 반면, 이 장 초반에 이야기한 서점 직원은 위기상황일수록 정서적 소통에 특별히 신경 써야 한다는 사실을 간과했다. 왜 이런 차이가 생길까? 건축가는 자신의 과감한 설계에 건축주가 동의할 것을 어떻게 알 수 있을까? 앱디자이너는 모바일앱이 출시 즉시 인기를 얻을지 어떻게 가늠할 수 있을까? 어째서 어떤 사람은 연봉 인상에 성공할 절호의 기회를 잡고 어떤 사람은 놓칠까? 다시 말해, 우리는 처음 보는 고객, 외부 협력 업체, 속을 알 수 없는 팀장의 생각과 감정을 어떻게 감지할 수 있을까?

이 모든 질문의 답은 하나이다. 모든 것의 출발은 공감이다. 남을 직관적으로 이해하고 주의 깊게 인지하는 사람은, 다른 사람의 소망을 무조건 채워주지는 않아도 그들의 감정을 짓밟거나 약점을 건드리진 않는다. 이런 감정이입 능력의 약 10퍼센트는 유전적으로 생기고 나머지는 가정환경에 좌우된다. 억압받지 않고 인격적으로 존중받은 경험이 공감 능력을 강화한다. 또한, 2차 방정식뿐 아니라 공감 능력도 교육 목표로 삼는 학교도 감정이입 능력을 키우는 데 공헌한다.

하지만 공감 능력이 유전과 교육을 통해 시멘트처럼 굳어지는 건 아니다. 모든 만남을 통해 공감 능력을 키우고 다듬을 수 있다. 비록 모든 사람을 직관적으로 이해할 수 없고 대화상대가 계속 낯선 사람으로 머물더라도, 계속해서 의식적으로 다른 사람의 입장이 되어볼 수 있다. 하퍼 리의 소설『앵무새 죽이기』에서 애티커스 핀치는 아이들에게 이렇게 말한다. "누군가의 신발을 신고 1마일을 걸어보기 전에는 그 사람을 이해할 수 없다. 스니커즈, 하이힐, 맨발, 가죽구두, 어떤 신발이든."

공감하는 사람이 되기 위해 맹목적으로 다른 사람을 이해할 필요는 없다. 타인의 감정, 견해를 같이 생각해 보고 존중하는 것만으로도 이미 탁월한 시작이다. 그저 의식하고만 있어도 더 세심하게 행동할 수 있다. 이런 상황에서 나라면 어떻게 느낄까? 그때 상대는 무엇을 느끼고 기대할까? 그의 동기는 무엇일까? 나와 비슷할까? 아니면 완전히 다를까? 어떤 잣대를 가졌을까? 행동 뒤에 숨어 있는 불만은 무엇일까? 이런 것들을 신중하게 생각할 수 있다. 그러면 필요한 조처들이 뒤따른다.

사람을 얻는 공감의 힘

사실, 자신의 감정을 다루는 것은 아주 간단하다. 세상과 사람이 선하다고 믿고, 고유한 개성을 발달시키며 부정적 감정은 혼자

처리하면 된다. 탁월함을 추구하는 사람은 라이벌이 고꾸라지는 걸 보고 기뻐하거나, 결단을 내리지 못하는 고객을 보며 조바심내지 않으려 감정을 다스리고 그것을 밖으로 드러내지 않으려 애쓴다. 그러나 다른 사람의 감정을 다루는 일은 전혀 다르다. 다른 사람의 입장이 되어보고 그들의 기분과 기대를 파악하는 공감 능력은, 전문 역량이나 효율적 프로세스 혹은 제품의 질 못지않게 탁월함의 전제조건이다.

그 어떤 제품과 서비스든, 고객이 감탄할 때 비로소 진정한 가치를 얻는다.

입사 지원자와 직원도 마찬가지이다. 그들도 승자가 되고 싶다. 그들은 자신의 소망과 가치관이 인정받는다고 느낄 때만 최선을 다한다. 그러므로 이해관계자와 집단의 내면부터 파악해야 한다. 다시 말해 이해관계자와 집단이 몰두하고 있는 꿈, 갈망, 두려움, 문제 등이 무엇인지 알아야 한다. 이것을 감지하고 찾아내고 알아내는 사람은 다른 사람을 끌어당기고 감탄시키는 열쇠를 손에 쥔 것이다. 작은 몸짓 하나가 큰 차이를 만든다.

영국 기업 '더 화이트 컴퍼니'는 침구류, 옷, 인테리어 소품을 판다. 그러나 이 기업이 실제로 중심에 두는 것은 휴식, 이완, 안락함이다. 그에 합당하게 이 기업의 모든 상품은 고급스럽게 포장되어 작은 카드와 함께 집으로 배달된다. 카드에는 이렇게 적혀 있다. "당신을 위해 정성스럽게 포장했습니다." 그리고 상품 포장을 마무리한 사람의 친필 사인이 더해진다. 유명한 기업 컨설팅회사는 같은 원리로 최고의 인재를 구한다. 고급 샴페인 한 병으로 고용 계약을 더욱 빛나 보이게 하는 것이다.

개인의 작은 몸짓이 고객 관리 또는 인재 관리이다. 작은 노력이 큰 감동으로 돌아온다. 그러나 화이트 컴퍼니의 고급스러운 포장을 환경파괴로 여기고 거부감을 느끼는 고객이 있을 가능성을 완전히 배제할 수는 없다. 미래의 직원이 고급 샴페인보다 생맥주를 더 즐겨 마실 수도 있는 것이다.

표준화된 공감은 좋은 시작일 수 있지만 예상 가능한 상황에만 한정된다. 모두를 똑같이 대하므로 조건이 맞을 때만 통한다. 그러나 오늘날은 개개인의 개성이 모두 다르다. 그래서 각자 개인으로 대우받기를 바란다. 자신의 고유한 가치, 취향이 배려되었다고 느낄 때 비로소 마음을 연다. 미용실을 예로 들어 보자. 공감 능력이 뛰어난 미용사는 아무 잡지나 비치해 두지 않고, 고객이 어떤 잡지를 즐겨 읽는지 조사한다. 기업의 채용 과정도 마찬가지이다. 입사 지원자가 무엇을 매력적인 조건으로 여기는지 조사할 필요가 있다. 어떤 지원자에게는 재택근무 이틀이 아주 중요하고, 어떤 지원자에게는 외부교육 지원이 매력적으로 보인다. 스마트한 아바타를 곁에 둘 때도 공감이 중요한 역할을 한다. 인공지능 개인 비서가 사용자의 언어, 동작, 표정을 분석하여 적절히 대응하면 사람들은 이를 놀라울 정도로 기꺼이 받아들인다.

　이렇게 상대가 사람이든 인공지능이든, 우리는 자신이 중심에 있다고 느낄 때 마음을 활짝 연다. 여기에 도달하려면 사람과 함께 일하거나 사람을 위해 일하는 모두가 탁월한 공감 능력을 갖춰야 한다. 교육이나 모범이 틀을 잡아줄 수는 있지만 그저 미리 구성하고 원하는 방향으로 중재할 수 있을 뿐이다.

　하지만 우리의 환경은 늘 같은 시나리오대로 움직이는 연극이 아니다. 그러므로 경우에 따라서는 개별 직원의 상상력과 섬세한 감각이 중요하다. 타인의 내면을 파악하는 데는 순발력과 정신적 노력이 필요하다. "다른 사람의 생각, 동기, 두려움을 이해하려 애쓰고 감정이입이 가능할 때라야 상호작용에서 분별 있게 행동할 수 있다." 상대성이론 외에도 거의 모든 주제에 관해 명언을 남긴 아인슈타인의 말이다.

> 포시즌스 호텔의 특징은 고객의 아주 황당한 요구도 들어주기 위한 노력을 아끼지 않는 것이다. 호텔의 운영을 총괄하는 크리스티안 클러크는 이런 서비스를 "대본 없는 고객 서비스(unscripted care)"라고 부른다. 고객의 요구를 세심하게 들어주기 위해서 직원이 재량껏 뭐든지 할 수 있다는 뜻이다.[4]

　'대본 없는 고객 서비스'는 사람들이 대본대로 움직이지 않는다는 사실에서 출발한다. 고객들은 산만하고 신경질적이며 때로는 자신이 뭘 원하는지조차 모른다. 포시즌스 호텔의 직원들은 까다로운 연인 혹은 세상과 동떨어진 시각을 가진 할아버지를 마주하듯이 아주 관대하게 고객을 대한다. 포시즌스는 세 가지를 기둥으로 삼는다. 성격, 권한 부여, 그리고 '고객 입장 되기' 정책이다.

성격. 포시즌스는 경쟁이 치열한 직책의 적임자를 선정할 때, 전문 역량보다 성격을 더 중시한다. 전문지식은 사회적 감수성보다 더 쉽게 얻을 수 있다는 것을 알기 때문이다. 나는 대학에 입학하기 직전에 런던을 여행했는데, 예산이 빠듯했음에도 과감하게 포시즌스 호텔에서 차 한 잔을 마시기로 했다. 호텔 직원이 반기며 손을 뻗었고, 나는 당황하여 그 손을 잡았다. 직원은 아주 자연스럽게 악수를 해줬고, 세상에서 가장 당연한 일인 것처럼 내게 물었다. "외투를 받아드릴까요?" 이런 게 공감이다! 고객을 뻘쭘하게 하는 것보다 차라리 에티켓을 어기는 게 낫다.

권한 부여. 프런트 직원은 '재량껏 할 수 있는' 여지와 자원을 보장받는다. 기존의 규정을 넘어서더라도 고객을 위한 최상의 서비스를 위해 스스로 판단할 수 있는 권한을 가진다. 사람과 사람 사이의 자연스럽고 즉흥적인 상호작용이 권장된다. 크리스티안 클러크가 이야기했다. "호텔에 들어선 고객이 만나는 사람은 호텔 사장도 경영진도 아닙니다. 고객이 상호작용할 사람은 바로 직원입니다. 그러므로 우리는 자율적으로 고객을 응대할 권한을 직원에게 줍니다."[5]

'고객 입장 되기' 정책. 포시즌스 호텔은 직원에게 직접 호텔 고객이 되어 볼 기회를 제공한다. '자기 공감'이라는 심리학 원리를 적용한 것이다. 직원은 고객이 되어 포시즌스의 탁월한 서비스가 어떤 기분을 주는지 체험한다. 그리고 남들이 내게 해주기를 바라는 것과 똑같은 방식으로 나도 남에게 해준다.

단순한 아이디어 같지만 절대 그렇지 않다. 공감할 줄 아는 건축가는 고객이 아니라 자신이 원하는 집을 설계한다. 공감 능력이 있는 리더는 회의 때 곧바로 요점을 다루고 싶은 조바심을 참고, 먼저 최근 축구경기를 얘기한다. 현실적인 성격의 신랑신부에게 인스타그램 맞춤형 웨딩플랜을 권하는 플래너는 공감 능력이 한참 부족하다. 공감 능력이 탁월한 사람은 고객과 타겟층을 시야에서 놓치지 않는다. 그들은 고객을 살피고 가능성을 제시하고 반응을 분석하여, 고객이 말하지 않은 기대까지 충족할 해결책을 마련한다. 설령 개인적으로 다른 해결책을 선호하더라도 말이다.

웨딩플래너 멜라니 골드버그는 이렇게 말한다. "모든 신랑신부는 '멋진' 결혼식을 원해요. 하지만 '멋지다'는 것이 무엇을 뜻하는지는 보는 사람의 눈에 달렸죠. 신랑신부가 무엇을 '멋지다'고 여기는지 정확히 알아내는 것이 내 임무예요."[6]

즉, 자신이 기꺼이 누리고 싶은 환상적인 감정을 다른 사람에게 주는 것이 중요하다. 탁월한 공감은 호들갑스러운 친절을 훨씬 넘어선다. 풍부한 아이디어와 자신의 협소한 지평 너머를 내다보는 시각이 필요하다. 그래서 미국 경제 잡지《쿼츠》의 편집장 캐서린 벨은 공감을 '환상의 행위'라고 명명했다. "당신 자신만큼 복합적인 역사와 관점을 가진 어떤 사람"의 눈으로 세상을 볼 때, 공감이 실현된다.[7]

공감은 어떻게 혁신과 성장의 동력이 되는가

공감에 대한 관심도가 가파르게 상승했다. 5년 안에 세 배 넘게 오른 마이크로소프트 주가와 견줄 만하다.[8] 둘 다 마이크로소프트 최고경영자 사티아 나델라 덕분이다. 인도 하이데라바드에서 태어난 이 컴퓨터 공학자는, 독일 잡지《t3n》의 표현을 빌리자면 세계에서 가장 큰 소프트웨어 기업을 '아주 올바르게' 이끌었다.[9] 나델라는 마이크로소프트에 문화 혁명만 일으킨 게 아니다. 그는 혁신적 접근방식으로 경영의 현자로 등극했다. 그에게 성공 비결을 물으면 '공감'이라고 답한다. 다른 사람의 신발을 신고 걷는 것만큼 효과적인 일은 없기 때문이란다.[10] 아무도 몰랐던 다음의 진실을 그는 알고 있었다.

말로 표현하지 못한, 채워지지 않은 고객의 욕구를 알아차리는 감각이 혁신의 씨앗이다.

삶을 더 간단하게, 더 흥미롭게, 더 안전하게 만드는 해결책만으로는 고객은 만족하지 않는다. 모든 걸 가진 듯한 사람들조차 새로운 자극을 추구한다. 페라리 812 슈퍼패스트에 싫증을 내는 사람들을 위한, 비밀요원급 장비가 장착된 어마어마하게 비싼 애스턴마틴 DB5 같은 무의미한 물건을 보면, 고객 공감이란 결국 돈 많은 소비자를 위한 정서적 사치 같다는 생각도 든다. 그러나 사티아 나델라는 이것에 동의하지 않는다. 그는 감정이입을 소프트 스킬 강좌에서 배우지 않았기 때문이다.

나델라는 젊은 개발자 시절 마이크로소프트의 입사 면접을 보면서 처음으로 공감이 훌륭한 혁신 및 경영 도구라는 걸 알게 되었다. 운영 시스템에 관한 전문적인 대화 끝에 면접관 한 명이 다음의 질문으로 그를 놀라게 했다. 교차로에서 한 아이가 넘어져 울고 있다면 어떻게 하겠습니까? 나델라는 이 질문에 함정이 있다고 여겼고, 경찰을 부르겠다고 대답했다. 이 대화는 나델라에게 깨달음의 순간을 가져다주었다. "면접관이 나를 배웅하며 말했습니다. '충고 하나 할까요? 공감 능력을 더 키우셔야 합니다. 아이가 넘어지면 일단 일으켜 주고 달래줘야 합니다. 그런 다음 누군가를 부르셔야죠.'" 몇 년 뒤에 나델라의 아들은 뇌성마비로 태어났다. 아들과 살면서 나델라

는 '공감과 연민의 깊은 의미'를 배웠다.[11]

나델라는 접근성을 늘 염두에 둔다. 마이크로소프트는 장애인이 더 자립적이고 더 생산적으로 살게 돕는 인공지능 프로젝트를 전적으로 지원한다. 그 결과로 출시되는 도구와 앱들은 결코 틈새 상품이 아니다. 무엇보다 그것들은 예기치 못한 방식으로 혁신 능력과 기업의 성공을 강화한다. 예를 들어, 마이크로소프트는 선천적 청각장애인인 공학자의 제안으로 화상회의 때 배경을 흐리게 만드는 기능을 개발했다. 이런 기능 덕분에 대화 상대의 입술을 더 잘 읽을 수 있게 되었다. 그사이 화상회의 도구인 마이크로소프트 팀즈와 스카이프는 비슷한 기능을 장착했다. 재택근무 중 화상회의를 할 때 이 기능이 사생활 공개를 효과적으로 막아주기 때문이다. 이런 혁신은 "공감은 개인의 미덕일 뿐 아니라 경제 요소이기도 하다"는 나델라의 확신을 재확인해 준다.

고객의 욕구를 중심에 두는 사람은, 기술 혁신뿐 아니라 사람을 중시하는 제품과 비즈니스 모델을 개발한다.

대표 사례가 바로 아이폰이다. 아이폰의 엄청난 성공에 기술력은 부분적으로만 기여했다. 무엇보다 아이폰은 삶과 소통의 가능성을 열어, 뭔지 모른 채로 고대했던 세상으로 사람들을 안내했다. 전 세계 소비자에게 반향을 일으키는 식물성 고기, '비욘드미트' 제품도 마찬가지이다. 아주 완벽하게 고기를 모방한 이 제품은, 2020년 초에 주식시장에서 어마어마한 주가 상승을 이뤘다. 고객의 내면을 정확히 살피기만 한다면, 공감은 제품 개발뿐 아니라 마케팅에서도 적합한 대답을 준다.

탐폰과 팬티라이너 시장은 안정적이다. 그런데 갑자기 베를린의 스타트업 아인호른(Einhorn)이 이 업계를 뒤흔들고 있다. 혁신은 제품이 아니라, 메시지에 있다. "우리는 생리 혁명을 원한다. 아니면 적어도 생리 개념과 현실에 담긴 정서를 바꾸고 싶다. 한 달에 한 번 극심한 복부 통증을 몰래 견디고, 생리용품에 막대한 세금을 내고, 탐폰에 혹시 포름알데히드가 함유되었는지, 그것이 무엇이고 우리 몸에 어떤 영향을 미치는지 궁금해하는 데 지쳤다."[12] 아인호른은 과자봉지를 닮은 포장과 레트로 감성의 제품명 그리고 유기농 순면 사용으로 시대의 금기를 없앴다. 밀레니얼 세대는 세계를 개선하는 브랜드와 레트로 감성의 메시지를 좋아한다는 깨달음이 있었기 때문이다.

사람은 펼쳐진 책이 아니다

협력도 공감에서 시작된다. 팀원이 사일로에서 나와 흥미진진한 아이디어를 내도록 격려받으려면 공감하고 이해하는 '사회적 접착제'가 많이 필요하다. 노련한 소프트웨어 전문가들이 갓 졸업한 마케팅 전공자와 일시적으로 팀에 합류한 인도 출신 디자이너의 상반된 지식과 방식을 결합해야 할 때, 공감은 이중 역할을 한다. 먼저 이용자의 세계에 깊이 들어가 그들의 요구를 알아내야 한다. 다른 한편으로는 팀원의 다양한 특성과 지식을 결합하고, 그들의 다양성으로 생산성을 높여야 프로젝트를 성공할 수 있다. 한마디로 리더와 팀원이 공감할 줄 알아야 모두가 적절히 참여할 수 있다는 뜻이다. 여기에 필요한 대부분을 우리는 이미 선천적으로 갖고 있다. 나머지는 의식적으로 노력해야 얻을 수 있다. 둘의 차이를 가상의 사례로 살펴보자.

안나는 해안 길에서 다리를 삐끗해 가파른 절벽 3미터 아래로 미끄러졌다. 이 사고를 목격한 벤이 즉시 절벽 아래로 내려갔다. 그 결과, 이제 두 사람이 절벽에 매달린 채 꼼짝 못하게 되었다. 도움을 요청하는 둘의 외침을 클라라가 듣는다. 클라라는 상황을 살피고 최선의 방법이 무엇일지 잠시 생각한다. 그런 다음 로프와 암벽등반 장비, 도와줄 사람들을 데려온다. 벤은 안나에게 정서적 공감으로 연민을 느꼈다. 그의 시도는 칭찬할 만하지만, 상황을 오히려 더 심각하게 만들었다. 반면 클라라는 인지적 공감을 더 많이 발휘해 냉철하면서도 현명한 반응으로 두 사람 모두 구할 수 있었다.

다른 사람의 감정에 전염되는 것은, 감수성이 풍부한 모든 사람의 기본 정서적 장비이다. 2020년 봄, 코로나로 인해 죽음의 도시로 변했던 이탈리아 베르가모의 수많은 관을 생각해 보라. 그 장면을 본 사람은 그저 슬퍼할 수밖에 없다. 이렇게 즉흥적으로 연민을 느끼는 정서적 공감 능력이 없으면 미셸 오바마가 당시 대통령이었던 도널드 트럼프에 대해 말했듯 "인간의 본질적 기본 요소가 없는" 것이다. "그는 우리가 필요로 하는 사람이 될 수 없습니다."[13]

공감 능력이 탁월한 사람은 정서적 공감보다 더 훌륭한 일을 한다. 그들은 타인의 감정을 같이 느낄 뿐 아니라, 한걸음 물러나 의식적으로 사람과 상황을 찬찬히 파악할 줄 안다.

"경력을 쌓는 데 공감 능력이 아무 도움도 안 된다고 충고하는 사람들이 있을 것입니다. 이런 잘못된 전제를 받아들이지 마십시오." 애플 최고경영자 팀 쿡은 2017년 MIT 졸업식에서 이렇게 당부했다.[14] 공감 능력은 인생을 풍성하게 하고 경력에 날개를 달아준다. 그럼 어떻게 해야 타고난 공감 능력을 더 높여서 성공 요인으로 확장할 수 있을까? 어느 누구도 펼쳐진 책처럼 자기 자신을 활짝 열어 보여주지는 않는다.

물론 참고할 수 있는 모형들이 있다. 나이, 국적, 교육 수준, 직업, 소득, 생활환경 같은 인구학적 요인들이 그렇다. DISC(주도형/사교형/안정형/신중형), MBTI, BIP(직무 관련 성격유형) 같은 모형은 행동 성향을 묘사한다. 아비투스(생활방식, 관심사, 출신)를 통해서도 그 사람의 생각과 행동을 예상할 수 있다.

인구학적 요인, 성격유형, 생활방식, 문화적 성향을 분석하면 인지적·사회적 공감이 향상된다. 어쩌면 전에는 몰랐던 차이를 이해하고, 그래서 복잡한 생활세계를 더 세밀하게 파악할 수 있을 것이다. 그럼에도 사람은 상품처럼 등급을 매길 수 없다. 그러기에는 우리가 너무 VUCA하다. 기분이 자주 '변하고(volatility)', 다른 사람의 눈에 '불확실(uncertainty)'해 보이고, 예상할 수 없이 '복잡(complexity)'하고, 가치관과 소망이 너무 '모호(ambiguity)'하다. 그래서 우리는 예를 들어 '녹색당 지지자는 SUV가 아니라 기차를 이용한다'라는 잘못된 결론을 내릴 수 있다. 우리는 하이브리드 방식으로 생각하고 행동한다. 포르쉐를 타고 할인마트에 가는 것은 왠지 어울리지 않아 보이지만 그것이야말로 인간적인 모습이다. 심지가 굳건하기로 유명한 사람도 바뀐 환경과 긴장되는 과제, 혹은 수면 부족만으로도 평소와 다른 면모를 보일 수 있다.

그럼 어떻게 해야 할까? 선입견을 버리고 사람을 대하는 것이 가장 좋다. 선입견과 섣부른 평가 없이 상대와 집단을 보자. 이 경지에 오르려는 사람은 떠오르는 생각을 계속해서 밀어내는 명상처럼 계속해서 이것을 상기해야 한다. 다음의 접근방식으로 공감 능력을 단련하고 전문화할 수 있다.

내가 먼저 평안해야 한다. 스트레스는 우리를 이기적이고 조급하게 만든다. 시간 압박, 지위 불안, 경쟁심 혹은 자신의 목표가 멸시당할 수 있다는 두려움은 공감하는 태도에 가장 나쁜 조건이다.

반면 스스로 평안하다고 느끼면 우리는 더 많은 이해심을 발휘한다. 그러므로 정신적으로 육체적으로 최고의 상태일 때 공감 능력이 요구되는 만남을 하는 것이 가장 좋다. 그러면 아무런 평가 없이 상대의 욕구와 감정에 공감할 확률이 가장 높다.

상대를 인식하자. 상대에게 온전히 주의를 기울이자. 어떤 자세를 취하는가? 목소리가 어떻게 들리나? 마음이 안정되어 있나? 어떤 감정과 욕구를 표현하나? 생각이 자신의 견해와 판단으로 향하는 것을(자기도 모르게 그렇게 될 것이다!) 깨닫는 즉시 초점을 다시 상대에게 맞춰라. 상대에게 집중하기가 유난히 힘들 때가 있는데, 자신과 상대가 느끼는 것이 완전히 다를 때 특히 그렇다. 그러나 자신의 거부감을 성급하게 드러내지 않을 때 공감 능력은 탁월해진다. 그렇다고 자신을 굽힐 필요는 없다. 기본적으로 견해가 다르더라도 당신이 함부로 의견을 곡해하지 않는다고 상대가 느낀다면 그것으로 이미 큰 발전이다.

"인정합니다. 나는 원자력에 찬성합니다. 그러나 분명 나라마다 의견이 다를 것입니다." 6년간 스웨덴 다국적 전력회사 바텐팔(Vattenfall)을 이끌었던 망누스 할은 자신의 의견을 감추지 않는다. 그러나 그는 자신의 의견을 절대화하지 않고, 다른 사람의 불편함도 이해한다.[15]

나와 다른 타인의 견해를 극복하기 위해 자신의 한계를 넘어야 할 필요는 없다. 자신을 주의 깊게 살피기만 하면 충분하다. 철학자 알랭 드 보통은 이런 연습을 인지적 공감 훈련으로 권장했다. 미술관 혹은 구글아트에서 어느 귀족의 초상화를 찬찬히 살펴라. 황금 액자, 호화로운 의상, 자신감 넘치는 눈빛. 당신의 세상, 특히 홈오피스와 비교하면 완전히 다른 세상이다. 정말 그럴까? 더 자세히 살펴보라. 어쩌면 가족 행사 때 입었던 화려한 원피스가 떠오를 것이다. 당신이 셀카를 찍을 때 하는 것처럼 초상화 주인공도 왼쪽 얼굴이 보이게 섰을 수도 있다. 무례한 말을 하는 사람을 떠올릴 때 짓게 되는 불쾌한 표정이 초상화 주인공의 얼굴에도 스칠 것이다. 이제 공감 능력이 좋은 사람의 비결을 눈치챘는가? 그들은 모든 사람에게서 자기 자신을 발견하는 능력이 있고, 늘 이런 상태를 유지한다. 찾아낸 공통점이 그저 사소한 특징이나 작은 버릇에 불과할 수 있다. 그러나 사소한 것 하나에도 그동안 낯설었던 사람이 훨씬 친근하게 느껴질 수 있다.[16]

공감은 비즈니스의 핵심이다

이렇듯 공감은 아주 간단할 수 있다. 그런데 가장 성공적인 기업과 관리자들이 때때로 외계인처럼 공감 능력이 전혀 없는 것처럼 보이기도 한다. 어떻게 그럴 수 있을까? 어떤 사람은 아주 작은 분위기 변화와 트렌드를 재빨리 인식하는 반면, 어떤 사람은 아주 당연한 반응조차 예상하지 못한다.

2020년 4월. 코로나 셧다운의 최정점이었다. 폭스바겐 최고경영자 헤르베르트 디스는 뉴스 앵커의 질문에 경기부양 정책이 시급하다며 자동차산업을 지원해야 한다고 주장했다. 우연히 안 사실인데 폭스바겐은 2019년에 200억 유로를 벌어 가장 성공적인 해를 기록했었다. '남들보다 더 든든한 자원을 가진 상태에서 위기를 맞았다면 자기 비상금으로 위기를 이겨낼 수 있어야 하는 거 아닌가? 수많은 중소기업과 1인 자영업자들이 현재 하는 것처럼?' 그 순간 이런 생각이 뇌리를 스쳤다. 앵커 역시 나와 비슷한 생각을 했는지, 폭스바겐이 혹시 수십억의 배당금을 삭감할 수 있겠냐고 불쑥 물었다. 폭스바겐 최고경영자는 이 질문에 진땀을 흘렸다. "최후의 수단으로 그것 역시 깊이 생각해 볼 예정입니다."[17]

최후의 수단? 헤르베르트 디스 같은 경영자들은 고객과 직원의 욕구가 아니라 결산과 벤치마킹이 중요했던 시대에 경영학과 공학을 공부했다. 그러나 요즘에는 일반 대중이 무엇을 중시하는지 알아내는 감각이 중요하다. 특히 최고경영자들과 이들의 이미지를 담당하는 사람들은, 사회 분위기와 추세를 미리 파악하고 그것이 주류가 되기 훨씬 전부터 깊이 이해하고 있어야 한다. 어떻게 사람들이 움직이고, 건강을 유지하며 여행하는지 같은 사실뿐 아니라 어떤 트렌드와 가치가 제품과 서비스의 질이나 기술 수준보다 훨씬 더 높이 뛰어오르는지 감지해야 한다.

한마디로 요약하면, 슈퍼히어로 수준의 사회적 공감 능력이 필요하다. 그것이 없으면 아무것도 될 수 없다.

고객, 주주, 인재들은 자신의 가치가 훼손되는 걸 잠시도 참지 못한다. 2018년 딜로이트 밀레니얼 설문조사가 보여주듯이 업무 내용과 정치 성향이 일치하지 않으면 특히 20대에서 40대는 회사와 고용주에게 곧바로 등을 돌린다. 또한 그들은 오직 돈벌이에만 관심을 두는 기업과 브랜드를 싫어하고, 다문화적이고 개방적이며 사회 참여적인 사람을 높이 산다.[18]

그들이 주로 어떤 주제에 열의를 보이는지, 여론조사 업체 유고브가 조사했다. "소비자들은 환경, 인권, 동물 학대, 교육에 높은 점수를 주었다. 반면 정당 후원, 종교, 성소수자, 지역자치, 젠더(미투, 페미니즘) 혹은 브렉시트에 강한 거부감을 보였다."[19] 아주 명확하다. 그러므로 상업적으로 유리한 위치에 서기 위해 반드시 공감 예술가일 필요는 없을 거라고, 대다수는 생각한다. 그러나 캡제미니의 글로벌 연구는 다른 결론을 보여준다.

경영진의 80퍼센트는 자기 브랜드가 고객의 가치관과 소망을 충족한다고 믿는다. 그러나 소비자의 15퍼센트만이 그것에 동의한다.

경영 컨설턴트 안네 쉴러는 이렇게 분석했다. "대다수 조직은 내부에 초점을 맞추고, 재정을 중심에 두며, 효율성을 중시한다."[20] 폭스바겐 최고경영자의 태도 역시 이 분석과 잘 맞는 것 같다. 물론 시대에는 맞지 않지만 말이다. 그리고 폭스바겐 주주들도 이것을 알아차렸던 것 같다. 뉴스 인터뷰 후 두 달이 채 지나지 않아, 헤르베르트 디스는 폭스바겐의 최고경영자 자리에서 내려와야만 했다. 반면 비슷한 시기에 완전히 다른 분야에서는 사회적 공감이 무엇을 해낼 수 있는지 보여주었다.

2020년 3월에 스트리밍 사이트 훌루(Hulu)는 TV 미니시리즈 「작은 불씨는 어디에나」 첫 회를 방송했다. 셀레스트 응의 가족 스릴러 소설을 영화배우 리즈 위더스푼이 드라마로 만들었다. 좋은 엄마이기 위해 고군분투하는 두 여자가 주인공이다. 그러나 원작 소설과 달리 드라마에서는 한 여자는 백인이고 다른 여자는 흑인이다. 이런 조합을 바탕으로 이 드라마는 '인종적 선입견이 없는 자유로운 백인'이라는 환상을 꼬집는다. 방송 두 달 뒤에 경찰의 인종차별적 폭력으로 아프리카계 미국인 조지 플로이드가 죽었고, 세계는 충격에 빠졌다. 갑자기 「작은 불씨는 어디에나」가 시대 논평처럼 등장했다. 우연일까? 아니면 공감? 미국 잡지 《디 애틀랜틱》의 한 기사에 따르면, 이 드라마의 작가들은 집필 전에 사회 상황을 집중적으로 연구했었다. 그들의 참고도서 목록에는 로빈 디앤젤로의 베스트셀러 『백인의 취약성』이 들어 있었다.[21]

창업경영학 교수 알렉산더 니콜라이와 그의 연구팀은 세계에서 가장 성공한 창업자들이 그들의 획기적 아이디어를 어떻게 얻었는지 조사했다. 결과에 따르면 택시서비스 우버(Uber)나 온라인 결제서비스 클라나(Klarna), 메신저 서비스 슬랙(Slack) 같은 디지털 유니콘의 절반이 소비자의 욕구를 발견하고 그것에 반응하는 과정에서 생겨났다. 실패한 스타트업들은 확실히 고객의 욕구를 기반으로 설립된 경우가 드물었다.[22]

주목받는 주제들, 욕구, 해결되지 않은 문제 등에 공감하는 능력을 개인뿐 아니라 기업도 키울 수 있다. 필터 버블에서 나와야 어떤 주제가 사회적 관심을 받고 어떤 관점의 미래가 깜깜한지 알아차릴 수 있다. 도덕적 순결주의자는 이런 접근방식이 계산적이고 심지어 이기적이라고 여길 것이다. 완전히 틀린 얘기는 아니다.

공감의 부작용

공감에는 분명히 어두운 면도 있다. 최악의 경우, 다른 사람을 조종하여 자신의 이익을 챙기는 도구로 악용할 수 있다. 빅데이터 분석은 고객을 속속들이 읽어낸다. 거대기업들은 우리의 사생활 깊은 곳까지 파고들어 광고 폭탄을 던지고 무의식을 조종한다. 이기적인 동료 혹은 절대 군주 같은 사장이 우리의 감정을 가지고 논다. 그러므로 공감의 자세로 낯선 관점을 수용하면, 세상이 도덕적으로 완전무결해지리라 믿는 것은 큰 착각이다.

공감과 인성은 동의어가 아니다.

공감으로 타인을 대하는 것은 충분히 가치 있는 태도이다. 그러나 충분히 나쁜 목적에도 오남용될 수 있다. 디자인 씽킹(Design thinking, 사람들의 요구를 깊이 공감하여 비즈니스화하는 방법론-옮긴이) 트레이너이자 사회학자인 에바 쾨펜은 조직 맥락에서 공감을 연구하면서 그 그림자도 같이 연구했다. 에바 쾨펜은 공감이 악용될 수 있음을 확실히 알게 됐지만, 그럼에도 그녀는 다른 사람의 삶에 더 많이 관심을 가지라고 권한다. "그것은 다른 형태의 삶을 열린 마음으로 받아들일 수 있게 해주고, 아주 다양한 삶의 방식을 배우게 해준다. 누군갈 조종하기 위해서가 아니라 자유로운 기본 가치를 누리기 위해 타인의 삶에 더 관심을 가져야 한다."[23]

공감 능력을 발휘할 기회가 그 어느 때보다 열려 있다. 소비자와 이해 집단이 그 어느 때보다 깨어 있어, 부족하거나 오남용된 공감을 폭로하고 수정할 수 있기 때문이다. 공감을 이용해 자기 이익을 챙기거나 오용하는 사람은 손가락질을 받거나 선거에서 낙선한다. 물론 항상 그렇지는 않지만 전보다 더 많이 그러하다. 군건했던 자동차 산업도 이런 경험을 했다. 함부르크 출신 변호사 안드레아 브라운은 폭스바겐 최고경영자와 정반대 주장을 트위터에 올려, 자동차 업계의 이해관계자와 지지자들 앞에 거울을 세웠다.

"전국민 기본소득과 문화 보너스 그리고 모두를 위한 귀여운 알파카를 나는 요구한다!"[24] VUCA 세계의 복잡성과 모호성이다. 단순하고 명확한 진실은 더 이상 없다.

탁월함의 비밀 ③
: 비범한 공감 능력을 위한 7가지 제안

여러 연구에서 밝혀졌듯, 경영진의 80퍼센트가 공감을 '친절과 부드러움' 혹은 다른 사람이 원하는 대로 행동하는 것과 혼동한다.[25] 공감을 감수성의 풍부 정도로 여겼다면 잘못 이해한 것이다. 에바 쾨펜의 표현을 빌리자면 "바르게 공감할 줄 아는 사람은 매우 의식적이고 합리적으로 타인을 대한다."[26] 올바른 공감은 사람과 사회를 이해하는 데 필요한 데이터를 제공한다. 바르게 공감할 줄 아는 사람은 동맹을 다지고, 분노를 제어하고, 직원에게 잠재력을 발휘할 기회를 주며, 소비자와 인재를 끌어당긴다. 게다가 우리를 속이려는 사람을 꿰뚫어 볼 수도 있다. 다행히도 공감 능력은 신체 단련과 같아서, 단련할수록 더 강해진다.

1. 자기 자신에게 공감하자

공감에 도달하려면 반드시 자기 공감을 거쳐야 한다. 자신이 가진 것만 내어줄 수 있기 때문이다. 자신의 감정·동기·목표를 이해하지 못하면 다른 사람의 마음도 읽을 수 없다. 그러므로 자신의 감정에 주의를 기울이고 존중하라. 삶의 기쁨, 의미를 찾고자 하는 마음, 불쾌감 등을 모른 척하지 말라. 그리고 무엇보다 자기 자신에게 친절하라. 공원에 조금 더 머물며 여유를 허락하고, 오후 시간을 기꺼이 빼서 딸의 축구경기를 보러 가고, 스트레스나 화를 인식하여 무엇을 하면 기분이 좋아질지 생각하라.

2. 호구가 될 필요는 없다

인지적 공감과 사회적 공감, 정서적 공감의 차이는 명확하다. 심지어 이 셋은 신경생리학적으로도 구별된다. 탁월한 사람은 세 가지 공감을 통합한다. 그들은 다른 사람의 감정을 함께 느끼는 동시에 자신의 목표를 시야에서 놓치지 않는다. 반면 연민과 동정 같은 정서적 공감만 강하면, 호구가 되어 비웃음을 받을 위험이 있다. 명심하라. 꼭 다른 사람과 같이 열을 내거나 동정할 필요는 없다. 특히 직장에서는 머리로만 관점을 바꿔보는 정도면 충분하다. 여러 종류의 공감이 있음을 인식하는 것만으로도 차이가 생긴다. 그 다음은 자기관찰이다. 공감 때문에 자신의 관심사를 잊었는가? 그렇다면 즉시 한걸음 뒤로 물러서라. 독일 기자 틸 에커는 온라인 잡지 《제트(ze.tt)》에 인상 깊은 은유로 이를 표현했다. "다른 사람의 생각에 초대된 손님이면 될 뿐, 그 사람과 똑같이 생각할 필요는 없다."[27]

3. 마키아벨리와 테레사 수녀 사이에서 균형을 잡자

인지적 공감과 사회적 공감은 높게, 정서적 공감은 낮게 표현하면 당신은 객관적이고 '쿨'한 태도를 보일 수 있다. 이런 태도는 모든 상황에서 유리하다. 그러나 장기적으로 보면 인지적 공감만으로는 마키아벨리처럼 보이거나 더 나아가 비호감이 될 수 있다. 다른 이가 자신의 속마음을 꿰뚫어 보는 걸 좋아할 사람은 없다. 스스로를 유리판에 놓인 해부 표본처럼 느끼고 싶은 이는 없기 때문이다. 그러므로 상대를 관찰할 뿐 아니라 주의를 기울여 같은 입장이 되어보려 애써라. 다른 사람을 돕고, 그들의 평안을 위해 애쓰고, 그들의 눈으로 삶을 보기 위해 인내하고 시간을 투자하라.

4. 공감을 연습하자

공감은 교과서적 학습 방법, 즉 반복 연습으로만 배울 수 있다. 비록 다른 사람의 감정과 관심사를 생각하는 일이 완전히 낯설더라도, 반복하고 내면화하여 두 번째 본성으로 만들어야 한다. 가족, 친구, 직장, 사회 참여, 소설, 음악 감상, 넷플릭스 시청 등 사실 모든 상황에서 연습할 수 있다. 대화와 문화는 우리를 다른 상황과 감정의 세계로 데려간다. 우리는 삶과 세상을 보는 자신의 방식이 수없이 많은 것 중 하나에 불과함을 깨닫는다.

5. 공감의 적을 인지하자

피곤하거나 아프면 우리는 대개 단 한 사람, 바로 자신에게만 공감한다. 창조적 작업 혹은 압박 상황에서 다른 사람의 감정이 주의를 끈다면 그것을 방해라고 느낀다. 그러므로 명심하자. 사람들은 대개 스트레스 혹은 흥분 상태에서(긍정적 흥분일 때도!) 공감하기보다 이기적으로 생각하고 행동한다. 그러니 그런 상태에서 떠오르는 말과 결정은 더 신중하게 생각하기를 권한다.

6. 다양한 환경에 나를 던지자

기혼 혹은 미혼? 토박이 혹은 이주민? 우리는 비슷한 사람에게 가장 많이 공감한다. 인간적인 반응이다. 그러나 걸림돌이 하나 있다. 나와 견해나 생활방식이 다른 사람과 적게 교류할수록, 그들의 요구를 이해하기는 더욱 어렵다. 폴란드 사회심리학자 헨리 타지펠은 이를 유명한 실험으로 증명했다. 그는 서로 모르는 사람들을 최대한 비슷한 사람끼리 묶어 분류했다. 예를 들어 파울 클레와 칸딘스키 중 어느 화가를 더 좋아하느냐에 따라 집단을 나누었다.[28] 몇 분 뒤에 벌써 각 집단은 '우리 정서'를 형성했다. 대다수는 이런 선입견을 자각하지 못한다. 설령 자각하더라도 새로운 걸림돌이 있다. 선입견을 자각한 다음 의식적으로 이해심을 발휘해 다른 배경을 가진 사람을 '특별대우'할 수도 있다. 그러나 이것 역시 일종의 차별이다. 이런 차별에 맞서는 건 더욱 어렵다. 이런 선입견을 없애려면 나와 다른 사람, 다른 취향, 다른 사고 패턴을 가까이 두려 의식적으로 노력해야 한다.

7. 멈추자

누군가 문제를 제기하거나 모호한 아이디어를 집단에 내놓으면, 다른 누군가가 즉시 해답을 내놓는다. '내가 너라면 말이야…' '상사와 의논해 봐.' '다 괜찮아질 거야.' 등등. 누구나 이런 상황을 겪어봤을 것이다. 우리는 함부로 조언하고 가르치는 일을 잘한다. 우리의 격려와 비판은 좋은 의도이며 정당하다고 여긴다. 그러나 이런 행위는 다른 사람의 감정과 공명하지 않는다. 다른 사람의 기분을 우리도 느낄 때 비로소 공명한다. 당신에게는 아무런 감흥도 주지 않는 어떤 일이 다른 사람의 마음을 움직이는 이유를 이해하려 노력할 필요가 있다. 이것은 나의 잣대를 잠깐 내려놓고 상대의 세계관을 받아들일 때에야 가능하다. 맞다, 힘든 일이다. 그래서 많은 노력이 필요하다. "다른 가치와 마찬가지로, 공감도 행동으로 보여야 한다." 버락 오바마의 메시지다. 고도로 발달한 공감을 기본 장비로 갖는 경우는 드물다. 탁월한 공감 능력을 원한다면 공감을 생활화해야 한다.

5

의지

탁월함을 습관으로 만들어라

탁월함은 매력적으로 시작되지 않는다. "모든 성취는 도전을 결정하면서 시작된다." 존 케네디는 이렇게 생각했다. 그의 의지력은 그를 세계에서 가장 강력한 자리에 앉혔을 뿐 아니라, 인류를 달에 보냈다. 자신을 넘어서고자 노력하는 모든 이와 같이 미국 37대 대통령에게도 노력이 먼저였고 성공은 그다음 기대해 볼 만한 일이었다. 성공이 보장된 것도 아니었다. 이 말은 이미 잘 알고 있는 명언처럼 들린다.

그런데 정말 그럴까? 탁월함을 타고나는 사람은 없고 그래서 노력으로 얻어야 한다는 사실을, 우리는 정말로 명확히 알고 있을까? 그렇지 않은 것 같다. 다른 사람의 성과에 감탄하면서 질투를 느낀 적이 얼마나 많은가? 이때 우리의 눈은 다음과 같은 사실을 통찰하지 못하고 있다.

엄청난 성공이 하룻밤 사이에 이루어지는 일은 드물다.

대개는 잠 못 이루는 밤을 수없이 보낸 후에 성공이 온다.

"한 분야에서 최고가 되려면 무엇이 필요할까?"미국의 배우 메릴 스트립은 이 질문에 아주 현명하게 대답했다. "끈기, 그리고 품격이 필요하다."[1]

과소평가된 능력, 근면 성실

학급 친구가 받은 수학 만점에서부터 스타트업을 유니콘 기업 으로 키운 지인의 성공에 이르기까지, 우리는 빛나는 결과만을 본 다. 모든 성과 뒤에 있는 비용과 끈기, 불확실함에 도전한 용기, 두 려움, 좌절, 참석하지 못한 생일파티 등은 보이지 않는다. 크게 성 공한 사람은 자기계발, 노력, 의심, 손실, 부담을 거의 드러내지 않 기 때문이다. 그들은 찬란한 지점에 도달했을 때 비로소 무대 뒤를 살짝 공개한다.

비치발리볼 세계챔피언 키라 발켄호르스트는 인터뷰에서 이렇게 말했다. "성공은 뛰어난 재능보다는 오히려 확신과 피나는 노력에 서 옵니다." 그녀는 한 인터뷰에서 빛나는 성공 이전에 무슨 일이 있었는지 털어놓았다. "비치발리볼을 시작하자마자 성공한 건 아니에요. 중국대회에 참가했었는데, 첫 번째 경기에서 떨어져 빈손으로 돌아왔었죠. 게다가 손 떨리게 비싼 항공료와 그 밖의 필요 경비 일체를 직접 내야 했어요."[2]

천부적 재능은 매력적이다. 그에 비하면 끝없는 연습과 의지는 안간힘이 느껴져 왠지 덜 매력적이다. 노력과 지식, 오랜 경험도 탁월함으로 인정되지만, 타고난 재능이 더 큰 인상을 남긴다. 특히 결정권자는 타고난 재능의 매력에 쉽게 굴복한다. 런던 유니버시티칼리지의 치아중 차이와 하버드대학교의 마자린 바나지의 연구가 그것을 입증한다.[3] 두 경영학자는 100명 이상의 전문 음악가에게 젊은 예술가 두 사람의 자기소개서와 작품 샘플을 보여주었다. 피험자들은 두 예술가 중 누구와 같이 일하고 싶은지 정해야 했다. 이때 피험자들이 몰랐던 사실이 하나 있다. 작품 샘플은 같은 것이었고, 자기소개서 역시 단 한 가지만 달랐다. 하나는 후보자의 재능을 강조했고, 다른 하나는 후보자의 노력을 강조했다. 그러자 흥미로운 결과가 한 가지가 아니라 무려 세 가지나 나왔다. 첫째, 음악가 대부분이 똑같은 샘플임을 알아차리지 못했다. 둘째, 피험자들은 사전 설문에서 전반적으로 재능보다 근면 성실한 노력을 더 중요한 성공 요인으로 꼽았다. 셋째, 그럼에도 피험자 과반수는 재능을 타고난 것 같은 후보자를 선호했다. 나이도 경험도 많은 전문가들이 젊은 예술가의 굳은 의지보다 재능에 더 많이 감탄하고 매료된 것이다.

의지력은 탁월함을 위한 가장 중요한 조건으로 알려진 것 같지만, 실제로는 크게 인정받지 못한다. 하지만 아리스토텔레스는 이미 몇천 년 전에 탁월함의 핵심을 짚었다. 그의 책 『니코마코스 윤리학』에 따르면, 모든 사람에게는 어떻게 살고 일할지 스스로 선택할 수 있는 자유가 있다. 20세기 미국 철학자 윌 듀랜트는 아리스토텔레스가 직접 말했다고 해도 될 만큼 아주 명료하게 그의 생각을 표현했다. "탁월함은 훈련과 습관으로 습득되는 기술이다. 우리는 미덕이나 탁월함을 가졌기 때문에 바르게 행동하는 게 아니다. 그러나 바르게 행동하면 미덕이나 탁월함에 다가간다. 우리가 반복하는 행동이 바로 우리 자신이다. 그러므로 탁월함은 개별 행동이 아니라 습관이다."[4]

탁월함은 좋은 습관이다. 그것은 어떤 일을 성취할 가능성을 높이지만, 더 쉽게 만들진 않는다.

윌 듀랜트는 MBA 학위, 세계챔피언, 임원 승진, 완벽한 결혼식, 잘 다져진 몸매 등을 탁월함으로 보지 않는다. 듀랜트는 탁월함을 태도로 정의한다. 최선을 다하기, 끊임없이 자신을 넘어서기. 스포츠 역사상 가장 성공한 골프선수 타이거 우즈도 그렇게 생각한다. "나는 우승으로 성공을 측정하지 않는다. 내가 매년 더 발전하느냐가 성공의 척도이다." 이것이 바로 탁월함을 추구하는 사람의 정신이다. 이미 어떤 성공을 거뒀는지와 상관없이, 그들의 무대 뒤에는 화려함보다 끈기가 더 많이 자리하고 있다.

모든 길은 첫걸음에서부터

———— ✦ ————

1929년, 리 밀러는 22세에 파리로 갔다. 뉴욕에서 패션모델로 인기를 끌었지만, 카메라 앞에 피사체로 서기보다는 카메라 뒤에 사진작가로 서고 싶었다. 하지만 새로운 출발은 힘겨웠다. 초보 작가의 실력은 당연히 부족했고, 설상가상으로 얼마 지나지 않아 사진 장비마저 모두 잃어버렸다.[5] 카메라 안내서만 남았다. 새 카메라를 살 돈이 없던 밀러는 이 일을 계기로 사진기술 이론에 몰두했다. 그녀는 밤새 셔터 속도와 조리개, 조명 상태, 이미지 구성 등을 공부했다. 그리고 당시에 아방가르드 예술가로 유명했던 사진작가 맨 레이를 설득해 그의 조수로 일하게 되었다. 생계를 꾸리기에도 빠듯한 보수를 받으며 그의 책들을 관리하고 사진 장비를 설치하면서 많은 것을 배웠다. 점차 밀러의 이름이 알려지기 시작했다. 밀러는 제2차 세계대전 때 패션지 《보그》의 전쟁특파원 자격으로 연합군의 노르망디 상륙, 부헨발트 수용소의 해방, 히틀러의 개인 주택, 파괴된 쾰른을 촬영했다. 그녀의 작품들은 현재 20세기를 보여주는 가장 중요한 사진 증거로 평가받는다.

탁월함은 매력적으로 시작되지 않는다.

리 밀러의 첫걸음에는 시작하겠다는 결정과 어떤 역경에도 굴하지 않겠다는 결심이 있었다. 확실히 정해진 길이 없더라도! 자기 자신 이외에 아무도 믿어주는 사람이 없더라도! 『해리포터』의 작가 조앤 롤링 혹은 금융 기술 핀테크의 창시자인 발렌틴 슈탈프의 첫걸음도 그러했다. 비웃음을 받았고 그들의 비전을 믿어주는 사람이 아무도 없었으며 그들의 원대한 계획이 과연 성공할지 전혀 알 수 없었더라도, 그들은 모두 견뎌냈다.

모바일 뱅크 N26은 독일에서 가장 가치가 높은 스타트업이다. 유럽 경제지는 N26의 창립자 발렌틴 슈탈프를 2019년 올해의 경영인으로 선정했다. 이 모든 일의 시작은 아주 작았다. 물론 전통 은행을 뒤흔들겠다는 포부는 처음부터 있었지만, 자기가 보기에도 "처음에는 이 아이디어가 너무 거대한 것 같았다." 그래서 공동창립자 막시밀리안 타이엔탈과 함께 첫걸음으로는 스마트폰에 심을 수 있는 '어린이를 위한 선불카드'를 고안했다. 대단한 일은 아니었지만 테스트는 성공을 거뒀고, 이 성공을 바탕으로 슈탈프는 복잡하지 않은 뱅킹 솔루션을 내놓았다. 5년 뒤에 N26은 독일 최초 금융기술 유니콘으로 부상했다.

물론 처음부터 헬리콥터를 타고 정상에 오르는 사람들도 있다. 그들은 하룻밤 사이에 주목을 받고, 영향력 있는 후원자의 도움으로 앞서나가며 탄탄한 기업을 상속받고, 세계가 기다리던 획기적 아이디어를 우연히 발견한다. 그러나 대다수는 저 계곡 아래에서부터 오르기 시작한다. 계속되는 오르막에 지치고, 성과는 보잘것없고, 때때로 바위가 굴러 내려오기도 한다. 미국 심리학자 앤절라 더크워스는, 이런 힘겨운 상승에 어떤 자질이 필요한지 연구했다. 그녀는 책『그릿』을 통해 이를 설명한다. '그릿(grit)'은 불굴의 의지, 열정, 끈기, 근성, 투지, 기개를 아우르는 개념이다. 그녀가 주는 가장 중요한 메시지는 다음과 같다.

그릿은 지능, 출신, 재능, 인맥, 돈을 포함한 모든 성공 요인을 이긴다.

어느 영역에서든 불굴의 의지를 가장 많이 발휘하는 사람이 가장 성공적으로 자기 길을 간다. 수백만 조회 수를 기록한 TED 강연에서 더크워스는 자신의 성공 공식을 소개한다. "그릿은 장기 목표를 위한 열정이자 끈기입니다. 그릿은 견디는 힘입니다. 그릿은 일주일 혹은 한 달, 더 나아가 몇 년 동안 미래계획을 기필코 실현하기 위해 열심히 노력하는 것입니다."[6] 성공은 당연히 재능에도 기반을 둔다. 그러나 더크워스의 연구 결과가 보여주듯이, 재능만 갖고 있어서는 반딧불이에 불과하다. 재능을 넘어 버티고 싸우는 투지를 보여주는 사람만이 큰 빛을 낸다. 우연한 행운 혹은 풍족한 가정의 지원 속에서 성공한 사람들조차 그것들을 거저 얻지는 않았다.

빌 게이츠는 마이크로소프트 설립 후 5년 동안 프로그램 코드를 한 줄 한 줄 직접 점검했다.[7] 스톡홀름 의회 앞에서 1인 피켓 시위로 메시지를 전하는 투지가 없었더라면, 그레타 툰베리는 기후 운동을 일으키지 못했을 것이다. 이미 십여 개 출판사로부터 거절을 받았음에도 계속 『해리포터』 1권 원고를 보내는 오기가 없었다면, 조앤 롤링은 아마 지금도 교사로 남았을 것이다. "모든 출판사가 거절할 때까지 나는 포기하지 않을 작정이었습니다. 하지만 정말로 그런 일이 벌어질까, 종종 두려웠어요."[8]

우수한 사람과 탁월함을 추구하는 사람의 차이는 동기에 있다. 우수한 사람은 인정·돈·명성 같은 보상 때문에 노력한다. 탁월함을 추구하는 사람도 이런 보상들을 높이 평가하지만, 진정한 동기는 자신의 한계를 넘어 성장하려는 강렬한 욕구에 있다. 설령 그것이 늘 즐겁지만은 않고, 게다가 성공이 하늘의 별 따기만큼 힘들어 보이더라도 굴하지 않는다.

열정만으로는 부족한 이유

'그릿'이라는 단어는 오랫동안 우리 귀에 뭔가를 끈질기게 물고 늘어지는 행동처럼 들렸다. 안락하고 여유로움을 추구하는 정서와는 맞지 않았다. 그런데 어느 날 갑자기 바이러스가 나타나 전 세계에 퍼졌고, 우리는 이를 악문다는 게 무엇인지를 단기 속성으로 배웠다. 2020년 봄 이후로 우리의 참을성과 자제력이 전보다 훨씬 강해졌다. 특히 4차 산업혁명 시대는 불확실한 현실에 맞서는 인재를 요구한다. 디지털 환경에 적응하는 것을 포함해서 말이다.

마이크로소프트의 의뢰로 유고브가 실시한 설문조사에 따르면, 독일 직장인 중 절반은 디지털 전환이 업무의 재미를 높일 거라고 믿는다.[9] 그러나 컨설팅회사 대표 짐 그룬트너는 이런 과한 기대감을 진정시켰다. "간단해 보여도, 아주 심각할 수 있습니다! 경험에 따르면 기업의 디지털 목표에 도달하기 위해서는 장기간의 에너지와 단호함, 한계를 넘어서겠다는 강한 의지가 필요합니다. 이런 변화는 하룻밤 사이에 이루어지지 않습니다. 진전이 있기까지 여러 달이 걸립니다. 첫 주의 열정이 식은 후에도 지치지 않고 끈질기게 노력하는 조직이 결국 경주에서 이깁니다. 형성기(Forming)와 격동기(Storming)를 통과하여 표준화기(Norming)와 수행기(Performing)에 도달할 때까지 싸워나가는 투지, '그릿'이 필요합니다."[10]

열정적인 사람은 많지만 끈기를 갖춘 사람은 적다. 더크워스의 말처럼, "그릿이란, 인생을 단거리가 아니라 마라톤처럼 달린다는 뜻이다." 인사결정권자가 직원의 마라톤 완주 경력을 괜히 탁월함의 증거로 평가하는 게 아니다. 100미터 경주에서는 누구나 전속력으로 달릴 수 있다. 그러나 마라톤 경주에서는 쭉정이와 알맹이가 구분된다. 훈련 없이 마라톤에 도전하는 사람은 결승점을 한참 앞두고 숨이 차서 포기한다. 그러므로 느리든 빠르든 42킬로미터를 쉼 없이 달리겠다는 결단 하나로도 뭔가를 해낼 수 있다는 증거가 된다. 마라톤에 도전하는 사람은 자신의 한계를 확장할 의지를 불태운다. 초기의 열정은 단지 점화 역할만 할 뿐이다.

작은 일을 무시하지 않기

창조성, 빅픽처, 애자일팀, 격동기, 수행기. 새로운 직업 세계의 어휘들은 루틴이나 꼼꼼함과는 거리가 멀어 보인다. 이 어휘들은 우리에게 다음을 암시한다. 모두가 잠재력을 발휘하고 역량을 실현할 수 있고, 해도 되며, 해야 한다! 모두가 큰 그림을 갖고 일하고 큰일에 공헌한다! 일과 삶이 모두 자유롭고 활기차진다! 시대에 뒤떨어진 사람만이 무미건조한 통계수치를 따지고 거절을 굴욕으로 여긴다! 애석하게도 이때 우리가 간과하는 불편한 진실이 하나 있다. 창조성은 훈련이 더해져야 비로소 가치가 생긴다는 것이다.

누구든지 브레인스토밍 단계에서 흥미로워 보이는 아이디어를 낼 수 있다. 그러나 그런 설익은 아이디어와 첫 스케치를 누군가가 구체화할 때 비로소 위대한 기업, 탁월한 제품, 사랑받는 서비스가 탄생한다.

독일의 소설가이자 번역가인 구드룬 펜도르프는 『아스테릭스
(Asterix)』 만화 전집 29권을 독일어로 옮겼고, 수백 명에 달하는 캐
릭터에게 독일어 이름을 지어주었다. 펜도르프는 이런 업적으로
2020년에 독일연방 공로훈장을 받았다. 개그와 말장난을 옮기는
것도 어려웠지만, 무엇보다 글자 수 맞추기가 고된 작업이었다. 말
풍선 안에 딱 맞게 옮겨야 했기 때문이다. 펜도르프가 그때를 회상
하며 말했다. "글자 수를 세는 게 무척 버거웠어요. 긴 독일어 번역
문장이 작은 말풍선 안에 들어가도록 일일이 세어야 했거든요."[11]

**만화 번역이든 백신 개발이든, 혁신 프로젝트는 높은 정확도와
충분한 자원, 그리고 오래 버틸 수 있는 체력을 요구한다.**

바이오테크 기업가 올페르트 란트와 콘스탄츠 란트는 첫 코로나 진
단 키트를 개발했다. 란트 부부는 2020년 1월 우한의 감염 뉴스
를 접했을 때 귀 기울여 들었고, 뭔가가 끓어오르고 있음을 직감하
여 코로나 바이러스의 게놈 서열 보고서를 놓치지 않고 읽었고, 진
단 키트 생산을 시작했다. 그리고 10년 전의 전염병 보고서에서 영
감을 얻어 테스트관을 합리적인 가격에 대량으로 주문했다. 그렇게
란트 부부는 3월부터 매달 수백만 개의 진단 키트를 60개국 이상
에 제공할 수 있었다. 그들은 직원들과 함께 온종일 일했다. 자녀들
역시 일손을 거들기 위해 대학 공부를 중단했고 수작업으로 5만 개
에 라벨을 붙였다.[12]

솔직히 지금 같은 시대에 성실성은 조금 밋밋해 보인다. 그러나 작은 일을 무시하면 큰일은 오지 않는다. 보고서 읽기, 유리관 주문하기, 가격 따지기, 라벨 붙이기. 이 작은 작업들이 없었다면 진단 키트는 세상에 나올 수 없었다.

탁월함은 큰 생각을 해내는 데 있지 않다. 탁월함은 작은 일 때문에 큰일을 그르치는 일이 없게 하는 데 있다.

코로나 초기, 독일과 오스트리아는 위기에 특히 잘 대처하는 유럽국가로 꼽혔다. 첫째, 중환자실이 상대적으로 많았기 때문이고, 둘째, 의료 시스템을 최대한 짧은 시간 안에 잘 갖추기 위해 노력했기 때문이다. 의료, 정책은 최고 수준으로 바이러스에 맞서 싸웠다. 그러나 역설적으로 가장 간단하고 저렴한 조치가 미비했다. 바로 마스크가 부족했던 것이다. 상점들에 마스크가 없었고 있다 해도 너무 비쌌다. 2월 후반에는 마스크 가격이 개당 0.45유로(한화 약 600원)에서 13.52유로(한화 약 18,000원)로 뛰었다. 또한 중환자실에 쓸 약이 부족했다. 기본적인 마취제와 진정제마저 부족했다. 이런 실패의 원인은 한 가지로 해석된다. 단순 일회용품의 생산 능력 유지는 고도로 발달한 서구 산업이 보기에 너무 진부했던 것이다.

더크워스의 연구 덕분에 우리는 이제 성실성이 어제의 것이 아님을 안다. 다섯 가지 주요 자질 중에서 성실성이 탁월함에 가장 많이 공헌한다. 그러나 성실성은 두 가지 모습으로 온다. 믿음직스러움과 야심 찬 목표지향. 더크워스는 두 가지 성실성의 차이를 다음과 같이 정의한다. 믿음직스러운 사람은 정확한 시간에 규칙적으로 훈련한다. 목표지향적인 사람도 그렇게 하지만 그들은 성과를 염두에 둔다. 그러므로 성실성이 탁월함으로 이어지게 하려면 피나는 노력과 높은 목표, 두 가지를 합하는 것이 가장 좋다.

독일 뉘른베르크 국립극장의 음악감독이자 지휘자인 요아나 말비츠는 떠오르는 혜성으로 통한다. 말비츠는 강점을 묻는 질문에 이렇게 답했다. "나는 아주 열심히 연습하는 사람이에요. 나뿐만 아니라 함께 연주하는 사람들도 자신 있게 공연에 임할 수 있도록 성실히 훈련하기를 바랍니다."[13] 이것이 목표지향이다. 끊임없는 훈련은 목표를 위한 것이 아니라 자신감과 해방감을 위한 노력이다.

탁월함은 행동이 아니라 습관이다

━━━◆━━━

참고 견디는 건 힘들지만 아주 쉽게 할 수 있게 만드는 마법의 주문이 있다. 바로 습관이다. 습관의 힘은 반복에서 나온다. 그러나 그 반복이 어렵다. 작은 변화는 예상보다 훨씬 더 나중에 효력이 나타나기 때문이다. 처음에는 아주 천천히, 그다음엔 급격하게 상승하거나 하락한다. 직장·관계·음식·소비 어느 영역에서든 아리스토텔레스의 명언을 상기할 필요가 있다. 탁월함은 행동이 아니라 습관이다! 통장 잔액이 우리의 금전적 습관을 보여준다. 식스팩 복근이 운동습관을 드러낸다. 늘 업데이트되는 지식 상태는 토요일 독서 습관을 반영하고, 동료와의 좋은 관계는 스트레스 상황에서도 친절을 잃지 않는 잘 훈련된 태도를 반영한다.

우리가 삶에서 이루는 것(혹은 이루지 못한 것)은 많고 많은 소소한 습관들의 영수증이다.

그런데 걸림돌이 하나 있다. 습관의 결과인 대성공 혹은 대실패를 예상하기 힘들다는 점이다. "좋은 습관은 광적으로 좇을 가치가 있다." 미국의 소설가 존 어빙이 한 말이다. 그러나 우리는 미래를 볼 수 없다. 티라미수 한 조각 더, 인터넷 서핑 몇 분 더, 미루고 미룬 운동계획…. 살면서 즐기는 것도 있어야지! 한 번은 괜찮아. 하지만 문제는 한 번으로 끝나지 않고 내일도 같은 일이 반복된다는 점이다. 좋은 습관도 마찬가지이다. 별일 아닌 것처럼 보이는 좋은 습관들이 아주 많다. 출근길에 전문 분야 팟캐스트 듣기, 일요일에 다음 주 계획 세우기, 부당한 비난 흘려듣기, 담배 끊기, 친절한 감사 문자 보내기, 화나는 일에 흥분하는 대신 '이 상황에서 무엇이 도움이 될까?'를 생각하기. 얼핏 보면 전혀 대단하지 않다. 그러나 좋은 습관은 마법의 주문과도 같다.

소소한 노력이 더해지다 보면, 제곱이 된다.

미국의 자기계발 전문가 제임스 클리어는 책『아주 작은 습관의 힘』에서 작은 변화라도 반복하면 얼마나 큰 변화를 이룰 수 있는지 설명한다. "당신이 반복해서 하는 행위, 즉 당신이 매일 신경 써서 하는 일은 최종적으로 당신의 인격과 생각 그리고 다른 사람에게 비치는 당신의 이미지를 만든다."[14]

최근에 나도 직접 체험했다. 새로 생긴 좋은 습관은 과거의 나쁜 습관을 대체할 뿐 아니라, 또 다른 좋은 습관을 끌어당긴다. 1년 전부터 우리 집은 태양열 에너지를 직접 생산한다. 그래서 애쓰지 않아도 전보다 훨씬 더 친환경적인 삶을 살고 있다. 그 이후로 빨래 건조에서 식료품에 이르기까지 다른 영역에서도 그렇게 행동하려 노력한다. 전혀 예상하지 못했던 결과다.

세상을 바꾸든 나를 바꾸든, 모든 목표는 위대하다. 외국어 배우기, 일곱 시간 숙면하기, 산악자전거 즐기기. 문제는 현실과 이상에 거리가 있다는 점이다. 그 거리가 멀수록 성공하기 어렵다. 반면 대수롭지 않아 보이는 일상 습관은 역경을 건너는 튼튼한 다리를 만들고 끈기에 필요한 성공 경험을 선사한다.

살을 빼기로 했다고 가정해 보자. 빼려는 몸무게와 상관없이 체중계 숫자를 하나라도 낮추기까지는 여러 날이 걸릴 수 있다. 반면 몇 가지 좋은 습관을 실천하면 즉시 성공을 맛볼 수 있다. 3일째 매일 5000보를 더 걸었다고 만보기가 알려준다. 모든 음식에 설탕을 듬뿍 넣던 습관을 버린다. 매일 마시던 와인은 두 잔에서 한 잔으로 줄이고 횟수도 줄인다. 1분 플랭크는 이미 아침 루틴이 되었다. 버틸 수 있는 시간이 늘어나는 게 느껴진다.

새로 생긴 습관이 세상을 바꾸지는 않지만 자부심과 의욕을 높인다.

새로운 좋은 습관을 얼마나 자주 반복하는지 헤아리면 더 좋다. 애플워치 활동 앱의 목표를 달성할 때마다 스스로 어깨를 두드려줘라. 몸무게가 더 줄고 아랫배가 더 평평해지기까지는 시간이 좀 더 걸릴 수도 있다. 그러나 당신은 이미 이륙 단계를 마쳤고, 올바른 항로로 날고 있다. 이제 시간이 알아서 일할 것이다.

영국 소설가 매트 헤이그의 책은 300만 권이 팔렸고 30개 이상 언어로 번역되었다. 매트 헤이그는 20년 전에 심한 우울증을 앓았고 그 후로 열한 번의 자살 충동을 경험했다. 이 시기에 좋은 습관이 그에게 피난처가 되었다. "내가 원래 싫어하는 일을 하도록 나 자신을 다그쳤습니다. 예를 들어 영화 관람. 사소한 일이지만 그럼에도 애를 써야 하는 일들." 그리고 그는 깨달았다. "부정적 감정에서 벗어나려는 노력은 아무 소용이 없었어요. 안 통했죠. 긍정적 감정으로 대적하여 균형을 맞춰야 합니다. 자기 자신을 이겨야 합니다."[15]

생산적 습관은 통찰과 좋은 의도로 생겨나지 않는다. 몸에 배게 하겠다는 스포츠 정신이 필요하다. 한 가지 습관을 수없이 갈고 닦아야 비로소 당연한 일이 된다. 그래야 더는 노력이 필요 없고, 더 나아가 그것을 하지 않으면 허전한 기분마저 든다. 2000년 전 로마 시인 호라티우스는 이런 말로 사람들을 격려했다. "열 번 반복하면 좋아질 것이다." 생산적 습관 십여 개를 몸에 배게 반복하면, 각각의 습관이 탁월함에 공헌한다.

우선순위를 우선순위에 두기

2020년 부활절 주말. 외출했다가 집에 오니 공동정원에 이웃들이 둥글게 둘러서 있었다. 서로 거리를 둔 채로. 그때 한 이웃이 나를 불러 세워 유리잔을 가져와 샴페인 파티에 동참하라고 초대했다. 나는 살짝 꺼려졌지만, 이사한 지 얼마 안 된 처지라 이웃과 어울릴 기회가 반가웠다. 키친타올을 가져와 샴페인 병에 두르고 따를까 잠깐 고민했다. 이미 여러 사람이 맨손으로 잡았을 테니까. 그러나 과민하거나 잘난 척하는 사람으로 보이고 싶지 않아 관뒀다. 나는 결국 코로나 상황에 적합하지 않은 행동을 했다.

제안이나 초대 혹은 작업 의뢰 등을 거절하기란 쉽지 않다. 상대방에게 싫다는 말을 하려면 불편한 마음을 극복하고, 욕먹을 각오를 해야 한다. 깊이 뿌리내린 예의 규범을 어기려면 의지와 기개가 필요하다. 어쩌면 거절할 수 없는, 매우 설득력 있는 근거가 있을 수도 있다. 그러나 탁월함을 실현하고자 한다면 이 모든 것을 해야 한다. 우선순위를 정하지 않으면 재산을 모을 수 없고, 아이를 정서적으로 건강한 어른으로 키울 수 없으며, 훌륭한 프레젠테이션을 준비할 수 없다. 탁월함에는 시간과 에너지의 집중이 필요하기 때문이다. 우리의 삶에 탁월함을 위한 자리를 마련할 때라야 비로소 탁월함이 발휘된다.

이때 다른 사람들, 심지어 우리에게 아주 중요한 사람들이나 한눈 팔게 하는 외적 요인과 내적 의심도 방해요인으로 작용한다. "탁월함은 외롭다. 목표를 이루기 위해 당신이 어떤 대가를 치르는지 아무도 이해하지 못할 것이다." 마이클 조던과 코비 브라이언트 같은 위대한 운동선수의 개인 트레이너였던 팀 그로버가 말했다. "당신은 다른 사람이 원하는 곳 어디에나 다 있을 수는 없다."[16] 탁월함을 추구하는 모든 사람이 알고 있듯이, 만인의 연인처럼 모두에게 사랑받고 모든 일을 바르게 하려 한다면 정작 가슴이 가장 뛰는 분야에서 최고의 성과를 내지 못한다. 자신의 목표를 알고 그것을 위한 공간을 지켜낼 때만 우리는 최고의 기량에 도달할 수 있다. 어쩌면 다른 사람에게서 '좋아요'를 받지는 못할 수도 있는데 그것이 바로 치러야 할 대가이다.

우리의 자원은 한정되어 있으므로 선택을 요구한다. 주변 사람들이 냉정 혹은 오만이라고 비판하는 결정을 내려야 할 때도 있다. 시간만 뺏는 초대, 쓸데없이 긴 화상회의, 독이 되는 연인관계, 머릿속의 의심과 자기 비난에 단호하게 싫다고 말할 수 있어야 한다.

그러려면 어떻게 해야 할까? 계속해서 자신을 성찰해야 한다. 나는 어떤 가치를 더 높게 여기는가? 아이의 생일 아니면 국제회의? 넷플릭스 아니면 인간관계? 자기계발 세미나 아니면 와인 모임? 신년회 아니면 피트니스센터? 대답은 오로지 당신만 안다. 목표가 어디에 있는지 가장 잘 아는 사람은 오직 당신뿐이다. 친구 생일에 초대받은 딸을 태워다 주면, 수술 보고서를 읽을 수 없다. 급하게 잡힌 회의를 받아들이면, 친환경 기차 대신 비행기를 탈 수밖에 없다. 추가 주문을 받으면, 지쳐 쓰러질 때까지 자신을 몰아쳐야 할 것이다. 모든 결과의 책임은 당신에게 있으므로 다음을 명심하자.

탁월함을 추구하는 동시에 모두에게 사랑받을 수는 없다.

자기 자신을 착취하고 야망을 부정하고 억누르면, 어느 정도까지는 견디더라도 장기적으로 역량이 계속 떨어진다. 그 결과 스스로는 물론 주변 사람들도 괴로워진다. 우리는 인내심을 잃고, 공격적인 사람이 된다. 이것을 막을 방법은 하나뿐이다. 우리의 잠재력을 맘껏 펼치며 살 수 있는 편안한 환경을 마련하는 것이다.

"다른 사람의 기대를 자신의 기대로 착각하지 않도록 조심하라." 독일 배우 이리스 베르벤이 젊었을 때부터 늘 명심했던 좌우명 중

하나이다. "나는 이것을 정말로 원하는 걸까, 아니면 다른 사람이 원하기 때문에 나도 원해야 한다고 믿는 걸까? 행동이 자신의 가치관과 일치하는지 언제나 점검해야 한다. 자신의 기대를 지켜내려면 많은 에너지가 든다. 그러나 행복해지는 길은 그것뿐이다."[17]

우리 삶의 지휘자는 바로 우리 자신이다. 친절함을 훈련하는 대신 우리는 전략적으로 미안한 마음과 자책 없이 싫다고 말하는 연습을 해야 한다. 스스로 정한 가치와 우선순위, 목표가 잣대여야 한다. 거절의 표현과 단어들이 자연스럽게 나와야 한다. 당장 내일 회의를 할 수는 없어요. 미안하지만 지금은 주문을 더 받을 수가 없어요. 가족을 위해 내 경력을 포기하고 싶지 않아요. 엄마(아빠) 역할을 직업보다 아래에 두고 싶지 않아요. 명확하게 표현하려면 처음에는 노력이 필요하다. 그러나 반복하다 보면 습관이 된다. 이런 결정은 이기주의에서 나온 게 아니다. 에너지나 정신력을 누구 혹은 무엇에 바치고 싶은지 의식적으로 선택한 결과이다. 가장 중요한 것은 탁월함을 위한 시간과 공간을 마련하는 일이다.

탁월함은 계속 성숙해져야 한다

수많은 사람들이 위대한 업적을 이루었다. 그러나 단 한 번의 탁월한 업적은 물론 위대한 일이지만, 그것으로 잠재력을 영원히

퍼 올릴 수 있다는 뜻은 아니다.

진정한 탁월함은 얼마나 밝게 빛나느냐와 상관없이 횃불이 되는 것에 만족하지 않는다.

자신을 넘어서는 가능성은 끝이 없다. 그러므로 탁월함을 원하는 사람은 아무리 큰 성공이라도 첫 번째 성공에 안주하지 않는다. 그들은 매일, 매달, 매년 배우고 최선을 다한다.

베른하르트 랑게가 평생 골프 코치로 머물렀다면 어땠을까. 1970년대에는 작은 마을의 벽돌공 아들이 골프 코치가 된 것만으로도 대단한 성공이었다. 혹은 조앤 롤링이 『해리포터』 1권 후로 글쓰기를 그만뒀다면? 두 사람은 첫 번째 성공에서 이미 해피엔딩을 맞았지만, 안주하지 않았다. 베른하르트 랑게는 수년간 미국 시니어 대회에서 우승자 자리를 지켰다. 조앤 롤링은 『해리포터』 이후에도 새로운 주인공들을 창조했다. 새로운 작품이 유명작가의 이름 없이도 인정 받을지 알고 싶었던 그녀는 새로운 시리즈를 가명으로 출간했다. 초기에 이 가명은 오랫동안 수수께끼로 남았다.

당신이 무슨 목표를 가지고 있든, 1년 혹은 3년 안에 최정상에 도달하는 일은 드물다. 한 가지 계획을 적어도 5년, 10년, 15년을 발전시켜나갈 때 비로소 모든 윤리적 물음, 사회적 의미 면에서 성공한다. 더크워스가 말한다. "그릿을 갖는다는 것은 어떤 일에 관심과 흥미를 유지하는 것을 넘어 점점 더 키운다는 뜻이다."

시작하자마자 당장 굴러가는 것은 거의 없다. 프로젝트와 인간관계가 언제나 잘 진행되어야 하고, 그렇지 않으면 인내할 가치가 없다고 생각한다면 건방진 태도와 생각이다. 처음의 환희 뒤에는 기본적으로 지치게 하는 평이함이 따른다. 이 구간을 통과하는 사람만이 만족과 보람의 구간에 도달한다. 반면 결정을 내리지 못하고 어떨 땐 이것, 어떨 땐 저것을 시도해 보며 연관성 없는 여러 관심사 사이를 갈팡질팡하고, 하나뿐인 진정한 사랑과 최적의 직업을 늘 찾아 헤매는 사람은 물론 많은 것을 경험하겠지만 수박 겉핥기에서 벗어나지 못한다.

그럼 탁월하려면 대학 전공, 애인이나 배우자, 직장을 결코 바꿔선 안 된다는 뜻일까? 당연히 아니다. 탁월함의 전제조건은 우리가 결정한 일에 인내심을 발휘하는 것이다. 그러기 위해서는 먼저 찾고 발견하는 단계가 필수적이어야 한다. 이 단계는 지평을 넓히고, 교육과 경험과 인격의 독특한 혼합을 만들어낸다. 그러나 언제나 더 나은 것을 찾아 갈팡질팡하는 것과 여러 재능을 진지하게 발휘하는 것은 완전히 다르다.

독일의 영화배우 크리스티아네 파울은 원래 의사였다. 직업을 바꾼 건 인내심이 부족해서가 아니었다. 그녀는 어떤 분야에 잠깐 들어가 염탐하지 않았다. 여러 가지 힘든 목표를 동시에 추구하면서, 오

랫동안 양쪽을 성실히 오간 끝에 신중하게 연기를 선택했다. 그녀
는 지금도 목적지에 왔다고 여기지 않는다. "어쩌면 중간 혹은 상위
3분의 1쯤 아닐까요? 더 위는 확실히 아닙니다. 어느 정도 수준에
는 도달했다고 생각해요. 하지만 아직 내게 열려 있는 다른 일들을
더 많이 시도해 보고 싶어요."[18]

이런 동력은 어디에서 올까? 오래전부터 아주 높은 곳에 올라
서 경쟁자를 멀리 따돌렸기 때문일까? 이 질문의 대답은 복합적이
다. 더크워스에 따르면 용기, 성과 지향, 효과적 연습, 자신감, 지속
적인 개선 노력, 이 다섯 가지 요소의 합으로 요약된다. 실패의 두
려움을 이기고, 목표에 집중하여 일하고, 안락한 영역 밖에서 배우
고, 운명을 스스로 개척하고, 더 나아가 최선을 다할 각오가 된 사
람에게는 '그릿'이 있다.

탁월함의 비밀 ④
: 최선을 다하는 7가지 방법

가장 멋진 경로는 가파른 오르막, 장애물이 많은 길 등으로 구

성된다. 이런 길을 넘으려면 숙련자여도 강인한 의지력이 필요하다. 훌륭한 재능과 다양한 경험이 있어도 그릿이 없으면 제자리에 머물러 있게 된다. 다행스럽게도 그릿은 훈련으로 얻을 수 있다.

1. 겁내는 일에 익숙해져라

"당신이 겁내는 일을 매일 단행하라." 인권운동가이자 미국 전 영부인인 엘리너 루스벨트는 이렇게 권한다. 매일 스카이다이빙을 하라는 얘기가 아니다. 누구에게나 특별히 싫어하는 주제와 행동이 있기 마련이다. 예를 들어 실수 인정하기, 싫어하는 사람에게 다가가기, 거절당한 아이디어를 다시 제안하기, 싫다고 말하기, 약점 드러내기, 새로운 것 시도하기, 초보자 되기.

2. 탁월함에는 끝이 없다

탁월함은 계속해서 발전한다. 한 번의 성공에 안주하지 않는다. 당연히 성취는 축하해야 마땅하다. 그러나 인생도 축구와 같다. 펑 소리와 함께 샴페인이 터지고, 축하의 말을 주고받으며 경기가 끝이 나면, 곧바로 또 다른 경기가 시작된다. 거대기업들도 마찬가지이다. 폭스바겐 수석디자이너 클라우스 비쇼프는 언제나 무대 뒤까지 살핀다. "자동차가 시장에 출시되기 전에 우리는 페이스리프트 작업을 시작합니다. 페이스리프트된 자동차가 시장에 나가기도 전에 이미 후속 모델 개발도 완료한 상태인 것이지요. 그렇게 계속되는 겁니다."[19]

3. 우선순위를 정하자

탁월함을 위한 시간을 어떻게 확보할지 고민하는 사람들이 많다. 무한한 자원을 가진 사람은 없기 때문이다. 물론 역량의 한계를 넘어서 일하면 더 많이 해낼 수 있다. 그러나 탁월함은 힘으로 되는 게 아니다. 탁월함의 전제조건은 목표에 맞게 에너지를 쓰는 것이다. 미국 광고기획사 게벤 커뮤니케이션의 최고경영자인 헤더 워런이 목표에 맞는 에너지 사용법을 설명한다. "3년 전 아들을 낳았을 때 나는 엄마, 여성운동가, 기업가로서 성공을 새롭게 정의해야 했어요. 그 후로 내 인생에서 가장 중요한 것들을 위해 효율적으로 시간을 씁니다."

우선순위가 명확할수록 내가 무엇에 한눈을 파는지 더 쉽게 알 수 있다. 그리고 에너지가 한정되었음을 알기에 중요한 일에 집중적으로 에너지를 쓸 수 있다. 그 결과 인간관계와 성과는 더 탁월해지고, 삶의 기쁨이 더 커지며, 더 초연해진다.

4. 노력을 측정하자

걷기 운동을 해본 사람이라면 알 텐데, 만보기를 켜면 무의식적으로 더 많이 걷게 된다. 바로 그런 이유로 쉬운 길 대신 더 탁월한 길을 선택했던 순간들을 떠올릴 필요가 있다. 반박 대신 미소 짓기, 엘리베이터 대신 계단 이용하기, 맥주 대신 물 마시기, 동물 영상 대신 학습 앱 켜기, 단도직입적으로 말하는 대신 시간을 갖고 적절한 표현 찾아보기. 이런 사소한 자기 극복으로도 우리는 의지력을 계속 키울 수 있다. 미국의 사회심리학자 로이 바우마이스 터가 그것을 입증했다. 그는 피험자들에게 낮에 일할 때 가능한 한 자주 자세를 바르게 고쳐 앉으라고 청했다. 그 후 의지력을 측정했 는데, 이런 작은 변화가 괄목할 만한 효과를 보여주었다. 피험자들 은 다른 분야에서도 비교 집단보다 더 최선을 다했다.

5. 성공 경험에서 힘을 얻자

프레젠테이션을 잘 마치고 협상에서 원하는 결과를 얻었을 때 누구나 성공을 기뻐하며 축하받고 싶지, 자기비판으로 기분을 망 치고 싶은 사람은 없을 것이다. 그러나 탁월한 사람은 한 걸음 더 나간다. 그들은 성공에 취하는 대신 그 과정과 방법을 냉철하게 평 가한다. 이때 평가의 잣대는 그들만이 판결할 수 있는 자질과 행동 방식이다. 잘 진행된 일은 무엇이었나? 다음에는 어디에 더 주의를 기울여야 할까? 왜 나의 무대 울렁증이 평소보다 덜했을까? 협상 상대의 감춰진 동기를 얼마나 잘 알아차렸나? 얼마나 집중하여 나 의 루틴을 이행했나? 탁월한 사람은 성공을 면밀히 분석하여 거기 서 다시금 배워서 승리할 때마다 더 발전한다.

6. 의미와 목표를 가지고 훈련하자

비행기 조종사와 의사는 특정 비행시간 혹은 수술시간을 의무 적으로 이행해야 한다. 실제로 수많은 연구가 우수한 실력과 투자 한 시간 사이의 연관성을 입증한다. 아마 스웨덴 심리학자 안데르스 에릭슨의 증명이 가장 유명할 것이다. 에릭슨에 따르면 기업가·학자·예술가·운동선수가 최고의 성과를 낼 때까지는 1만 시간이 걸린다. 그러나 양적 시간만으로는 안 된다. 학습 성장은 수용할 만한 성과 수준에 도달하는 즉시 멎는다. 아무리 늦어도 이때부터는 연습의 질이 중요하다.

행동심리학자이자 경영 컨설턴트인 오브리 대니엘스가 비슷한 재능을 가진 두 농구선수를 사례로 든다. 둘은 똑같이 한 시간을 연습한다. A선수는 공을 50번 던지고 드리블을 하고 중간중간에 다른 선수들과 장난을 치며 논다. B선수는 공을 200번 던지고, 동료선수가 골인 횟수를 세고, 실패한 공의 원인을 기록하고, 몇 분 단위로 피드백을 준다.[20] 차이는 명백할 수밖에 없다. 한 사람은 그저 훈련시간을 채우고 있는 반면 다른 한 사람은 명확한 목표를 가지고 있기 때문이다.

7. 자기 자신을 의심하자

우리는 타인의 인정을 갈망하지만, 그런 인정은 우리를 멀리까지 발전시키지 못한다. 진정한 탁월함은 눈높이에 맞는 피드백과 수정을 필요로 한다.[21] 그러므로 탁월함을 추구하는 사람은 적극적으로 피드백과 성공한 사람의 비판적 질문을 기꺼이 듣는다. 그들은 조언을 주는 사람을 존중한다. 특히 자기 입맛에 맞지 않는 조언일수록 더 귀 기울여 듣는다. 타당한 자기 의심을 통해 자만심과 과대평가의 위험을 줄이고, 아이디어의 현실성을 점검하며, 접근방식을 개선하고, 자기평가를 검열한다.

솔직히 말하자면 의존적이거나 덜 성공적인 사람들의 감탄을 받으며 자신의 가치를 올리는 일은 편하다. 그러나 아첨하는 사람들에게 둘러싸인 사람은 자기 자신을 속이게 된다. 모순과 낯선 시각을 허용하고, 자기 자신을 의심하고, 그 안에서 성장하는 사람만이 자기 자신을 넘어설 수 있다.

6

리더십

지시하지 말고, 영감을 불어넣어라

2020년 가을, 세상은 여전히 코로나에 갇혀 있었다. 이 시기에 내게 깊은 인상을 남긴 인물 세 명이 있다. 첫 번째 사람은 약간 뻔하긴 하지만, 위기 상황에서 길잡이 역할을 톡톡히 한 미생물학자 크리스티안 드로스텐이다. 두 번째 사람은 스타 피아니스트 이고어 레비트이다. 그는 거실에서 '방구석 콘서트'를 열어 인터넷에 올렸고 전 세계 수천 명이 그의 연주를 들었다. 세 번째 사람은 생활용품점 계산대에서 만난 여자인데, 이름조차 모른다. 그러나 그녀의 태도는 내게 큰 깨달음을 주었다. 그녀는 봉쇄 시기에 내가 카트에 담은 밀가루 다섯 봉지 중 세 개를 꺼내 다시 매대에 돌려놓았다.

내가 생각하는 리더는 다른 사람에게서 최선의 것을 끌어내는 사람이다. 필요하다면 대신 책임질 줄 아는 사람, 의무가 아니어도 기꺼이 앞장서는 사람. 유력 정치인이나 최고경영자만이 사람들에게 힘과 용기를 주는 건 아니다. 우리 모두 직장에서, 가정에서, 대학에서, 봉사활동에서 리더로 활약할 수 있다. 미국 6대 대통령 존 애덤스는 250년 전부터 리더의 조건을 알았다. "여러분의 행동에 영감을 받아 다른 사람이 더 많은 꿈을 꾸고 더 많이 배우고 더 많이 행동하고 더 많은 걸 해낸다면, 여러분이 바로 리더입니다."

리더는 직책이 아니다

관리와 리더십은 다르다. 둘 다 지도와 관련이 있고, 두 가지 방식을 통합하는 지도자도 있지만, 철학이 다르다. 관리자는 직원을 이끌지만 리더는 업무뿐 아니라 업무 이외에서도 탁월함에 이르도록 영감을 준다. 최선의 경우 리더는 같이 움직이는 사람들과 함께 세상을 바꾼다.

높은 직책에 있다고 해서 반드시 리더십을 갖춘 건 아니다. 몇 명을 이끌든, 그들이 관리자일지 리더일지는 그들의 접근방식에 달렸다. 관리자는 전형적인 보스이다. 사람들이 그를 위해 일하고, 그의 지시를 따르고, 그의 관심을 끌기 위해 노력한다. 당연히 관리자는 주어진 일, 눈앞에 닥친 일을 수행하고 최적화한다. 그래서 그들은 신뢰를 받고 이따금 탁월한 성과를 올리지만 세계를 변화시키는 기술 도약이나 비즈니스 아이디어를 이끄는 일은 드물다.

하지만 리더는 다르게 생각하고 행동한다. 그들은 관심사와 야망에서 동력을 얻는다. 《비즈니스 팩토리 매거진》이 명확히 표현했듯이 관리자는 대차대조표를 주시하고 리더는 지평선을 바라본다.[1] 탁월한 리더는 길을 여는 아이디어로 다른 사람들을 감탄시키고, 그들의 접근방식은 관습의 한계를 무너뜨린다. 어떤 리더들은 직책 또한 높다. 예를 들어 팀 쿡은 애플 최고경영자이다. 2019년에 애틀랜틱 카운슬(Atlantic Council)로부터 우수리더십상을 받은 크리스틴 라가르드는 유럽중앙은행(EZB) 총재이다. 어떤 리더들은 직책 없이도 단지 자신이 뭘 할 수 있는지 알기 때문에 선구자를 자처한다. 이 부류의 유명한 사례는 젊은 기후운동가들이 있는데, 베토벤의 모든 소나타를 연주할 뿐 아니라 자신의 정치 견해를 널리 알려 동지들을 점점 늘리는 이고어 레비트도 포함된다.

'미래로 가는 금요일(Fridays for Future)'이 6개월 만에 다시 더 많은 기후 보호를 촉구하며 거리로 나갔을 때, 이고어 레비트는 자신의 트위터에 이런 트윗을 올렸다. "여러분, 내일은 기후 시위의 날입니다! 함께해요. 친구와 가족을 데려오세요. 마스크와 우산을 가져오세요. 여러분을 믿어요!"[2]

레비트가 정치적 발언으로 대중의 관심을 끌고 팬층을 확보하는 것처럼 보이는가? 그럴 수도 있다. 리더십은 평판을 좋게 만든다. 다양한 사람을 끌어들이면 사업에도 이익이 된다. 그러나 다른 관점에서 보는 것이 더 맞지 않을까? 레비트는 민주주의와 기후를 보호하고 반유대주의와 소수자 차별에 반대하는 활동으로 사회적 선입견을 폭로하고 없애는 데 공헌했다. 2020년 가을, 그는 독일연방 공로훈장을 받았다.

기업, 가정, 소셜미디어, 마트 계산대 어디에서든 공식·비공식 리더의 탁월함은 사람들을 모이게 하고, 잠재력을 발휘하게 한다. 하버드대학교의 존 코터 교수는 리더십을 다음과 같이 정의했다. "변화에는 리더십이 필요하다." 어제 수준을 유지하거나, 5퍼센트 정도 개선한다고 해서 성공하기는 어려울 것이다. 앞서 생각하는 사람, 길을 넓히는 사람, 자신의 광채로 다른 사람을 움직여 열정적으로 달려들게 할 수 있는 사람이 중요한 변화를 만들어낸다.

리더십을 갖춘 사람의 활동반경은 매우 다양하다. 크게는 멀린다 게이츠처럼 여성의 권리를 강화하고 세계적 대스타들을 끌어들인다. 작게는 위기 상황에서 평소의 쇼핑 태도를 재고하도록 고객을 설득한다. 코로나 이후 드러났듯이 팀원 대부분이 갑자기 재택근무를 하게 되면 통제권자 유형의 보스들은 설 자리가 없다. 이제는 지시하는 대신 팀원을 신뢰하고 상황에 맞게 조정하고 영감을 줘야 한다.

그러나 여전히 이상과 현실은 다르다. 존 코터에 따르면 기업에 관리자는 많은데 리더가 부족하다. 당신이 경영진이든 부모든 사람들이 스스로 열정을 발휘하게 하는 것보다 세부과정에 직접 간섭하는 편이 더 쉽게 느껴진다. 우리 대다수가 어려서부터 그렇게 배웠는데 어떻게 다르게 할 수 있겠나.

헬리콥터 부모는 놀이터에서 아이들의 갈등을 해결해 주고, 숙제를 도와주고, 자식이 축구 경기에 많이 나갈 수 있게 뒤에서 힘을 쓴다. 겉으로 보이는 성공이 부모에게 정당성을 부여한다. 그러나 이런 관리에는 단점이 있다. 아무리 좋은 의도였다 해도, "너는 혼자서 그 일을 해내지 못해!"라는 메시지를 전달하는 것이다. 그것이 아이의 주도성을 저해하고 의존성을 키우며 자신감을 갉아먹게 된다.

리더와 관리자를 결정짓는 요소

우수한 관리자는 흔히 예상할 수 있는 성과들을 달성한다. 평판이 좋지 않은 마이크로 매니지먼트조차도 성과를 매우 성공적으로 보여줄 때도 있다. 이런 확실성을 무시하긴 어렵다. 계획대로 잘 진행되면 마지막에 목표한 결과가 나온다. 독일 경영 잡지《크레디트레포름(Creditreform)》에 따르면, 고전적 관리자는 뛰어난 위기관리와 최적화를 통해 "과거에 성취한 성공을 잘 유지한다."[3] 이런 능력도 중요하다. 그러나 큰 기회는 잃는다. 대담한 시도에 필요한 상상력과 영감이 부족하기 때문이다.

반면 우수한 리더는 우수한 관리자보다 성과를 더 많이 낼 수도 있고 더 적게 낼 수도 있다.

리더는 지시하지 않고, 방향만 제시하기 때문이다.

리더십은 위계질서에 따른 지시와 이행을 예외적 상황에서만 발휘한다. 리더 자리에 있는 사람이 리더십을 발휘하지 못하면 많은 사람이 아이디어에 관심을 주고, 비전의 가치를 알아차리고, 익숙한 사고방식에서 벗어나 탁월함을 보이는 것이 어렵다.

당신은 이런 현상을 경험한 적이 있을 터이다. 마을 축제 때 전문지식과 열정으로 무장한 한 이웃이 벌들을 위해 마을에 풀밭을 늘리자고 제안한다. 어쩌면 사람들이 그의 아이디어에 관심을 주어 토론을 한 뒤 몇 주 후에 한두 집이 야생화를 심고, 다른 집이 그들을 따르면서 그 수가 점점 늘어날 것이다. 그러나 사람들이 그의 제안을 한심하게 여길 수도 있다. 기발한 사업 아이디어도 비슷하다. 그것이 매우 획기적일 수도 있지만, 다른 사람들이 그것에 의욕을 보일지의 여부는 알 수 없다.

그렇더라도 리더십이 사람들을 움직이면 위대한 일이 시작된다. 리더가 넓은 안목과 카리스마로 공을 굴리기 시작하면 많은 사람의 협력과 지식이 그 공을 크게 만든다.

아무도 생각하지 않았던 일이 갑자기 생각해 볼 만한 일이 된다.

15년 전으로 시간을 돌려 보자. 당신이 그때 이미 어른이었다면, 몇 년 후에 식당과 카페에서 아무도 담배를 피우지 못할 것을 과연 예상할 수 있었을까? 5억 명 이상의 사람이 호텔 대신 모르는 사람의 집을 빌려 숙박하는 것은?[4] 스마트폰의 명상 앱을 통해 평온과 초월의 감정을 얻으리란 것은? 이런 변화의 공을 굴리기 시작한 사람들의 이름을 열거하자면, 제바스티안 프랑켄베르거, 브라이언 체스키, 앤디 퍼디컴이다. 이들은 평범한 사람이었으나 비흡연자 보호, 에어비앤비, 명상 앱 헤드스페이스를 주도했다. 이들이 보여주듯이 세상을 바꾸기 위해 반드시 돈과 권력으로 무장해야 하는 건 아니다. 그러나 관심사, 목표, 아이디어로 충분히 많은 사람을 감염시킬 수 있으면 때때로 거대한 일이 벌어지기도 한다.

그녀는 획기적인 정리 방법을 개발했고, 그 방법을 소개하는 수많은 책은 메가 베스트셀러가 되었다. 주간지 《타임》은 그녀를 세계에서 가장 영향력 있는 여성 100인으로 선정했다. 그녀의 넷플릭스 리얼리티쇼는 2019년에 에미상 여러 분야에 후보로 올랐다. 그녀의 이름은 영어 동사 'to kondo'가 되어 '과감하게 정리하다'의 동의어로 쓰인다. 정리 전문가 곤도 마리에는 누구나 할 수 있으며 또 누구나 하고 있는 일로 막대한 성공을 거뒀다. 비결이 뭘까? 그녀는 자신의 아이디어에 열정을 쏟고 사람들을 동참시켰다. 모든 리더가 그렇듯 그녀 역시 추종자들의 일을 덜어주지 않는다. 오히려 추종자들이 더 많이 활동하여 성장하도록 격려한다.

탁월한 리더십의 6가지 기준

———◆———

리더십은 변화하는 강력한 힘이자 탁월한 역량이다. 리더십의 권위는 명령권과 서열이 아니라 사람들이 그것을 믿고 따르는 자발성에서 나온다. 지도자를 지칭하는 모든 단어 중에서 '리더'가 가장 사랑받는 까닭도 이런 힘 때문일 것이다. 우리는 무의식적으로 리더를 경영진, 관리자, 최고경영자보다는 다소 낭만적으로 큰 기대, 높은 희망과 연결한다. 미래연구소는 리더를 "창조적인 사람, 인간을 존중하고 세계관이 확고하고 인간적이고 감수성 있고 호기심 많고 배움의 의지가 강한 사람"으로 설명하고 있다.[5]

리더십이라는 단어는 가치와 통찰력을 연상시킨다.

마틴 루서 킹, 테레사 수녀, 빌 게이츠 혹은 100세를 맞은 제2차 세계대전 참전 용사 톰 모어가 떠오르는 말이다. 영국의 전 육군 대위였던 톰 무어는 보행 보조기에 기대어 자신의 정원을 힘겹게 100번 오르내렸다. 그의 행동은 수십만 영국인을 움직여, 총 3000만 파운드(약 500억 원)가 넘는 돈을 의료서비스에 기부하게 했다. 톰 모어가 생각하는 리더십의 이상은 이렇다. "우리는 사람을 사랑해야 합니다. 모든 사람 안에 선함이 있음을 인식해야 합니다. 그리고 리더처럼 사람들에게서 그런 선함을 끌어내야 합니다."[6]

멋진 말이지만 쉽진 않다. 리더십은 더 탁월하고 의미 있는 관리가 아니다. 또한 리더가 무조건 도덕적으로 행동하는 것도 아니며 업무와 교육의 자율성을 자동으로 보장하지도 않는다. 독이 되는 리더도 있다. 나르시시스트, 사이코패스도 추종자들을 감탄시키는 리더일 수 있다. 정치계와 경제계를 잠깐만 떠올려봐도 고개가 끄덕여지리라. 늘 그렇듯 지혜는 중도에 있다. 역사상 가장 위대한 리더로 인정받는 사람들이 우리에게 알려 주듯이, 세상을 좋게 변화시키는 사람이 무례와 독단에서 완전히 자유롭진 않다.

스티브 잡스가 2011년에 사망했을 때, 애플은 세계에서 가장 가치가 높은 회사였다. 그는 우리가 음악을 듣고, 책을 읽고, 영화를 보고, 삶을 조직하는 방식을 변화시켰으며 사망 후 10년이 지났지만 여전히 훌륭한 모범이 되는 리더이다. 그러나 다른 한편으로 그는 지배적이고 다른 사람을 얕잡아 보았으며 화가 많았다. 성공한 기업가 리처드 브랜슨의 기억에 따르면, "스티브 잡스의 리더십 유형은 독재였다. 그는 디테일을 보는 무자비한 눈을 가졌고, 자신과 생각이 비슷한 사람들에 둘러싸여 있었다."[7] 스티브 잡스는 완벽주의에 가까운 자신의 까다로운 성격을 다음과 같이 정당화했다. "나의 임무는 사람들을 편하게 하는 게 아니라, 더 나은 제품을 만드는 것이다."

리더십은 감수성과 끌어당기는 힘을 양분으로 삼는다. 기발한 아이디어나 제품으로 기대를 한 몸에 받는 사람은 직원, 유권자, 구매자 등 사람들을 자신과 자신의 주제에 동조시킨다. 최선의 경우 리더가 보이는 모범과 소통능력이 계몽과 대규모 활동을 끌어내어 긍정적 결과를 낳기도 한다. 하지만 때로는 리더의 카리스마가 이기적으로 악용되기도 한다. 이런 리더가 성공할수록 추종자들이 광적으로 따를 위험성이 더욱 커진다.

리더십은 정서적으로 높은 영향력을 발휘한다. 좋은 쪽과 나쁜 쪽 모두. 그러므로 리더십은 전통적 의미의 지도력보다 훨씬 더 양심적으로 발휘되어야 한다.

리더와 비교하면, 관리자와 정치인의 정서적 영향력은 확실히 더 약하다. 정서적 연결이 약하면 업무 헌신성이 낮고 개인의 성장 잠재력 역시 개발되지 않는다. 또한 정서적 연결이 느슨한 사람들은 쉽게 흡수되지 않는다. 탁월한 리더는 이런 차이를 염두에 두고 자신의 영향력을 고려한다. 그들은 도덕적으로 긍정적 효과를 내는 데에만 자신의 영향력을 사용하여 사람과 사회를 발전시킨다. 그들이 자신의 재능을 도덕적으로 바르게 사용할 때만 가능한 일이다. 그 누구보다 리더에게 많이 요구되는 기준이 있다. 역사상 가장 위대한 투자자 워렌 버핏이 모든 직원과 관리자에게 권고한 그 기준이다. "예전에 누군가에게서 들었는데, 직원 채용 때 세 가지 자질에 주의해야 한다고 합니다. 정직성, 지성, 에너지. 정직성이 없으면, 지성과 에너지는 해만 끼칩니다. 곰곰이 생각해 보십시오. 당신이 부정직한 사람을 채용했다면, 그가 차라리 어리석고 게으르기를 소망하게 될 것입니다." 높은 도덕성이야말로 탁월한 리더의 핵심 특징이다.

정직성. 진정으로 탁월한 리더는 좋은 사람이려 노력한다. 올바른 일을 하고, 자신의 이익보다 조직의 이익을 먼저 생각한다. 도덕적 물음을 숙고하고 윤리적으로 행동하려는 자세는 내면에서 우러나오며 부모와 주변 사람들에 의해 각인된다.

책임감. 리더는 자기 행동의 결과에 책임을 진다. 담당 분야의 하위 영역에서 발생하는 모든 행위도 책임진다. 일이 잘못되면 그들이 책임자로 나서서 오류를 수정하고 발생한 일에서 자신의 잘못이 무엇인지 반성한다. 결코 아무것도 몰랐다며 핑계를 대거나 다른 사람을 탓하지 않는다.

같은 눈높이. 리더는 다른 사람의 의견을 열린 마음으로 듣고 다양한 성별·나이·출신·역량·입장을 통합한다. 그들은 자신의 선입견과 고정관념을 인식하고 그것을 극복하고자 애쓰며, 다양하게 구성된 집단의 성장 기회를 이해하고 이용한다.

사람 중심. 심리학자이자 철학자인 에리히 프롬에 따르면, '지배하는 힘'과 '격려하는 힘'이 있다고 한다. 탁월한 리더는 '격려하는 힘'을 이용하고, 다른 사람에게 해를 입히지 않는 방식으로 계획을 실현한다. 그들은 효율성과 기술적 가능성보다 사람과 사람의 욕구를 우위에 두지만 그렇다고 비즈니스 낭만주의자가 되지는 않는다.

개인의 성장. 리더는 자기계발을 멈추지 않는다. 그들은 끊임없이 새로운 도전 과제와 목표를 추구하고, 방해되는 습관과 신념을 식별하며, 스트레스로 생기는 자동반사를 예방한다. 부정적 충동을 인식하고 더 적합한 말과 행동 혹은 무언과 무위로 대체한다.

일관성. 리더가 윤리적으로 행동하는 이유는 그것이 현재 잘 통하거나 명성을 높이기 때문이 아니다. 소셜미디어가 온갖 실수를 대중에 널리 알리기 때문도 아니다. 그들은 365일 24시간을 자기 소신대로 살고, 법과 규칙을 준수한다.

애플 최고경영자 팀 쿡은 단순하면서도 강렬하게 리더십을 요약했다. "윤리적 리더십은 경제적 범죄 행위를 억제하는 것에 국한되지 않습니다. 그것은 윤리적 나침반에 따라 사는 것을 뜻합니다. 간단히 말하면, 받았을 때보다 더 발전시켜서 물려줘야 합니다." 이때 지속 가능성 직원과의 관계, 비즈니스 파트너와의 협력여부, 어디에 헌신할 것인가 등의 질문이 중요한 역할을 한다. "우리 애플은 그렇게 하고자 노력하고, 나도 그렇게 살고자 애씁니다."[8]

고귀한 동인

‒‒‒❖‒‒‒

탁월한 리더는 우수한 표현력부터 카리스마에 이르기까지 탁월한 소통 능력을 갖췄다. 그러나 리더십의 핵심은 내면에 있다.

탁월한 리더는 자신이 무엇을 원하는지 잘 안다. 그들은 한 가지 관심사, 한 가지 꿈, 한 가지 야망, 한 가지 메시지를 위해 열정을 불태운다.

가브리엘 코코 샤넬은 혁명에 가까운 단순한 패션으로 여성을 코르셋에서 해방하고자 했고 패션 역사를 새로 썼다. 마틴 루서 킹은 미국의 인종차별을 없애고자 했다. 스티브 잡스는 혁명적인 기술제품을 만들고자 했다. 동료들이 그의 열정을 "고귀한 동인(The Noble Cause)"이라 부를 만큼 잡스의 소망은 강렬했다.

대다수는 이런 포괄적 동인을 인식하지 못하고 자신이 정말로 무엇을 지지하는지 표현하지 못한다. 명확한 목표를 가지고 회의나 협상에 임하는 사람은 비록 자신의 아이디어로 세계를 흔들진 못하더라도 비공식적으로 리더 역할을 하게 된다. 미래지향적으로 생각하는 사람은 다른 사람들이 흥분해서 논쟁하는 동안 이미 모든 장단점을 파악해 둔 상태이다. 그들은 무슨 일이 일어나고 있고 기술이 어떻게 적용되어야 하며 어떤 주장으로 상대를 설득할지 미리 생각해 두었다. 그래서 아이디어가 없거나 정보를 제대로 파악하지 못한 사람들은 그들의 제안을 기꺼이 받아들이게 된다.

리더가 사람들을 움직일 수 있는 건 다른 사람들이 아직 주저하고 있을 때, 이미 고유한 견해와 아이디어, 비전을 가졌기 때문이다. 이런 명확함은 VUCA 세계에서는 매력적으로 보인다. 어찌어찌 찾은 비상 해결책이 아니라 대단한 아이디어로 느껴진다면 더더욱 매력적으로 보인다.

> 엘프필하모니는 감탄을 불러일으킨다. 그러나 많은 사람이 모르고 있는 것이 있다. 함부르크 시당국은 원래 그 자리에 '메디아시티포트'라는 이름의 사무단지를 조성하고자 했었다. 그러나 건축가 알렉산더 제라르와 야나 마르코 덕분에 계획이 수정되었다. 2001년에 두 건축가는 함부르크 시의회에 화제의 중심에 있는 항구 최적의 위치에 콘서트홀을 만들자고 제안했다. 시의회는 회의적으로 반응했지만 두 사람은 물러서지 않았다. 그들은 지지자를 동원했고, 스위스의 대표 건축사무소인 '헤어초크 & 드 뫼롱(Herzog & de Meuron)'에 설계를 의뢰했다. 오래된 낡은 창고 위에 유리 건축물을 올리는 설계는 모든 이에게 전율을 주었고, 제라르와 마르코의 비전은 2016년 11월에 마침내 현실이 되었다.[9]

다른 사람에게 영감을 주어 같은 목표를 추구하고 끌어당기는 힘은 언제나 리더의 내적 동인에서 나온다. 소명의식은 눈에 보이지 않을 만큼 작을 수도 있고 세상을 바꿀 만큼 클 수도 있다. 또한 대중의 관심이 집중될 수도 있지만 그와 반대로 드러나지 않은 채 감춰져 있을 수도 있다. 소명의식은 기업을 새로운 길로 안내한다. 어린이를 돕고, 소수자의 권익을 대변하며 지역 발전에 이바지할 수 있으며, 사람들을 연결하고, 주저하는 동료를 설득하여 동참시키는 한편 직장이나 사생활 환경에 신뢰 분위기를 조성할 수 있다. 소명의식은 돈과 명예를 중심에 두지 않고 우선시하지도 않지만 리더십을 발휘하면 돈과 명예가 따라올 수는 있다.

> "정치와 사회에 과학적 사고가 뿌리내리는 데 힘을 보태고 싶다."
> 스타 화학자, 마이 티 응우옌 킴은 자신의 관심사를 이렇게 정의했다. 박사학위 취득 후 MIT와 하버드에서 공부한 이 33세의 화학자는 "취미처럼 재밌게 즐겨보자!"라는 마음으로 유튜브에 과학 채널을 열었다. 이 채널의 인기는 독일국영방송국의 관심을 끌었다. 응우옌 킴은 크게 성공하여 두 번째 유튜브 채널 '마이랩(Mailab)'을 열었고, 과학 방송「쿼크스(Quarks)」의 사회도 맡았다. 2020년 가을에는 팬데믹 상황에서 펼친 과학교육 활동을 인정받아 독일연방 공로훈장을 받았다.[10]

타인을 끌어당기는 리더의 힘은, 다른 사람들도 동의할 만큼 매력적이고 강력한 관심사에서 비롯된다. 어떤 사람이 동력이 될 때도 있다. 예를 들어 우수한 기술 명장이 실습생에게 깊은 인상을 주어 기술자를 꿈꾸게 할 수 있고, 한 사람의 관심사로 시작된 일이 수천만 명의 사고와 행동을 변화시킬 수도 있다. 마이 티 응우옌 킴은 수백만 구독자가 과학에 매료되게 만들고 있다.

리더십의 시작에는 크든 작든 관심사가 있다.

리더의 관심사는 나머지 모든 뒷일의 기반이 되며, 같은 관심사를 가진 사람들을 끈끈하게 연결한다. 그러나 그러려면 탁월한 소통능력이 필요하다. 긍정적 소통 없이는 더 큰 형태로 확장하지 못한다.

신뢰는 일관성을 기반으로 한다

———— ◈ ————

리더십은 어디에서나 발휘된다. 회의실, 식당, 휴게실, 거리 등. 사람들과 같이 있을 때면 언제든지 가능하다. 로마 정치인 마르쿠스 포르키우스 카토 수준의 일관성이 반드시 있어야 하는 것도 아니다. 2000년이 지난 지금까지 카토는 자신의 관심사를 일관되게 세상에 알렸다. "아무튼, 나는 카르타고를 무너뜨려야 한다고 생각합니다." 카토는 로마의회에서 연설할 때마다 그날의 회의 주제와 상관없이 언제나 이 문장으로 끝맺었다고 전해진다. 카르타고 함락 성공이 카토의 관심사에 정당성을 부여했다. 그의 관심사가 옳으냐 그르냐와 상관없이, 우리는 오늘날에도 그를 모범 삼아 이해하기 쉬운 일관된 메시지를 낼 수 있다.

반대로 오늘은 이 얘기, 내일은 저 얘기를 하는 사람은 잘해야 역량만 인정받을 것이다. 의사소통 관점에서 다양성과 일관성의 관계는 잡화점과 전문점의 관계와도 같다. 전자는 임의의 효과를 내지만 후자는 특별한 효과를 낸다.

역량을 갖췄을 뿐 아니라 한 주제를 일관되게 다루는 사람은 추종자를 얻을 수 있고 유명해질 수 있으며 이상이 될 수 있다.

추리소설 작가 도나 레온의 문학적 성공은 일관성을 기반으로 한다. '평등'을 늘 입에 달고 사는 멀린다 게이츠의 글로벌 리더 역할도 마찬가지이다. 여성의 권리나 백신 공급 혹은 공정한 임금을 주장하든, 롤모델인 루스 베이더 긴즈버그를 언급하든, 멀린다 게이츠는 모든 연설과 게시물, 인터뷰에서 '평등'을 얘기한다.

미시간대학교 사회여론 연구소의 킴벌리 위버가 반복의 효력에 대해 연구했다.[11] 대학생 수천 명을 대상으로 조사한 결과, 어떤 아이디어를 자주 들을수록 그에 대한 효력이 커진다는 사실이 밝혀졌다. 흥미롭게도 얼마나 많은 사람이 주장하느냐 혹은 같은 사람에게 듣느냐는 중요하지 않았다. 어떤 식으로든 여러 번 반복해서 들은 메시지는 기억에 남는다. 반복해서 들은 내용은 언젠가부터 당연해지고 신뢰가 생긴다. 신뢰는 리더십에서 가장 중요한 재산이다.[12]

탁월한 리더들은 이것을 활용한다. 그들은 이해하기 쉬운 메시지 하나를 모든 채널을 통해 다양한 맥락으로, 그러나 일관되게 전달한다. 모든 발언에 의도적으로 특정 핵심 단어와 기본 아이디어를 언급한다. 그들은 긍정적이고 위대한 단어를 반복 사용하여 자신의 비전을 널리 알린다.

공감·학습·혁신은 디지털화의 '버즈워드(유행어)'에 속한다. 그러나 사티아 나델라가 요구하는 공감·학습·혁신은 남다른 신뢰를 받는다. 일관되게 주장할 뿐 아니라 개인의 삶이 그것을 뒷받침하기 때문이다. 나델라는 자신의 관심사를 끈질기게 말과 글로 표현할 뿐 아니라 온몸으로 보여준다. 공감을 불러일으키는 외모에서 정치적 관용과 연민에 이르기까지, 그의 모든 말과 행동은 그가 지지하는 가치를 보여준다. 마이크로소프트 최고경영자는 그렇게 자기가 이끄는 기업에서 강력한 입지를 구축한다. 그가 일관된 메시지를 보내기 때문에, 미디어도 일관되게 그의 메시지를 전달한다.

어쩌면 당신은 늘 같은 주제와 단어의 반복을 지루하게 느낄수 있다. 또 어쩌면 한 영역에 묶여 있지 않고 다양한 영역에서 활동하고 싶을지도 모른다. 그렇다고 당신의 직업적, 인격적 탁월함이 꼭 하락하는 건 아니다. 그러나 다른 사람의 마음을 움직여야, 그에 따른 중요한 변화를 성취할 수 있다. 그러려면 먼저 다른 사람이 당신의 관심사를 명확히 알 수 있어야 한다.

인스타그램처럼, 당신의 계정이 주로 무엇을 제공하는지 팔로워들이 한눈에 알아볼 수 있어야 한다. 최고의 채널은 아무 사진으로 채워지지 않는다. 유사한 모티브나 주제가 다양한 버전으로 소개되지만, 팔로워들이 익숙하게 느끼도록 사진을 편집하고 필터링하며 색을 입힌다.

유명한 리더들도 이와 비슷한 방법을 쓴다. 그들에게서 특정 관심사를 연상하게 하는 것이다. 드로스텐─미생물학자, 툰베리─환경운동가, 곤도─정리 전문가. 로마 정치인 카토 역시 이 유형에 속한다.

늘 그렇듯, 단 한 사람만이 특정 분야의 얼굴로 인식된다.

그러나 아직 두 번째 가능성이 있다. 태도와 열정, 가치관으로도 명확한 입장과 연결될 수 있다. 사티아 나델라와 게이츠 부부, 그리고 오바마 부부가 이 유형에 속한다. 그들이 어떤 주제를 지지하든 그들이 제시하는 방향은 언제나 더 좋고, 더 공정하고, 더 품위 있는 세상을 가리킨다. 그들은 우리의 시야를 넓혀 더불어 살아가는 삶을 생각하게 한다. 성찰 없는 충동이 아니라 가치관을 근거로 반응할 때 우리가 무엇을 해낼 수 있는지 보여준다.

트럼프가 코로나 확진을 받았을 때 전 세계가 고소하다는 듯 비웃었다. 그러나 버락 오바마의 트윗은 달랐다. "미셸과 나는 대통령과 영부인 그리고 전국의 코로나 확진자 모두가 필요한 치료를 받고 빨리 회복되기를 기원합니다."[13] 오바마는 자신이 가장 잘하는 일을 했다. 즉, 모범을 보인 것이다. 상대와 적에게도 인간의 위대함을 보여주는 모범 말이다.

결과를 바꾸는 긍정적 비전

운동선수는 머릿속 시뮬레이션으로 훈련 효과를 극대화한다. 머리로 진행한 신체 훈련 과정으로도 실력을 최적화하는 것이다. 복잡한 요가 자세를 완벽하게 해내는 모습이나 축구의 승부차기에서 성공한 모습, 골프 퍼팅을 하는 모습, 트로피를 손에 든 모습 등을 상상함으로서 이루어진다.

2020 브리티시 여자 오픈. 당시 골프 세계 랭킹 304위였던 소피아 포포프는 결승 초반에 세 타를 앞서고 있었지만 그다음 첫 번째 홀 티타에서 실수를 하여 보기로 출발했다. 《포브스》 인터뷰에서 그녀는 실수 후 어떻게 마음을 다독였는지 말했다. 그녀는 자신과 대화했다. "긴장했다는 거 알아. 이렇게 시작하고 싶지 않았겠지. 하지만 첫 번째 홀에서 파를 기록할 좋은 기회를 만들었었잖아. 그린에 올린 타는 아주 좋았어. 퍼팅도 훌륭했고. 홀에 거의 들어갈 뻔했잖아. 넌 우승에 필요한 모든 것을 가졌어."[14] 포포프는 첫 번째 홀 실수 후 줄곧 의연하게 결승전을 치렀고, 독일인 최초 메이저대회 우

승자가 되어 필드를 떠났다.

정신 훈련은 성공적인 훈련 과정과 우승 장면을 시각화할 때 의미가 있다. 그래서 코치 역시 선수들에게 경기에서 해내야 할 일은 많이 말하고 하면 안 되는 일은 적게 말한다. 그러나 우리는 실생활에서 그 수준에 이르지 못한다. 우리는 위험을 알아차리고 문제를 식별하는 연습이 아주 잘 되어 있어서 무엇이 위협적이고 어디가 약점인지는 잘 알고 있지만, 나를 포함한 대다수는 긍정적 어휘에서 기쁨보다는 불신을 더 많이 느낀다.

성공을 크게 감사하며 기뻐하는 일은 우리에게 낯설다.
좋게 포장해서 말하는 것을 위선으로 간주한다.

겸손과 합리성은 오랜 전통으로 남아 있다. 리더 위치에 있는 사람에게도 깊이 뿌리내려 있기에 독일에서는 리더가 자부심이나 자신감을 조금만 과하게 표현해도 불쾌한 눈빛을 받는다. 코로나 겨울, 부족한 교사 수로 정상 수업을 보장할 자신이 없는 교장이 누구나 예상할 수 있는 뻔한 발표를 한다. "학교는 구조적으로 교사 부족에 직면했고, 상부에서는 긴장 상황이라 말합니다." 도전 과제가 클수록 긍정적으로 사람들에게 길을 제시하려면 특별히 섬세한 감각과 새로운 언어가 필요하다. 그러나 그런 새로운 언어는 하룻밤 사이에 갑자기 배울 수 없다.

우리는 독일에서 다음과 같은 직설화법을 내면화했다. "현재 고객의 30퍼센트는 우리를 다른 사람에게 추천하지 않을 것입니다. 우리는 그것을 개선해야만 하고, 개선의 여지가 충분히 있습니다." 이런 패턴이 뇌에 깊이 자리했다. 그래서 대다수는 아래와 같은 긍정적인 표현들을 어색해하고 주도적으로 입에 올리지도 않는다. "현재 고객의 70퍼센트는 우리를 다른 사람에게 추천할 것입니다. 그것은 대단한 결과이고 여러분 모두가 그것에 공헌했습니다. 우리의 고객은 여러분의 분석 능력과 안정적 운영을 높이 평가합니다. 나는 이런 도약을 여러분과 함께하고자 합니다. 그것을 위해 나는 앞으로 몇 주 동안 여러분의 아이디어를 듣고 싶습니다."

리더의 화법이 문제를 윤색하는 것 같은가? 그렇게 생각하더라도 잘못은 아니다. 그저 미심쩍게 들리는 것이리라. 우리는 정공법으로 잘못을 고치고 마음에 있는 말을 그대로 표현하는 데 익숙해져 있다. 애석하게도 이때 중요한 것을 놓치게 된다. 우리가 약점에 대해 말하면 상대에게 감춰야 마땅한 그것을 더욱 강조하여 전달하게 될 뿐이다. 부정적 단어들은 나쁜 연상을 활성화하여 예전에 들었던 비판이나 부당한 대우가 떠오르고 불쾌감이 퍼지도록 만드는데, 이런 감정은 말하는 사람에게 향한다. 부정적 발언의 긍정적 효과는 하나뿐이다. 그런 발언에 익숙해지는 것이다. 그렇지만 아무리 익숙해져도, 거기서 힘을 얻지는 못한다.

반면 자주 신뢰를 표현하면 반대의 효과가 난다. 이미 이룩한 성과나 긍정적 중간 단계로 눈길을 돌리게 되는 것이다. 도파민과 세로토닌 같은 행복 호르몬이 활성화되어 낯선 관점을 수용하고 혁신적 아이디어를 개발하려는 의지가 자란다. 뇌는 기쁨과 평온함에 맞춰 프로그래밍이 되어 있기 때문이다. 그럼에도 긍정적 언어나 칭찬에만 안주할까봐 걱정된다면 다른 측면을 살펴보자.

리더는 긍정적 비전과 감정으로, 모호하게 떠 있던 대상을 명확한 그림으로 표현한다. 그러면 대화 상대는 무엇이 기대되고 예상되는지 읽어낸다.

칭찬하고 감사하는 말은 방향을 제시하며 용기를 주고 자신감을 높인다. 하버드 비즈니스스쿨의 한 연구는 가치 인정이 얼마나 강한 박차를 가해 더 높은 성과를 내도록 하는지 알려준다. 실험 참가자들은 아이큐테스트 문제를 풀어야 했다. 절반은 테스트 전에 친구나 친척으로부터 이 시험을 위대한 성공의 순간으로 묘사하는 이메일을 받았다. 그 결과, 이메일에서 힘을 얻은 참가자들은 비교 집단보다 스트레스를 덜 받았고 더 창의적으로 문제를 풀었다. 격려를 받은 참가자 중 50퍼센트가 양초 문제를 해결했다. 양초 문제는 압정 상자를 이용해 불타는 양초를 나무 벽에 고정하여 촛농이 떨어지지 않게 하는 방법을 찾는 것이다. 비교 집단에서는 단 20퍼센트만이 양초 문제를 풀었다.[15] 긍정적 소통은 희망찬 상상을 현실로 만드는 최고의 도구이다.

리더십 언어 배우기

———— ✦ ————

"리더십 언어 학습은 완전히 다른 사람으로 변하는 일이다."
캘리포니아의 경영 컨설턴트 실비아 라페어는 이렇게 말했다.[16] 발
전할 준비가 된 사람만이 '현재 상태'에 고정된 익숙한 언어를 '미
래'를 지향하는 표현방식으로 바꿀 수 있다. 달성하려는 시나리오
에 주의를 집중하려면 열린 마음과 수많은 실험이 필요하다. 그 과
정에서 사람들을 끌어당기고 동기를 부여하게 된다. 미국 26대 대
통령 시어도어 루스벨트는 이런 패러다임의 전환을 한 문장으로
설명했다. "리더는 앞서 나가고, 보스는 뒤에서 추동한다." 리더는
인간적인 욕구를 중시하고 연대감과 성장, 흥미로운 업무와 공동
의 성공을 추구하는 한편 보상 대신 감탄하고 위협 대신 격려하며
감시 대신 설득한다. 리더십 언어의 대표적 화법을 살펴보자.

가치를 인정한다. 리더는 다른 사람의 가치를 인정하고 존중하는
방식으로 소통한다. 자주 감사를 표하고, 모두에게 발언 기회를
주는 동시에 그들의 말을 경청한다. 성공을 자기 혼자의 공으로
돌리지 않고 다른 사람의 공헌을 인정하며 같이 애쓴 동료의 이
름을 알린다.

노벨물리학상을 수상한 라인하르트 겐첼은 이런 화법으로 막스플
랑크 외계물리학 연구팀의 공헌과 능력에 경의를 표했다. "우리의

연구 결과는 바로 이 연구팀 덕분입니다. 나는 이들을 챔피언스리 그 팀이라 부릅니다. 전 세계 모든 대학에서 즉시 교수로 모셔가도 될 만큼 아주 훌륭한 분들입니다."[17]

친근하다. 인간은 자신과 동일시할 수 있는 사람을 따른다. 그러 므로 탁월한 리더는 개인적으로 빛을 내되, 평범한 사람처럼 소탈 한 모습을 보인다. 고상하지 않고 모두가 공감할 수 있는 취향은 연대감을 높인다.

시모네 멘네는 BMW, DHL, 헨켈(Henkel) 등에서 요직을 두루 지 냈는데, 독일 일간지 《타게스슈피겔》 인터뷰에서, 멘네는 어머니를 위해 꽈배기 빵을 굽는 중이라고 말했다. 이에 기자가 물었다. "마 흔 살 때도 사적인 얘기를 그렇게 솔직히 털어놓았을까요?" 시모네 멘네가 한 대답에서 시대와 소통방식의 변화를 확인할 수 있다. "그 때라면 내게는 어머니를 돌보는 일이 아주 중요하다는 정도로 말했 을 거예요. 빵 얘기는 빼고요. 사실 수십 년 전부터 늘 집에서 빵을 만들었지만 말이죠. 나는 뜨개질도 아주 좋아하는데, 아무도 내 말 을 믿어주질 않아요."[18]

구체적이다. 경제계든 정치계든, 리더는 이해하기 쉽게 구체적으 로 말하고 쓴다. 알맹이 없는 인용구나 장대한 표현으로 부풀리지 도 않는다.

힐러리 클린턴은 모교 웰즐리대학교의 2020년 졸업식 연설에서 당부했다. "좋은 친구는 힘든 시기에 여러분을 돕습니다. 그러니 관계를 유지하세요. 잊지 말고 고마움을 표현하세요. 단추 다는 법을 배우세요. 읽거나 말할 때 모든 내용의 출처를 확인하세요. 대통령 선거뿐 아니라 모든 선거에 투표하세요. 과학을 믿고 예방접종을 받으세요. 손을 씻으세요. 뭘 해도 도움이 안 되면, 명상이나 요가 호흡을 해보세요. 나는 도널드 트럼프와 토론할 때마다 그렇게 했어요. 내 말을 믿어보세요. 스트레스를 다루는 데 아주 좋아요."[19]

희망차다. 리더는 미래 비전을 아름답고 다채롭게 채색한다. 머릿속에 영화가 펼쳐지는 것처럼 선명하고 용기를 주는 언어 상징을 이용한다. 때때로 지나치게 격정적으로 들릴 수도 있지만, 사람들을 끌어당기기에는 이성적 표현들은 너무 밋밋하다.

전 독일 총리 앙겔라 메르켈은 결코 장대하게 말하는 사람이 아니다. 코로나가 심각해지기 전, 개인의 자발적 자제가 중요했던 시기에 메르켈은 연방의회 연설에서 전에 없이 희망에 찬 모습을 보였다. "우리가 알던 일상이 반드시 돌아오리라 확신합니다. 파티가 다시 열리고, 클럽과 극장과 축구 경기장이 다시 사람들로 붐빌 것입니다. 얼마나 기쁠까요!"[20]

성찰적이다. 리더는 입에서 나오는 대로 그냥 말하지 않는다. 그들은 자신의 발언이 사람들에게 영향을 미친다는 사실을 잘 알고 있다. 그래서 자신의 의도를 가장 잘 전달할 표현을 오래 고민한다. 리더는 정신이 유연해야 하고, 보통 사람들보다 더 많이 성찰해야 한다.

기회를 지향한다. 리더는 순진하지도 낙천적이지도 않다. 그들은 문제를 인식하고, 잘못될 수 있는 모든 일을 관리하고 신경 쓴다. 또한 그들은 문제의 사슬에서 재빨리 벗어나 생산적 분위기를 만들 줄 알고 힘든 시기에도 일에 집중할 줄도 안다.[21]

독일의 지휘자 요아나 말비츠는 잘츠부르크 축제의 데뷔 무대 직전에, 코로나 상황에 데뷔하는 기분이 어떠냐는 질문을 받았다. 그녀는 처음엔 짧게 답했다. "지금 가장 중요한 일은, 코로나와 관련해 아무 일도 일어나지 않는 거죠." 그다음 반전이 있었다. "어쨌든 축제가 열려서 너무 기쁩니다. 마침내 다시 모차르트와 슈트라우스를 듣는군요! 인터넷 스트리밍이 아니라, 마침내 라이브로 음악을 듣는 거예요."[22]

진정성이 있다. 거짓을 말하거나 가짜 뉴스를 퍼트리는 사람은 부자이거나 권력자일 수는 있어도 탁월한 리더는 아니다. 길을 제시하는 사람은 정직성의 모범이 되어 다른 사람에게 영감을 준다. 그들은 자신의 실수를 포함하여 모든 실수를 투명하게 드러내, 앞으로 같은 실수를 반복하지 않게 한다. 그렇기에 대화 상대는 올바른 정보를 온전히 받았다고 믿을 수 있다.

암시적이다. 리더는 수치, 팩트로만 메시지를 전달하지 않는다. 자신이 실제 경험한 이야기로 이해와 변화를 효과적으로 끌어낸다. 스토리텔링으로 복합적 진실을 전달하고 사람들이 깊이 생각하도록 유도한다.

도널드 트럼프는 미국 대통령 선거 결과에 불복하고 대통령직을 넘기는 공식 일정인 신임 대통령 가족의 백악관 초청을 거부했다. 이때 43대 대통령 조지 부시의 딸 제나 부시 헤이거가 인스타그램에 사진 세 장을 올렸다. 그녀와 그녀의 어머니, 그리고 쌍둥이 동생이 12년 전에 새로 선출된 대통령 버락 오바마의 어린 딸들에게 백악관을 보여주는 사진이었다. "최고의 숨바꼭질 자리, 영화관, 볼링장… 그리고 곧 그들의 것이 될 방들."[23] 추억의 사진들은 백만 명 이상의 팔로워가 현 상황과 비교하게 만들었다. 30만 명 이상이 이 게시물을 클릭했고, 거의 1만 명이 댓글을 달았다.

놀랍도록 다르다. 어떤 사람에게는 그저 초콜릿바이지만 어떤 사람에게는 세계에서 가장 긴 초콜릿이다. 듀플로 초콜릿바의 광고 카피는 같은 사물을 얼마나 다르게 표현할 수 있는지 보여준다. 리더십 소통에서도 생각의 틀에 변화를 주는 것이 중요하다. 불안감이 아니라 힘을 주는 소통으로 방식을 바꾸면, 재미없는 루틴 업무조차 흥미진진한 시합으로 변할 수 있다.

화학자 마이 티 응우엔 킴은 유튜브채널 '마이랩'을 통해 젊은 사람들과 소통한다. 응우엔 킴은 독일 뉴스 프로그램 「호이테 저널」의 클라우스 클레버에게 코로나 정책에 관한 남다른 의견을 밝혔다. 코로나 정책을 '전권 부여'로 인식할 수 있다는 것이다. 바이러스가 만약 생각할 줄 안다면 무슨 생각을 할까, 하고 그녀는 때때로 상상한다고 한다. "아마 이렇게 생각할 테죠. '인간들은 쾌락을 원해. 그래서 기꺼이 파티에 나가지. 우리에게 이보다 더 좋을 수는 없어!' 그러니 인간은 바이러스에게 보여줘야 해요. 그들이 숙주를 잘못 골랐음을 알려줘야 해요. 우리 인간은 원래 재수 없을 정도로, 어려운 상황에 잘 적응하니까요." "하지만 적응하는 데는 희생이 따릅니다." 클레버가 지적했다.[24] 맞는 말이지만, 클레버의 이런 표현은 옳은 일을 하려는 의지보다 저항 심리를 부추긴다.

강력한 영향력을 가지는 방법

———— ❖ ————

"나에게 한 번 더 삶이 주어진다면, 나는 초봄부터 늦가을까지 맨발로 걸으리라." 내가 제일 좋아하는 미국 시인 돈 헤럴드의 문장이다. 나는 여기에 두 번째 계획을 추가하고 싶다. 한 번 더 삶이 주어진다면, 아무리 늦어도 대학 첫 학기에 탁월한 '온라인 자아'를 구축할 것이다. 평판뿐 아니라 영향력도 있는 존재로! 둘이 합쳐지면 점점 넓어지고 명성이 높아지는 무대에 올라 나의 관심사와 가치관만으로도 전 세계 사람들, 미디어와 연결될 수 있다. 온라인의 최고 장점은 누구나 사고를 이끄는 리더로 활약할 수 있다는 것이다. 최고 직책도 유명한 이름도 필요하지 않지만 그 결과로 지위 상승, 경력 도약, 매출 증가 등을 얻을 수 있다.

> 1989년생 알렉산드리아 오카시오코르테스는 미국 최연소 여성 의원이다. 브롱크스 출신의 무명 정치인이었지만, 그녀는 언론의 지원이 없는 상태에서도 온라인상에서 하나의 브랜드로 자리 잡았다. 그녀는 2019년에 워싱턴의회에 입성했는데, 그사이 모든 기록을 갈아치웠다. 2020년 가을에 트위터 팔로워는 900만 명이었고 인스타그램 팔로워는 거의 700만 명이었다. 그녀는 소셜미디어를 통해 자신의 정치 아젠다를 확실히 더 유효하게 만들었다. 민주당과 언론이라는 우회로 없이 수많은 사람과 직접 소통하고 있다.

디지털화는 지도 문화를 흔들어 놓았고 리더의 과제도 바꾸었다. 리더는 사람들이 목표에 감탄하고 능력을 키우도록 이끌어야 한다. 고전적 의미의 지위나 직책을 잃더라도, 수천 수백만 팔로워들의 잠재력을 활성화하는 재능은 큰 의미가 있다. 글이나 영상, 댓글 등으로 사람들에게 힘을 주고 중대한 토론을 불러일으키는 사람은 수익을 올리고 명성을 누릴 자격이 있다. 또한 이들은 광범위한 영향력을 더욱 강화하고 독립성을 확보한다. 그러니 직업, 직위혹은 경력에 너무 집착할 필요가 없다.

이사직은 잃을 수 있다. 하지만 사고 리더십은 남는다.

소셜미디어에서 우리는 최고의 존재가 될 수 있고 트렌드를만들 수 있으며 다른 사람과 사회에 유용한 일을 할 수 있다. 그러나 부정하기 힘든 사실이 있다. SNS에서 가장 큰 영향력을 가진 사람들은 이미 현실 세계에서도 최고 위치에 도달한 사람들, 즉 최고경영자, 노벨상 수상자, 예술가일 확률이 높다. 그렇더라도 탁월한리더십은 모든 차원에서 발휘된다. 이때 여론을 주도하는 리더십이 먼저인지 아니면 현실에서의 승진이나 창업 혹은 언론의 관심이 먼저인지 명확히 말하기는 어려운데, 대개 둘의 결합이다.

심리학자 에바 블로다레크는 자신의 유튜브채널 'Dr. Wlodarek Life Coaching'에서 일상적인 심리학 질문들을 다루는데, 게시물하나 당 최대 10만 회 이상의 조회 수를 기록하고 있다.[25] 중등학교수학교사이자 교장인 카이 슈미트는 몇 년 전부터 유튜브에서 확률계산과 포물선을 강의한다. 그의 학습 채널은 여름에 50만 구독자를 기록했으며 약 6000만 명이 영상을 보았다.[26] 출판업자 카타지나 몰볼프는 링크드인에서 '매정한 어미'라는 표현을 비판하며 토론의 장을 열었다. 이로 인해 그녀는 독일, 오스트리아, 스위스에서 2019년 최고의 목소리 25인에 선정되었다.[27]

소셜미디어의 영향력으로 무엇을 하느냐는 우리 손에 달렸다. 우리의 이야기를 우리가 완전히 통제할 수 있기 때문이다. 훌륭한 인플루언서는 자신의 지식과 가치관으로 사람들을 격려하고자 노력한다.

그러나 혐오 표현과 가짜 뉴스 역시 금지할 수 없다. 인터넷의 정보 권력은 거의 절대적이다. 그러므로 리더는 막대한 책임감을 느껴야 한다. 사람들은 인터넷상의 모든 인물 중에서 그들을 가장 신뢰하기 때문이다. 인플루언서나 전문가와 사고 리더 사이의 경계선은 비록 흐리나 차이는 있다. 사고 리더는 누구도 따라잡을 수 없이 높은 역량으로 가장 넓게 영향력을 미친다. 인플루언서는 높은 팔로워 수로 영향력을 행사하지만 비교적 평범한 주제를 다룬다. 전문가는 그 반대이다. 그들은 복잡하고 전문적인 특수 주제를 다루지만 팔로워 수는 적다.[28]

높은 명성과 넓은 영향력이 결합하여 사고 리더에게 권위를 부여한다.

사고 리더는 탁월함을 보여 사람들이 주제를 깊이 생각하는 한편 더 나은 미래를 위해 노력하고, 스스로를 공동체에서 꼭 필요한 존재로 여기도록 만든다. 우주비행사이자 국제우주정거장(ISS)

사령관인 크리스 해드필드는 이렇게 결론 짓는다. "리더십은 개인의 광채나 영광과는 전혀 무관하다. 리더십이란 다른 사람이 성공할 수 있게 기반을 놓은 뒤 뒤로 물러나 그 사람이 빛나게 하는 것이다."[29]

탁월함의 비밀 ⑤
: 새 시대의 리더십을 위한 7가지 태도

방향을 제시하려면 지식보다 상상력과 창조력이 더 많이 필요하다. 철저한 계획과 통제가 구식으로 느껴지는 세상에서 사람들을 발전시키기란 간단하지 않다. 그러나 어디에서 시작할 수 있을지 안다면 가속이 붙을 것이다.

1. 리더답게 소통하자

소통은 가장 중요한 리더십 역량이다.[30] 미래 비전을 제시하려면 연설 기술과 강력한 어휘력이 필요하다. 사람들은 신뢰가 가고 동참 의지가 생길 때만 낯선 길로 들어선다. 우수한 수사 능력보다 사소한 행동방식에 답이 있다. 이를테면 감사한 마음 표현하기,

관심 보이기, 변명 들어주기, 사과하기 같은 것이 있다. 다음 표현들은 동참 의지를 불러일으킨다. '당신 생각은 어때요?' '해결책을 찾는 데 얼마나 걸릴까요?' '훌륭한 여러 아이디어에 감사합니다.' '대단한 결과군요.' '여러분의 작업을 지원하고 싶은데, 무엇을 하면 좋을까요?' 탁월한 리더는 사람들에게 효능감을 주고 가치를 인정받는 기분이 들게 한다.

2. 언행일치

탈세, 분노 조절 실패, 공금 횡령. 지위가 높은 사람들은 다른 사람보다 더 뻔뻔스러운 경향이 있다.[31] 말과 행동이 일치하지 않는 사람들은 여전히 존재하고 있다. 물을 마시라고 설교하면서 정작 자신은 포도주를 마시는 사람들 말이다. 하지만 탁월한 리더는 다르다. 그들은 자신의 가치관을 체화하고, 다른 사람에게 기대하는 것을 먼저 모범으로 보인다. 경영 컨설턴트 존 맥스웰의 말처럼 "리더는 길을 알고 길을 가며 길을 안내하는 사람이다." 단순한 공식이지만 이 공식을 삶에서 실천하는 사람은 최선의 결과를 낼 수 있는 토대를 마련할 수 있다.

3. 긍정 에너지를 확산하자

탁월한 리더는 분위기를 압도하지 않고 지휘자처럼 톤을 조절한다. 사람들은 리더의 행동과 기분을 관찰하고 리더의 가치관과 행동방식을 기준 삼는다. 당신이 말과 행동으로 기쁨과 용기, 신뢰를 준다면, 당신의 주변 사람들도 당신과 똑같이 행동하고 그것에 힘입어 두려움과 거부감을 극복한 뒤 성장하게 될 것이다. 일회성 동기부여 강연은 이렇다 할 효과를 내지 못한다. 신뢰를 쌓는 수많은 몸짓과 활동의 결과로 당신은 수많은 동료를 얻을 수 있다.

4. 올바른 일에 앞장서자

탁월한 리더는 확실한 윤리적 기준을 세운다. 그들은 자신뿐 아니라 직원과 팔로워의 행동에도 책임을 진다. 작은 부정과 선을 넘는 행동을 교정하는 일도 리더의 과제이다. 어떤 직원이 동료를 희생시켜 자기를 돋보이게 하려 할 때에는 리더가 개입해야 한다. "리사, 그 지점을 다시 지적해 주니 반갑네요. 이미 안나가 아주 잘 파악하고 있더군요. 안나, 더 깊이 발전시켜 봅시다." 즉흥적 개입 못지않게 구조적 정책도 중요하다. 탁월한 리더는 직원들이 윤리적으로 올바른 길을 선택하도록 격려하고, 안전함을 느끼도록 목표·기대·지원 시스템을 구성한다.

5. 자기 성찰을 하자

탁월한 리더십에는 봉사의 측면이 있다. 다른 사람을 지적으로 자극하고, 더 까다로운 업무로 성장시키려면 자신을 희생해야 하는 위험이 따른다. 그러므로 자신의 위치를 주의 깊게 살펴야 한다. VUCA 세계가 요구하는 리더는 자신의 이익 추구와 다른 사람에게 힘을 주는 일 사이에서 건강한 균형을 유지한다. 그러니 스스로 착취의 희생자가 되지 말고 당신과 비슷하게 성공한 사람들의 커뮤니티에 참여하라.[32] 자신의 브랜드 가치를 높이고 사고 리더로서 소셜미디어에 강력한 플랫폼을 구축하라.

6. 의도와 행동을 분리하자

리더는 초인이 아니다. 리더도 스트레스를 받고, 다른 모든 사람처럼 선입견이 있다. 그러나 그들은 '쇼타임'을 안다. 구내식당, 파티, 주차장 등 어디에서나 그들은 무대에 오르고 그날의 분위기에 따라 행동을 조정해야 한다. 목표가 긴급할수록 방식이 잘못된 방향으로 갈 가능성이 있다. 그런 경우라면 의도에 맞는 표현형식을 찾아야 한다. 간단한 질문들로 적합성을 측정할 수 있다. 다른 사람들도 이런 소통방식을 모방하길 나는 바라는가? 지친 나머지 모범적으로 행동할 여유가 없으면, 먼저 배터리부터 충전한 뒤에 목표를 실현하라.

7. 이미 실현한 것처럼 말하자

정치·경제계의 최정상에 있는 사람들은 전환과 변화를 자주 맹세한다. 그런데 그런 연설에서 새로움은 종종 위협적인 것으로 묘사된다. 개선 메시지는 방어 본능과 두려움을 깨우기도 한다. 자신이 어떻게 비치고 어떤 역할을 하게 될지 알지 못하는 낯선 세계로 기꺼이 가고 싶은 사람이 어디 있겠는가! 그러므로 탁월한 리더는 이야기를 다르게 구성한다. 이를테면, 녹색당 대표 로베르트 하베크가 말한 '언어의 구성 기능'을 기반으로 마치 미래가 이미 현실이 된 것처럼 말하고 행동하는 것이다. 그들은 모든 대화와 화상 회의, 게시물에서 그들이 무엇을 인정하고 무엇을 위해 힘쓰며, 어떤 발달을 좋게 평가하고, 어떤 행동방식에 보상을 주는지 알린다.

독일 보다폰(Vodafone) 최고경영자 하네스 아메츠레이터는 코로나가 유행하던 2020년 봄에 이런 글을 올렸다. "여러분은 매일 밖으로 나갑니다. 고객을 위해, 회사를 위해. 여러분은 현재 아주 시급한 사회기반 시설을 마련합니다. 친애하는 기술팀 여러분! 여러분이 자랑스럽습니다! 감사합니다!"[33] 기술팀에게는 인정인 동시에 다른 직원들에게는 앞으로 가야 할 방향을 알려주는 신호이다.

직업, 가정, 우정. 누구나 자기가 원하는 미래를 얘기할 수 있다. 꿈을 현실로 만들기에 말처럼 좋은 시작은 없다. 실현하고 싶은 내용을 더 많이 얘기하고 피하고자 하는 내용은 더 적게 얘기하면 반드시 효과가 나타난다. 무의식적으로 낡은 것은 머릿속에서 흐려지고 새로운 것은 윤곽이 뚜렷해질 것이다.

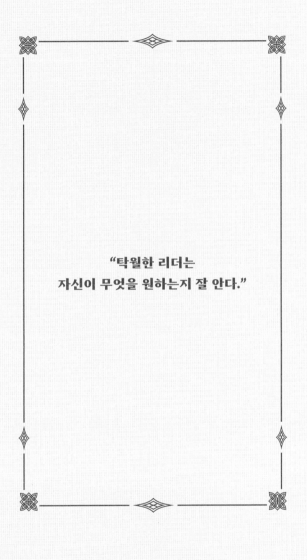

"탁월한 리더는
자신이 무엇을 원하는지 잘 안다."

7

평정심

감정을 다스려야 본질에 이를 수 있다

"우리 삶에서 코로나가 아직
앗아가지 않은 것은 무엇일까요?" 2020년 5월, 독일 정치토크쇼
「하르트, 아버 페어(Hart, aber fair)」의 사회자 프랑크 플라스베르크
가 출연자들에게 물었다.[1] 다들 7주의 강제 휴식 후에 신경이 날카
로워진 듯 보였다. 미생물학자 멜라니 브링크만은 조직을 대표하
여 분노의 표적이 되었다. 특히 스타 셰프 알렉산더 헤르만이 학자
들의 모순된 발언에 짜증을 냈다. "원하는 수치를 얻고 싶으세요?
얻을 때까지 계속 미생물학자들에게 물으면 됩니다!" 배우 울리히
마테스가 헤르만의 비아냥에 과하게 흥분했고, 사회자인 플라스베
르크는 자리에서 일어나 중재를 해야 했다.

　　"나는 그저 열정적으로 토론에 임했을 뿐입니다. 이 정도도 안
됩니까?" 마테스가 열을 냈다.

　　"나는 발언을 취소할 생각이 없습니다." 헤르만이 대꾸했다.

싸우는 소리가 마구 섞이는 중에 미생물학자가 끼어들었다. "사실을 말해도 될까요?" 브링크만은 모두가 진정하고 사회자가 다시 제자리로 돌아갈 때까지 침착하게 기다렸다가 지적했다. "여러분은 방금 너무 가까이 있었습니다!" 플라스베르크는 2미터 거리를 유지했다고 방어했다. 그러나 브링크만이 온화한 표정으로 주장했다. "멀수록 더 좋습니다."

탁월함은 이런 것이다. 압박 속에서도 침착하게 반응한다. 사실은 단호하게, 방식은 유연하게. 냉정하지도 감정적이지도 않다. 불안정한 세계에서는 안정을 유지하는 사람이 긍정적 영향력을 가질 수 있다. 설령 다른 사람의 무시와 공격에 화가 나더라도, 바로 그럴 때 평정심을 발휘해야 한다.

가장 유용한 감정

리더가 초대형 책상 뒤에 숨듯 합리성 뒤에 숨던 시대는 끝났다. 감정 상태는 (비즈니스) 삶의 일부이다. 이런 견해는 비즈니스 세계에도 널리 퍼졌다. 업무와 목표에 감정이 연결되면 관리자와 직원 모두 일을 더 잘한다. 고객들은 기능뿐 아니라 감정, 스토리, 소속감도 원한다. 감정이 풍부한 사람은 그렇지 않은 사람보다 육체적 정신적으로 더 잘 지내는 것처럼 보인다. 긍정적 감정뿐 아니라 부정적 감정에도 나름의 좋은 면이 있다.

스티브 잡스는 2005년 스탠퍼드대학교 졸업식 연설에서 이런 화두를 남겼다. "항상 굶주려라. 그리고 바보처럼 살아라." 감정을 자극하는 강렬한 말이다. 첫 번째 아이폰이 출시되기 2년 전, 이 말은 비즈니스와 직장생활의 맥락에서는 완전히 다르게 들렸다. 당시 기업에서는 여전히 합리성과 냉철함, 분별력이 지배했기 때문이다. 아이폰이 몇 세대가 발매된 뒤에야 비로소 감정이 합리적 이성보다 훨씬 더 강하게 우리를 움직인다는(Emotion의 어원은 라틴어 emovere 이고, 이것은 '움직이게 하다, 솟구치게 하다'라는 뜻이다) 생각이 실리콘밸리 너머에서도 이해되었다.

강렬한 감정은 우리를 미치게 하고 우리를 새로운 영역으로 데려간다. 감정은 우리를 은신처에서 불러내고 온 마음으로 몰두하게 한다. 욕심, 두려움, 분노 같은 감정조차도 장점이 있다. 그것들은 야망에 박차를 가하고 우리 안에 있는지조차 몰랐던 가능성을 밖으로 끄집어낸다. 우수한 성과는 역동적인 감정에서 온다. 자신 혹은 타인에게 인정받으려 애쓰거나 기회를 빨리 낚아채려는 마음은 고귀한 감정이 아닐 수 있지만, 이를 원동력으로 삼는 사람은 헤라클레스급 힘을 발휘한다.

그러므로 모든 감정은 유용하다. 하지만 특히 더 유용한 감정이 있다. 진정한 열정과 과도한 들뜸을 구별하고, 질투와 불쾌감의 미묘한 차이를 이해하고, 하늘을 찌르는 환희부터 죽을 것 같은 우울함에 이르기까지 모든 감정의 폭을 느낄 수 있을 때, 우리는 인격적으로 성숙해진다. 그러나 아래의 내용 또한 사실이다.

우리는 적정 용량의 감정 영역에 있을 때 탁월함을 실현한다.

출처: 원형 모델, 변형

미국 심리학자 제임스 러셀은 감정의 스펙트럼을 명확히 나누
었다. 그가 개발한 원형 모델에서 알 수 있듯이, 감정은 언제나 두
가지 차원에서 경험할 수 있다. 얼마나 강렬한가? 그리고 얼마나
긍정적(부정적)인가?[2] 둘을 조합하면 네 가지 감정 영역이 생긴다.
스트레스, 들뜸, 우울, 몰입. 이 네 가지를 체계적으로 살펴보자.

스트레스. 평소 우리는 원하는 것보다 더 자주 좌측 상단의 감정 영역에 머문다. 강하게 발휘되며 긍정적인 흥분보다는 부정적 흥분을 더 많이 느끼는 영역이다. 두려움이 엄습하고, 분노가 끓어오르고, 스트레스 호르몬이 신체를 다그친다. 도널드 트럼프부터 제프 베이조스에 이르기까지 높은 위치에 있는 사람들은 내적 압박과 폭발하는 감정을 강력한 말로 표출할 줄 안다. 이런 행위는 압박을 덜고 권력 갈증을 해소하며 자기애를 높인다. 그러나 단점도 있다. 부정적 흥분상태는 반사적이라 신중하지 못한 행동을 할 가능성이 높다.[3] 스트레스가 우위를 차지하면 우리는 주변 상황을 바르게 파악하지 못한다. 지적이고 현명한 결정에는 정서적 안정이 필요하다.

들뜸. 당연히 우측 상단의 감정 영역에 있으면 멋진 기분이 든다. 사랑에 빠지면, 승진에 성공하면, 오랫동안 눈독 들였던 가죽점퍼를 할인가에 사면, 우리는 한껏 들뜬다. 환희의 짜릿함은 너무나 매혹적이라 우리는 이 상태에서 끌어내리는 사람을 미워한다. 예를 들어 가죽점퍼의 소매에서 작은 흠집을 찾아내는 사람처럼 말이다. 그리고 들뜰수록 자신을 과대평가하게 되고, 실수와 판단 오류가 쉽게 발생하게 되며, 경고 신호를 더 자주 간과하게 된다.

우울. 긴 주말의 끝에 자주 나타나는 어두운 기분이 좌측 하단 영역이다. 우리는 슬프고, 무기력하고, 권태롭고, 무겁게 가라앉은 기분이 들 때, 그 원인을 알지 못한다. 그냥 아무것도 할 수가 없다. 집중이 힘들고, 다른 사람이 보기에도 정신이 멍하고 무관심해 보인다. 인생이 무의미해 보이며 설상가상으로 늪에서 벗어날 의욕도 없다. 이런 감정 영역에서 우리는 마비된 사람처럼 보인다. 우리의 실력과 사회적 접촉은 잠재력과 의지보다 한참 뒤처져 있다.

몰입. 이곳이 탁월함 영역이다. 우측 하단에서 좌측 하단과 우측 상단으로 약간씩 넘나들며 우리는 적절한 긍정 상태에 머물게 된다. 평화롭게 표류하는 초연한 기분에서 우리는 가장 창조적으로 일하고, 관심사를 자신 있게 표현한다. 다른 세 영역과 달리 이 영역의 감정은 우리를 압도하지 않고 보듬어준다. 편안함을 느끼기 때문에 굳이 샴페인을 터뜨리는 것 같은 들뜬 기분이 필요하지 않다. 새로운 자극을 열린 마음으로 받아들이고, 자유롭게 아이디어를 내며, 올바른 결정을 내린다. 정서적 주권의 대부분이 이 영역에 있다. 몰입 영역의 가장 아래인 자극이 없는 구역에서만 성과를 높이는 효과가 떨어지지만 그 대신 우리는 휴양과 휴식을 누리며 평화롭게 표류하고, 위대한 활동을 위한 새로운 토양이 마련된다.

정서적 주권이 있을 때 우리는 우리의 본질에 가까이 다가간다.

그러면 우리는 가장 탁월한 성과를 올린다. 그것이 결코 수고스럽게 느껴지지 않는다. 그러나 몰입과 초연은 쉽게 얻을 수 있는 일이 아니다. 스트레스, 들뜸, 우울은 불시에 우리를 덮치지만 몰입은 수줍음 많은 손님처럼 주저한다. 그러니 그들을 가족처럼 만들고 싶다면 늘 곁에 두기 위해 노력해야 한다.

끓어오르는 감정 가라앉히기

감정은 "유기체가 환경과 효율적으로 상호작용하도록" 준비하는 과정이다.[4] 감정이 발생하기 전에는 항상 외부 자극이 있다. 이것을 뇌가 감정으로 만드는 것이다. 감정은 우리가 지금 어떤 상태로 어떻게 지내고 있는지 알려준다. 그래서 우리는 상황에 맞게 재빨리 행동을 바꿀 기회를 얻는다. 예를 들어 두려움이 자전거 바퀴 고장을 경고해 머리가 깨지는 일을 예방할 수 있다. 어떻게든 본능적으로 방향을 틀거나 요령껏 넘어져서 적어도 심하게 다치는 것만은 막을 수 있는 것이다.

감정은 때때로 유용한 정보원 구실을 하지만, 조언자로는 형편없다.

예를 들어 재회의 기쁨이 비즈니스 파트너와 악수를 하라거나 친구와 포옹을 하라고 시키면, 우리는 코로나 시국임에도 감정의 조언을 기꺼이 따르고 싶다. 하지만 그것이 어리석은 행동임을 잘 알고 있다. 그리고 감정의 조언을 꼭 따르지 않아도 된다. 감정이란 기본적으로 팝업창으로 뜨는 광고와 같기 때문이다. 아주 좋아 보인다 한들, 우리를 자극하는 것이 목적일 뿐이다. 다행히 우리는 감정의 조언을 따르지 않고도 감정을 진지하게 대할 수 있다. 매혹적인 운동화가 계속 팝업창에 떠도, 누구도 그것을 사라고 강요하지 않는다. 구매는 우리가 결정한다. 그와 마찬가지로 어떤 감정을 어떤 방식으로 따를지는 오직 우리 자신만이 결정한다.

감정을 명확히 분간하지 못할 때도 많다. 감정이 얼마나 강하게 몰아치든, 그것은 그저 행동하려는 성향일 뿐 행동이 아니다. 어떻게 반응할지는 오롯이 우리에게 달렸다. 그러나 어떤 자극은 너무 강해서 거의 제어할 수 없는 것도 사실이다. 디저트를 하나 더 먹고 싶은 욕구, 중요한 정보를 매번 공유하지 않는 동료를 향한 복수심, 허벅지가 이미 불타고 있는 듯한 기분임에도 한 번만 더 힘차게 페달을 밟고 싶은 유혹.

이번에도 잘못은 뇌에 있다. 주의를 기울이지 않으면 감정은 맹견처럼 사납게 달려든다. 감정과 거리를 둘 줄 알아야 한다. 무대 울렁증으로 배가 아플 때 어떻게 자신 있게 무대에 오를 수 있을까? 분노가 끓어오를 때 어떻게 평정심을 잃지 않을까? 모두가 우리 앞에서 굽신거릴 때 우월감을 억제하려면 어떻게 해야 할까? 인간은 충동적 감정 때문에 종종 성급하게 굴고, 어떨 땐 객관적이지 못하며, 또 어떨 땐 모범적이지 못하다.

탁월한 두뇌를 가진 두 사람이 있다. 테슬라 대표 일론 머스크는 코로나 패닉에 대해 적나라한 분노를 표출했다. "코로나 바이러스 패닉은 그냥 어처구니가 없다." 그는 2020년 3월 6일, 3300만 팔로워들이 볼 수 있도록 트윗으로 알렸다. 반면 빌 게이츠는 조심스럽게 블로그에 이렇게 썼다. "사태가 너무 심각하지 않기를 바랍니다. 그러나 더 자세한 내용을 알 때까지는 있는 그대로를 믿어야 합니다." 감정 상태를 말하되 과장하지 않고, 해결책 제안도 잊지 않는다.

일론 머스크를 비난할 수는 없으리라. 그저 충동적으로 쏟아냈을 뿐이다. 좋아요 200만 개와 리트윗 수십만 개도 일론 머스크의 손을 들어줬다. 그러나 주목을 받는 것이 탁월함의 증거는 아니다. 앞에서 소개한 네 가지 감정 영역으로 보면 일론 머스크는 들뜸과 스트레스의 영역에 있다. 반면 빌 게이츠는 더 적절하게 감정을 제어했다. 블로그 글을 보면 그는 사태의 심각성과 플랫폼의 규모, 인지도에 따라 책임도 커진다는 사실을 인식하고 있다. 소셜미디어에 밝히는 그들의 한 마디가 언론 보도보다 더 광범위하게 수백만 명의 견해와 행동에 영향을 미친다.

"자극과 반응 사이에 공간이 있다. 이 공간에 우리의 반응 선택권이 있다." 오스트리아 신경과학자이자 홀로코스트 생존자인 빅터 프랭클이 한 말이다. 감정을 상황에 맞게, 그러나 진정성 있게 표현하는 능력에서 탁월함이 결정된다. 조 바이든은 대통령선거 첫 연설에서 "To lower the temperature(온도 낮추기)"를 호소했다.

너무 차갑게 반응해서도 안 되지만 너무 뜨겁게 반응해서도 안 된다. 생각과 어조의 적정 온도는 따뜻함이다.

자극은 우리를 놀라게 하고 흥분시킨다. 그러나 다행히 우리는 그런 자극에 무방비 상태로 노출되어 있지 않다. 우리는 품격과 탁월함이 드러나도록 반응할 수 있다. 적절한 흥분을 동반하는 긍정적 감정이 탁월함을 강화하는 정서적 기반이다.

> 버락 오바마는 정서적 주권을 절대 잃지 않을 사람처럼 보인다. 그는 자부심과 기쁨, 사랑을 아주 자연스럽게 표현하고, 좌절과 분노를 적절히 제어한다. 길을 잃은 듯한 후임자 도널드 트럼프에게도 4년 동안 직접적 비판을 자제했다. 그래서 언론은 오바마를 "no drama Obama"라고 불렀다. 그의 좌우명은 이것이다. "When they go low, we go high." 의역하자면 다른 사람이 저급하게 공격할수록 우리는 품격을 높여 더욱 예의 바르게 행동한다는 뜻이다.

오바마는 자기 자신을 '균형 잡힌 사람'으로 표현한다.[5] 그렇다면 선천적으로 다혈질이라 쉽게 감정을 폭발하고 충동적으로 행동하는 사람은 어쩌란 말인가? 정당한 분노를 표출할 수 있어야 한다고 믿고 그런 신념에 불탄다면? 정서적 주권 상태에 이르는 길이 과연 있기는 할까? 이에 관하여 우리는 고대 로마에서 시대를 초월하는 시의적절한 대답을 얻을 수 있다.

초연의 가르침

스포츠에 마라톤이 있다면, 철학에는 스토아철학이 있다. 둘 다 불가능해 보이는 일을 성취하는 방법을 알려준다. 마라톤에서는 탁월한 주자가 되기 위해서 끊임없이 훈련하고 실력을 증명하는 법을 배울 수 있는 한편, 스토아철학에서는 감정 제어에 유용한 실용적 나침반을 얻을 수 있다. 정치계, 경제계 지도층이 시대를 막론하고 스토아철학에 관심을 두는 데는 다 이유가 있다. 글로벌 미디어 기업 컨데나스트(Condé Nast)의 이사장 조너선 뉴하우스는 스토아철학에 매료되었고, 미국 래퍼 루페 피아스코 또한 자신이 스토아철학자라고 고백했다. 미국의 퍼스트레이디 질 바이든 역시 스토아철학이 종종 삶에 큰 도움이 된다고 말한다.

성공한 이들 사이에서 스토아철학의 지혜가 명성을 누리고 있다. 그래서 묻게 된다. 스토아철학의 지혜는 '금욕주의' 아니었나? 찬물로 샤워하고 딱딱한 빵을 먹는 생활방식이 금욕주의에서 비롯된 것이 아니었단 말인가? 그렇다. 그것은 스토아철학이 아니다. 스토아철학자는 고행을 즐기는 게 아니라 배짱이 두둑한 것이다. 그들은 자신을 믿는다. 그들은 역경에 좌절하지 않는다. 느닷없이 쏟아지는 소나기를 태연하게 받아들이라는 말은 비에 홀딱 젖는 고행을 자처하라는 뜻이 아니다. 가지고 있는 우비를 침착하게 꺼내 입으면 된다는 뜻이다. '최악의 상황 예상하기.' 이것이 스토아철학의 기둥이다. 이런 정신 훈련을 기반으로 스토아철학자는 악

천후, 불친절한 사람, 고난, 패배, 심지어 죽음에도 다른 사람보다 정신적으로나 실질적으로나 준비가 더 잘되어 있다. 그렇다고 그들이 기쁨을 느끼지 않거나 감성이 부족한 건 아니다. 그들은 다른 이들과 똑같이 삶을 강렬하게 경험한다. 다만 그들은 환희와 좌절을 더 사려 깊게 느낀다. 이런 초연함은 감정을 잘 제어하여 상황을 더 쉽게 극복하도록 한다.

스토아학파 후기철학자이자 로마의 정치가 세네카와 해방된 노예 철학자 에픽테토스, 그리고 로마 황제 마르쿠스 아우렐리우스는 주목할 만한 트리오다. 이 트리오는 현대 경영 교재가 말하는 다양성을 몸으로 보여준다. 이들은 삶의 충만함을 이성적으로 누리고, 도전 과제를 주체적으로 수행하는 실용적인 방법을 가르쳐준다. 침착과 초연함을 타고난 사람은 거의 없다. 또한 인생을 즐기고 진정한 사랑을 찾고 최고의 자리에 오른다고 해서 초연함이 자동으로 생기는 건 아니다. 흥분의 혼돈 속에서 침착을 유지하는 일은 평생의 프로젝트이다. 얼마나 존경받는지, 또 얼마나 부자인지는 상관없다.

렌터카 기업 식스트(Sixt)의 최고경영자인 에리히 식스트는 잡지 《슈피겔》 인터뷰에서 스토아철학이 어떻게 성공을 도왔는지 이야기했다. "잠이 오지 않으면, 나는 마르쿠스 아우렐리우스의 책을 읽어요. 그러면 그가 수천 년을 넘어와 내게 말을 걸고 마음의 평화를 줍니다. 나를 흥분시키는 많은 문제가 가짜임이 드러나죠. 무의식은 늘 문제를 키우지만, 우리에게는 그것을 다시 원래 크기로 되돌릴 수 있는 분별력이 있습니다. 그러기 위해서는 끊임없는 훈련이 필요합니다. 평생 훈련해야 하죠."[6]

철학자 마르쿠스 아우렐리우스에게는 '언행일치'의 능력이 있었다. 그는 자신이 설교한 것을 실천했다. 그가 『명상록』에 기록한 실천 원칙들은 오늘날 세계문학에서 가장 유명한 텍스트 중 하나이다. 그러나 그의 통치 기간은 태평성대가 아니었다. '안토니우스 역병'이라 불리는 전염병이 20년 동안 창궐해 거의 천만 명이 희생되었다. 마르쿠스 아우렐리우스의 이름은 모범적 통치를 상징했지만, 그의 통치 아래에서 로마 제국의 황금기는 막을 내렸다.

이런 배경에서 마르쿠스 아우렐리우스의 명상록은 두 배의 무게감을 얻는다. "나에게 없는 것보다 있는 것에 감사하라." "자신이 가진 것 중에서 최고의 것을 찾아내라. 그다음 그것이 없었더라면 얼마나 그것을 원했을지 곰곰이 생각하라." 그의 명상록은 다음과 같은 메시지를 전달한다. 감정을 다스릴 수 있으면 우리는 두려움과 불만족을 넘어 성장할 수 있고, 하늘을 나는 기쁨과 깊은 좌절에 궤도를 이탈하지 않을 수 있으며, 타인을 관대하게 대할 수 있다. 감정조절 능력만큼 삶에 영향을 미치는 것은 없다. 설령 어느 정도 위선처럼 보이더라도 말이다.

자제력은 위선도 아니고 과거의 미덕도 아니다.

오늘날에도 2000년 전에도 자제력은 변함없이 훌륭한 성공 법칙이다. 경영 컨설턴트 도로테아 아시히와 도로테 에히터는 이런 이유로 자제력을 발휘할 것을 추천한다. "자제력은 보증된 협력 방법이다. 결혼생활, 우정, 자식과의 관계… 언제 어디서나. 그러므로 감정을 맘껏 표출하는 대신 자신의 감정을 의식하라."[7]

바꿀 수 없는 것을 다루는 법

스토아 철학의 감정 관리는 '구별'을 기초로 한다. 바꿀 수 있는 것과 바꿀 수 없는 것을 구별하는 것이다. 바꿀 수 없는 것에는 주의를 기울이지 않고, 바꿀 수 있는 것이라면 주의를 기울인다. 예를 들어 교통 체증, 거슬리는 동료, 이웃에서 들리는 시끄러운 소음 등은 바꿀 수 없다. 그러나 이것들에 반응하는 방식은 바꿀 수 있다. 그러므로 각각의 상황에서 우리는 물을 수 있다. 나는 현재 내가 바꿀 수 있는 일에 생산적 에너지를 쏟고 있나, 아니면 내 영향력 밖에 있는 일에 에너지를 허비하고 있나?

에픽테토스는 이런 사고를 바탕으로 『편람(Enchiridion)』을 시작한다. "어떤 것은 우리의 힘 안에 있고, 어떤 것은 아니다. 욕구, 욕망. 거부감 등 우리의 의지가 만들어낸 모든 것이 우리의 힘 안에 있다. 몸, 소유물, 명성, 관직처럼 우리가 만들어내지 않은 모든 것이 우리의 힘 밖에 있다. 우리의 힘 안에 있는 것은 본성적으로 자유로워 주변 상황 때문에 금지되거나 방해받지 않는다. 그러나 우리의 힘 밖에 있는 것은 외부의 무언가에 의존하고 방해받으며 (노예처럼) 자유롭지 못하다."

정치가이자 철학자인 키케로는 에픽테토스보다 먼저 스토아철학의 통제 이분법을 설명했다. "궁수를 상상해 보라. 그는 최대한 신중하게 조준할 수 있다. 그러나 명중할지는 절대 확신할 수 없다. 화살이 활시위를 떠나면 궁수의 영향력은 끝난다." 이 사실은 2000년이 지난 지금도 전혀 변하지 않았다.

우리는 뭔가를 통제하거나 통제할 수 없다.

상황이 나에게 유리하게 변하는 것, 즉 배우자가 좋게 변하고, 상사가 배려심을 배우고, 날씨가 갑자기 맑게 개는 것에 행복을 맡기는 것은 불행을 자처하는 꼴이다. 분명 당신은 이런 얘기를 이미 여러 번 들어봤을 것이다. 스토아철학자는 이 원칙을 알고만 있지 않고 이 원칙에 따라 산다. 그들은 이 사실을 계속해서 상기한다. 과거, 타인, 교통신호 등 우리 영향력 밖에 있는 일 때문에 속상해하는 것은 인생을 허비하는 것이다. 운명론처럼 들리겠지만 그렇지 않다. 스토아주의자는 실용주의자이다. 그들은 미래, 개인의 성장, 배우자와 친구 선택, 기분 좋게 하는 플레이리스트 등 영향력

안에 있는 일을 명확히 구별해 낸다. 이런 전략으로 그들은 효과를 가장 크게 낼 수 있는 곳에 에너지를 쏟을 수 있다. 설령 모든 일이 소망대로 진행되지 않더라도, 그들은 자신감과 효능감을 느낀다.

이렇게 생겨난 평화는 실패의 두려움과 압박을 감추기 위한 자제력보다 훨씬 더 우월하다. "매일 아침저녁으로 나는 내게 주어진 선택지와 가능성을 토대로 나의 행동을 평가합니다." 버락 오바마는 대통령 재선에 성공한 뒤 미국 잡지 《더 뉴요커》 인터뷰에서 말했다. "그리고 나는 좋은 일을 행하고 나쁜 일을 막는 데 한계가 있음을 이해합니다. (…) 그렇더라도 최선을 다한다면, (…) 하루의 끝에는 일이 개선되리라는 것도 압니다."[8]

우리가 얼마나 탁월하든 상관없이, 아주 많은 일이 우리의 영향력 밖에 있다. 테니스대회 우승하기, 모든 경쟁자를 물리치기, 큰 사고 없이 평범하기 살기 등. 이런 계획을 실현하기 위해 우리는 더욱 노력하고 영리하게 행동할 수 있다. 그러나 실현 여부를 결정하는 건 우리가 아니다. 그럼에도 우리는 그것을 목표로 삼고 스스로 주변 상황의 희생자가 된다. 통제권 밖에 있는 잣대와 상황에 좌지우지되는 것이다. 온종일 안 좋은 일만 생기고, 결정권자가 자기 잇속만 차리고, 유권자들이 마음을 바꾸고, 어떤 이유에서인지 경쟁자가 늘 앞선다. 그러면 우리는 통제력을 잃었다는 기분에 무력감을 느끼고 성과는 물론 정신력도 떨어진다. 아무리 노력해도 목표를 이루지 못하면 이중으로 괴로워진다. 원했던 상을 받지 못하게 되며 자신과 세상에 실망한다. 하지만 이런 악순환을 막을 방법이 있다.

스토아철학을 바르게 이해한 사람은 통제 가능한 목표를 세운다.

통제할 수 있는 목표는 다음과 같은 것들이다. 끊임없는 연습으로 실력을 향상하기. 운전면허 취득을 위한 안전교육 완료하기. 직장과 가정의 균형 유지하기. 약해진 연골이 허락하는 한에서 테니스 훈련하기.

이런 목표의 장점은 명확하다. 성공적인 결과와 결정권자의 호의를 더는 신경 쓰지 않아도 된다. 그저 우리의 일을 잘하는 데만 집중하면 된다. 성실한 훈련과 집중에 이보다 더 강한 동기는 없다. 물론 그럼에도 결국 선거에 패배하고, 금메달을 놓치고, 잭팟이 터지지 않을 수 있다. 그러나 긍정적 감정으로 부정적 감정의 파도를 가라앉힐 수는 있다. 우리는 우리가 할 수 있는 일을 하고, 이런 노력이 우리를 더 발전시킨다. 우리는 탁월함에 더 가까이 다가간다. 나머지는 운명에 맡긴다. "설명하지 않기, 불평하지 않기." 수백 번 명심해도 과하지 않은 좌우명이다. 이런 자세에 필요한 '쿨함'을 어떻게 얻을지 알고 싶은가? 스토아철학이 답을 준다. 자신이 원더우먼이나 슈퍼맨이 아님을 인정하고 재량권이 있는 일에 착수하라.

웨스트윙(Westwing) 설립자 델리아 피셔는 할 수 있는 일과 지금 당장 할 수 없는 일을 구별해 에너지 효율을 높인다. 그녀는 현재의 관점에서 과거의 자신에게 다음과 같이 조언한다. "훨씬 더 자주 심호흡을 하고, 에너지를 그렇게 많이 허비하지 마! 나는 예전에 모든 일에 엄청난 노력을 기울였고, 모든 일이 언제나 완벽해야 한다고 생각했지. 어떤 일이 제대로 풀리지 않으면 거의 미칠 지경이었으니까! 지금은 더 냉정해지려고 노력해. 화를 내는 대신 그 에너지를 긍정적으로 써서 해결책을 찾고자 하지."[9]

평정심의 철학

스토아철학은 평정심의 철학이다. 평정심은 탁월함을 추구하는 사람에게 아주 중요한 자질이다. 자기 자신에게 기대가 높은 사람은 모든 것을 완벽하게 하려는 경향이 있기 때문이다. 철저히 계획된 승진, 신중하게 시기를 정한 출산, 운동계획 엄수처럼 말이다. 치약 하나를 사더라도 상아질 마모도와 불소 함량을 따진다. 이런 높은 기대에는 위험이 도사리고 있다. 성공에 익숙해진 사람은 상당수가 자신을 특별한 사람으로 인식하는 동시에 잃을 것이 너무 많아 걱정도 많다. 자만과 상실 공포가 만나 자신을 옥죈다. 스토아철학을 따르는 사람은 의식적으로 이 둘이 만나지 않도록 한다. 당연히 그들도 성공과 명성, 운전사 딸린 차량 지원을 기꺼이 만끽한다. 자신의 목표를 추구하고, 아프지 않기를 소망하고, 여유롭고 편안하고 흥미로운 삶을 누린다. 그러나 그들은 이런 것들로부터 어느 정도 독립해 사는 방법을 찾는다. 그렇기에 그들은 재산과 지위와 안락함이 없는 삶을 상상조차 할 수 없는 사람들보다 훨씬 더 여유롭게 살 수 있다. 어떻게 그렇게 할 수 있을까? 당혹스러운 상황에서 어떻게 평정심을 유지하는 걸까? 그에 대한 대답은 결코 매력적으로 들리지 않는다. 그들이 치르는 대가는 자발적 포기이기 때문이다.

스토아철학을 따르는 사람은 설령 모든 안락함을 다 누릴 수 있더라도 의식적으로 일부를 포기한다.

영국 여왕의 아침 식탁에 밀폐 용기에 담긴 콘플레이크가 올라오고, 그레타 툰베리가 기차 좌석이 없어 바닥에 앉고, 기업가 가족이 회사 사정에 맞게 소박한 휴가계획을 짠다. 이것은 세네카의 가르침과 일치한다. "빈곤에 능숙하게 대응하는 사람이 부자이다."[10] 알뜰폰이나 조촐한 결혼식, 휴가 없는 여름에 잘 대응하는 사람 또한 부자라고 할 수 있다.

사치와 지위에는 감춰진 비용이 있음을 스토아철학자는 이해했다. 대다수는 모든 안락함을 누리기 위해, 다른 사람의 마음에 들기 위해, 가장 많이 성취하기 위해 일한다. 그렇기에 목적을 이루지 못하면 기분이 지하까지 내려간다. 인스타그램 게시글에 아무런 반응이 없으면 기분이 나빠지고 어떤 고객의 기분 나쁜 한마디로 하루를 망치고 파티에 초대받지 못하는 순간 머리에서 김이 난다. 스토아철학의 지혜에 따르면 우리는 이런 정서적 과잉행동에 맞설 수 있다. '어떤 상황에서도 나는 쉽게 쓰러지지 않아!' 이런 자신감을 주기적으로 경험해야 한다. 언제든 올 수 있는 큰 역경에 대비해 자발적으로 작은 역경을 겪어 면역력을 키워야 한다는 뜻이다. 안락함 없이 사는 연습을 했던 사람은 심각한 상황에서도 평정심을 잃지 않는다. 국내 계곡에서도 하와이인 것처럼 휴가를 만끽하는 사람은 연말 보너스가 줄더라도 쉽게 이겨낸다. 친척의 시비를 태연하게 흘려듣는 사람은 고객의 부당한 항의에 침착하고 당당하게 반응할 줄 안다. 이처럼 자발적으로 수용한 불편과 작은 포기에 단련된 사람은 정서적 혼란을 쉽게 안정시킬 수 있다.

작은 어려움을 준비운동으로 여기고 일상에서 실천하면, 진짜 큰 어려움이 닥쳤을 때 더 잘 대응할 수 있다.

그러므로 일주일 동안 커피 없이 살아보는 건 어떨까? 30분 더 일찍 일어나는 건? 낮은 오르막에서 전기자전거의 모터를 켜지 않는 건? 느닷없는 시비를 그냥 흘려듣는 건? 무례한 비즈니스 파트너에게 먼저 인사를 건네는 건? 스스로 선택한 이런 작은 역경은 근육 운동과 같은 효과가 있다. 자제력을 키우고 서서히 우리의 정신을 단단하게 만든다.

코로나가 가져온 역경은 많은 이에게 아주 큰 파도였다. 그러나 한 편으로 우리는 봄축제, 여름휴가 없이도 의미 있게 살 수 있음을 경험했다. 이 경험이 우리를 더 차분하게 만들었고, 지금 손에 남은 것을 소중히 여기는 법을 가르쳐주었다. 예를 들어 정상 영업하는 마트, 넓은 발코니, 훌륭한 의료 시스템 등. 우리는 놓치는 것의 즐거움, 이른바 '조모(JOMO, the joy of missing out)'를 알게 되었고 감히 할 수 없었던 일을 해내게 되었다. 예를 들어 일상적 과정 없이도 상점을 운영했던 것처럼, 그동안 관심을 기울이지 않았던 정서적 주권이 최고급 자동차보다 더 멀리 우리를 데려간다.

감정에 너무 많은 공간을 허락하지 말라

감정은 우리 자신에게 보내는 신호이다. 감정은 무엇이 우리를 두렵게 하고, 자부심을 주고, 미치게 하는지 우리에게 알려준다. 그 이상도 그 이하도 아니다. 우리가 할 수 있는 최선은 그것을 인지하고 필요한 행동을 한 후 일상으로 돌아오는 것이다. 고속도로에서 경찰차가 사이렌을 울리며 다가오는 것과 같다. 우리는 갓길에 차를 대고, 벌어진 일을 받아들인 다음 가던 길을 계속 가면 된다. 감정에 귀를 기울이고 감정이 요구하는 공간을 허락하는 것이다. 다만 너무 많은 공간을 허락해선 안 된다.

감정에 너무 많은 공간을 허락하면 궤도 밖으로 밀려날 수 있다. 유용해야 할 경고 신호가 우리의 생각과 행동을 지배하게 되는 것이다. 팀원이 당신을 이용해 자기 이익을 챙겼다고 가정해 보자. 당신은 아마 충격이나 분노, 당혹감을 느낄 것이다. 이제 스토아철학이 묻는다.

내적 안정을 가장 잘 유지하려면 무엇을 해야 할까?

네 가지 반응을 생각해 볼 수 있다.

분노 표출	토론
제어되지 않은 돌발적인 방식으로 분노를 표출한다. 이는 인간적인 반응이지만 정서적 주권을 가진 사람의 행동은 아니다.	대화를 시도한다. 이런 반응은 그동안 합당한 수단으로 통했었다. 그러나 1980년 이후에 태어난 사람들은 토론보다 긍정적 피드백을 지향한다는 사실을 명심하자.
참기	무장 해제
아무 말 않고 꾹 참지만, 몇 시간 뒤에도 화는 계속해서 끓어오른다. 통제되는 것 같지만 불만이 이어지고 해결책도 아니다. 게다가 같은 문제가 더 자주 발생하여 참고 넘어가는 일이 너무 많이 쌓일 수 있다.	가능한 한 신중하게 언급하되, 잘못된 타이밍에 언급해서는 절대 안 된다. 벌어진 일에서 배우고 미래를 위한 경고로 삼는다. 이것이 정서적 주권자의 반응이다. 모든 가능성을 열 수 있다.

스토아철학을 따르는 사람은 자신의 감정을 억누르지 않는다. 그들은 내적으로 편안하기에 외적으로 적절하게 감정을 표현한다. 그들은 적대감을 부당하게 표출하지 않으며 다혈질이라거나 까탈

스러운 사람으로 비치는 일도 없다. 그들이 감정을 숨기는 건 아니다. 어차피 감정이란 주변 사람에게 드러내고 사람을 움직이기 위해 선택하는 수단이다. 그렇기에 잘 조절된 기쁨 혹은 걱정은 성장과 변화에 공헌할 수 있다.

"누구나 분노할 수 있다. 그것은 쉽다. 그러나 올바른 일에 올바른 강도로 올바른 순간에 올바른 목적을 위해 올바른 방식으로 분노하기는 어렵다." 아리스토텔레스가 이처럼 말한 바 있다. 자신의 감정을 조절하는 사람은 자신과 타인 모두에게 생산적인 초연함을 선사한다. '패닉' 대신 '염려', '스트레스' 대신 함께하는 '노력' 등 스토아철학을 따르는 사람은 침착한 아비투스부터 어휘 선택에 이르기까지 사회, 기업, 가정에서 탁월한 성과를 내는 감정 조절의 모범을 보인다.

탁월함의 비밀 ⑥
: 부정적 감정을 긍정적으로 다루기 위한 7가지 전략

그레타 툰베리는 도날트 트럼프의 공격을 받고 분노를 조절하려 애썼다. 트럼프 특유의 악명 높은 트윗이 유발한 분노였다. 툰베리가 선택한 최선은 친구와 옛날 명화를 보며 마음을 다스리는 것이었다. 그렇게 그레타 툰베리는 반격하고 싶은 욕구를 이겨냈다. 트럼프와 논쟁하는 대신, 트위터 자기소개 내용을 바꿨다. "차분히 감정 조절 중인 10대. 친구와 옛날 명화를 보며 마음을 가라앉히고 있죠." 당당하면서도 성숙한 반응이다. 이 사건에서 정서적으로 불안정해 보이는 사람은 도널드 트럼프 단 한 명뿐이었다.

1. 기다리자, 그리고 차를 마시자

지금 호랑이가 눈앞에 나타났다면 본능적 반응이 가장 옳을 것이다. 그러나 사람과의 복잡한 상황에서는 (일단) 아무것도 하지 않는 것이 최선일 수 있다. 흥분 가라앉히기, 무표정 유지하기, 심호흡하기, 물 한 모금 마시기. 부정적 감정을 긍정적으로 다루는 방법은 이렇게 간단할 수 있다. 이는 아주 효과적이기도 하다. 한발 물러날 줄 아는 사람은 많은 일이 저절로 조정되며 성공은 타이밍에 달렸음을 알게 된다. 반면 성급한 조치는 부작용을 낳는다. 관계가 틀어지거나 명성에도 금이 갈 수 있다. 그렇더라도 현명하게 물러나는 일은 절대 쉬운 일이 아니다. 공격에 맞서고, 주가 하락에서 벗어나고, 성공을 세상에 알리고 싶어 손끝이 간질간질한 상황이라면 말이다. 그래도 일단 물러서서 물을 한 잔 마시는 태도를 배워야 한다.

2. 두려움을 직시하자

비행공포증이 있는 관리자는 글로벌 기업에서 업무를 수행하기 힘들 수 있다. 연설을 두려워하는 변호사는 승진 기회를 여러 번 놓칠 것이다. 운전할 때 맥박이 빨라지는 어머니는 전원생활의 꿈을 접어야 한다. 어떤 두려움은 원하는 곳에서 탁월함을 실현하지 못하게 막는다. 두려움을 뜻하는 독일어 'Angst'의 라틴어 어원이 'angustus(답답한, 비좁은, 힘겨운)'인 것은 우연이 아니다. 불안장애가 당신의 야망을 방해한다면 선택지는 두 개뿐이다. 상담이나 정신력으로 맞서 싸우거나, 아니면 두려움을 유발하는 일을 가능한 한 피할 수 있게 삶을 구성해야 한다.

3. 최악의 상황에 대비하자

"나는 면역력이 강하다." 팬데믹 상황에서 특히 자주 듣게 되는 말이었다. 이 말 한마디로 안정감이 높아질 순 있지만, 긍정적 사고가 기적을 만들 거라 기대해선 안 된다. 무한한 낙관주의는 현실감각을 흐린다. 아이러니하게도 정서적 주권은 위험까지 고려할 때 생긴다. 스토아철학은 심지어 죽음의 두려움까지도 직시하라고 권한다. 죽음과 질병, 이별, 해고 같은 고통스러운 상실 가능성을 고려하면 적어도 무방비 상태로 재앙을 맞지는 않는다는 것이다. 부정적 예상은 단기적으로도 도움이 된다. 최악의 상황을 고려하면 현재 상태가 얼마나 좋은 상황인지 인식하고 다행이라 여길 수 있고, 소소한 분노와 실망을 상대화하기 때문이다.

4. 압력을 낮추자

지금 우리의 삶은 블록버스터 영화와 같다. 장면 교체와 전개 속도가 점점 빨라지는 추세다. 미국 드라마 「오렌지 이즈 더 뉴 블랙」을 연출한 우타 브리제비츠는 이렇게 표현했다. "모든 것이 그냥 스쳐지나간다."[11] 인생도 비슷하다. 배우자·부모·회사원·전문가로서 우리는 적게 자고, 인간관계를 관리하고, 몸을 건강하게 유지하며 더 많은 영역에서 성공하기를 바란다. 완벽한 인생을 추구하는 일은 우리를 지치게 하고 초조함과 압박감이 정상 궤도를 이탈하도록 만든다.

세네카는 이런 삶이 어떻게 변하는지 설명했다. "지친 사람은 다툼을 찾는다. 굶주린 사람과 뭔가로 고통받는 모든 사람도 마찬가지이다. 건드린다는 생각만으로 벌써 아픈 상처처럼 아주 사소한 것에도 기분이 불쾌해진다. 그래서 인사, 편지, 질문 하나가 다툼으로 이어질 수 있다."

그럼 어떻게 해야 할까? 영화감독은 빠른 장면과 느린 전개를 번갈아 넣어 관객의 과도한 자극을 방지한다. 우리 인생도 이렇게 조절할 수 있다면 더 쉽게 감정을 보호하고 다급한 상황에서도 여유롭게 행동할 수 있다. 늘 전개가 빠른 장면만 의미 있는 건 아니다. 여유롭고 아름다운 인생의 장면을 가능한 많이 만들수록 오히려 좋다.

5. 자화자찬은 조심스럽게 하자

자부심은 정말 멋진 기분이다. 실제보다 더 대단하다고 느낀들, 문제 될 게 뭐란 말인가? 자기 분야에서 탁월한 성과를 내는 사람은 자신을 천하무적이라 여긴다. 자신 있게 혁신을 추진하고 다른 사람들은 그의 입만 쳐다본다. 괴테가 말한다. "무한한 신은 당신이 원하는 모든 것을 허락한다. 무한한 모든 기쁨을 허락하지만 무한한 모든 고통도 허락한다."[12] 신의 잘못만이 아니다. 자기 자신에게 너무 감탄하는 사람은 발 딛고 선 땅을 잃을 수 있다. 직원, 고객, 유권자 등 영향력 있는 사람들로부터 미움을 받을 수 있다. 자만을 예방할 백신은 감사와 존중, 겸손뿐이다. 이것들을 향한 노력만이 자신만 너무 중요하게 여기지 않도록, 혹은 자신을 다른 사람 위에 세우지 않도록 도와준다.

6. 압박에 초연하자

분노에 휩싸여 공격적이 될 때면, 자기 자신도 이러고 싶지 않다고 생각할 때가 있다. 우리는 때때로 어떻게 반응해야 할지 몰라서 초조하고 불안하다. 그럴 때는 잠시 숨을 고르며 '내가 정말 이루고자 하는 것이 무엇인가?'를 따져보는 것이 가장 좋다. 그것을 알아내는 즉시 올바른 반응이 저절로 나온다. 지금 당장 합의점을 찾기 어려운 파트너에게 "이 주제는 다음에 얘기하는 게 좋겠습니다." 세부사항을 고려하지 않는 직원들에게 "여러분, 다시 한번 꼼꼼히 살펴보길 바랍니다." 이런 반응은 해결책을 제안하게 하고,

생산적인 대화의 기반을 만든다.

7. 감정을 선별하여 드러내자

거울 신경은 뇌의 공명 시스템이다. 거울 신경으로 우리는 대화 상대의 감정과 우리의 감정을 일치시킨다. 우리의 기분이나 신뢰감, 선의뿐 아니라 질투나 불쾌감을 직장이나 가정 혹은 친구들 사이에 전염시킨다. 이런 거울 신경 현상은 이탈리아 생리학자 자코모 리촐라티 연구팀이 침팬지의 뇌를 측정하던 중에 발견한 것이다. 한 연구원이 견과류로 손을 뻗었는데, 이것을 본 침팬지의 신경세포가 마치 직접 견과류로 손을 뻗는 것처럼 반응했다.[13] 그러므로 어떤 사람에게서 원하는 감정이 있다면, 그 사람에게 바로 그 감정을 드러내자. 그 밖의 모든 감정은 가능한 한 감추자.

8

민첩성

계획만 따르지 말고 변화에 반응하라

2019년 8월, 여름휴가 며칠
전 집필 의뢰를 하나 받았다. 대필작가로서 책을 한 권 써야 했는
데, 주제는 흥미로웠지만 일정이 빠듯했다. 약 12주 안에 방대한
경영서 한 권을 출간해야 했던 것이다. 기획부터 250쪽에 달하는
원고까지 전부. 의뢰인은 10쪽짜리 짧은 의뢰서로 내용을 전달했
고, 자세히 의논할 시간이 없다고 통보했다.

　보통 때 필요한 시간의 몇 배를 단축해야 했다. 시험 삼아 기획
안을 작성하자 의뢰인은 맘에 든다고 했다. 나는 스스로를 격려하
며 여름휴가를 포기하기로 했다. 첫 장을 쓰는 동안 의뢰인은 엄청
난 양의 링크와 참고문헌을 보냈다. 어떻게 해야 할까? 결국 평소
절대 하지 않는 일을 하기로 했다. 짧은 간격으로 중간 결과물을
의뢰인에게 보내는 것이다. 이를테면 기획 의도와 내용을 대략 보
여주지만 심도 있는 설명은 미흡했던 첫 번째 구성안을 보냈다. 이

후 우리는 매일 피드백 시간을 갖기로 했고, 대필작가 한 명을 추가하기로 합의했다.

적극적 대처로 신뢰가 쌓였다. 나는 무엇이 괜찮고 무엇이 그렇지 않은지 일찍 알아차렸다. 우리는 신중하게 한 발씩 내디뎠고, 서로를 격려했다. 의뢰인은 정기적으로 초고를 받아 내부 지식과 사례를 추가하고 자기 언어로 다듬을 수 있었다. 그랬더니 메일과 메신저 폭격이 서서히 잦아들었다. 물론, 그럼에도 스트레스가 있었고 의견이 맞지 않거나 내용이 중복되기도 했다. 이것 역시 피드백을 통해 정리되고 수정되었다. 12주 뒤에 우리는 남들에게 보여줄 만한 원고를 완성했다.

나는 목적지에 도달하는 더 편안한 방법을 안다. 이미 열 번 넘게 성공적으로 걸었던 증명된 길을 가면 된다. 그러나 불가능해 보이는 일을 실현하려면 불확실한 구간을 민첩하게 그리고 실험정신으로 도전해야 한다. 설령 때때로 돌부리에 걸려 넘어지더라도.

민첩한 사고방식이 중요한 이유

———◆———

유독 부정적으로 읽히는 단어들이 있는데, 오랫동안 '민첩하다'가 그래왔다. 사전을 보면 '민첩하다'와 주로 연결되는 단어들역시 전혀 매력적이지 않다. '재빠르다', '능란하다', '잽싸다' 등이유의어로 소개되고 바람에 나부끼는 깃발처럼 상황에 따라 가볍게 의견을 바꾸는 사람이 절로 연상된다. 그러나 세상은 변했고 민첩성이라는 용어도 업그레이드되었다.

이런 변화는 위키백과에도 반영되었다. 위키백과는 민첩성을 "유연할 뿐 아니라 적극적이고 주도적으로 필요한 변화를 도입하는"[1] 능력으로 설명한다. 경제계에서 '애자일(Agile, 민첩성)'은 점점 빨라지는 프로젝트 개발 속도에 대응하는 올바른 방식으로 통한다. 전례 없이 모호한 고객의 요구로 세부사항까지 완전히 계획할 수 없을 때 특히 필요한 방식이다. 고전적 프로젝트 관리법은 이런 VUCA 상황에서 금세 한계에 부딪힌다. 계획과 효율성을 우선시하는 환경에서는 뒤늦게 드러난 고객의 요구는 그저 혼란을 일으키고 진행을 방해하는 요소가 된다. 반면 애자일 관리는 판단 오류나 변화 요구를 처음부터 염두에 둔다.

난관은 우리를 깨우쳐 프로세스와 제품을 계속 개선하도록 유도한다.

이런 접근방식이 통하려면 소규모 팀들이 끊임없이 서로 정보를 교환하고 고객과 소통해야 한다. 그러면 진행 과정에서 가정들을 점검할 수 있고, 피드백으로 여러 다른 의견들을 재빨리 인지할 수 있어 긴장을 해소하고 서로를 이해하는 것이 가능하다.

웹디자인 에이전시 임머비더 디자인은 바이올리니스트 아네조피 무터의 웹사이트 개발을 의뢰받았다. 디자인팀은 완성된 시안을 소개하는 일반적 방법에서 벗어나기로 했다. 이 방법은 '과도한 예산 낭비'로 이어졌기 때문이다. 디자인팀은 버튼과 제목 같은 디자인 요소들을 네 가지 버전으로 한 쪽짜리 스타일보드에 배치한 뒤, 의뢰인이 그룹웨어를 통해 접근할 수 있게 했다. 전통적 디자인에는 세련됨이 부족하다는 피드백이 왔다. 기대했던 대답이었다. "'예'를 기대하기보다 확실한 '아니오'를 통해 창조적 방향을 찾는 것이 중요했어요. 우리의 모토는 이렇습니다. "당신이 사랑하는 것들을 일찌감치 죽여라!"²

고객의 진짜 요구는 프로젝트가 한창 진행 중일 때 드러난다. 그러므로 프로젝트 시작 단계에서 확인한 고객의 요구가 결과와도 일치하리라고 기대해선 안 된다. 프로젝트의 매 단계에 동참해 진행 과정을 파악하려는 의뢰인이 점점 많아진다. 그도 그럴 것이 제품에 돈을 내고 사용하고 자기 비전이 실현되기를 바라는 사람은 의뢰를 받은 쪽이 아니라 의뢰인이기 때문이다.

고객의 높은 기대를 채우기란 쉽지 않다. 창조와 개발 과정이 얼마나 예측하기 어려운지 아주 잘 안다. 스스로도 만족하지 못하는 설계를 미리 공개하기란 매우 어렵다. 처음의 기획을 완전히 뒤집어야 하는 아이디어를 중간에 고객이 내어 이미 완성 단계에 있는 작업을 시험대에 올리기란 정말 쉽지 않다. 나는 이런 어려움을 고공낙하 훈련이라 상상한다. 프로젝트 하나로 기업이 망할 리가 없다. 낙하산 같은 철저한 대비책도 마련되어 있을 것이다. 그럼에도 허공을 향해 몸을 날리는 일은 남다른 각오가 요구되는 어려운 일이다.

그러나 상응하는 보상이 있다. 고객과의 긴밀한 협력은 초점을 명확히 해준다. 바이올리니스트 웹사이트 개발에서 제안 하나는 거부되었지만 나머지 세 개는 수용되었다. 한 제안에서는 시대를 초월한 디자인이, 다른 제안에서는 색감이, 또 다른 제안에서는 깔끔함이 채택되었다. 개발팀은 이제 무엇이 중요하고 어떤 기대가 아직 채워지지 않았는지 확실하게 안다. "완성된 시안을 소개하는 대신 간략한 설계 작업을 빠르게 공개할 때의 장점이 여기서 드러나는 것이지요. 여러 제안을 잘 통합해 최종 설계가 탄생합니다."[3]

그러므로 애자일을 단지 기술과 도구로만 이해해선 안 된다. 애자일은 사고방식이기에 스크럼(애자일 소프트웨어 개발 방법 중의 하나-옮긴이), 디자인 씽킹, 사용자중심 설계와 관련이 거의 없다. 단지 다양한 색상의 포스트잇을 붙인다고 해서, 기술을 새로워지는 건 아니다. 새로운 방법이 옛날 방법을 확실히 이길 것 같으면 사람들은 새로운 접근방식으로 바꾼다. 그러나 디젤 SUV에서 전기차로 바뀌어가는 모습에서 알 수 있듯이, 변화의 과정은 아주 길 수 있다. 그러므로 민첩한 방법과 도구에 현혹되지 말고 민첩한 사고를 키우자. 그러나 민첩한 사고가 기적의 묘약은 아니다. 민첩성은 조직되거나 훈련될 수 없다. 영리하고 과감한 두뇌 없이는 안 된다.

영리하고 과감한 두뇌를 가진 17명이 2001년에 유타 스키장에서 '애자일 선언문'을 작성했다. 이것이 오늘날까지 애자일 운동의 이정표로써 숭상된다. 애자일 선언문의 핵심 문구 하나는 다음과 같다. "공정과 도구보다 개인과 상호작용을." 혹은 짧게 줄여서 "과정 위에 사람이 있다(people over process)." 개인과 상호작용이 프로세스와 도구보다 더 중요하다. 이것으로 다음의 메시지가 명확해졌다.

애자일 잠재력은 우리, 사람 안에 있다.

민첩하게 생각하는 스크럼 마스터는 베이비붐 세대의 중간관리자가 무모하다고 여기는 활동을 각 팀에 허락한다. 민첩하게 행동할 줄 아는 소프라노 성악가는 갑자기 병이 난 동료를 대신해 무대에 서겠노라 자원하고 완전히 새로운 작품을 몇 시간 내에 준비한다. 이미 눈치 챘겠지만 애자일은 IT업계와 프로젝트 관리에만 필요한 자질이 아니다. 모든 분야와 모든 역할에서, 일과 삶이 점점 더 불확실해지는 VUCA 세상에서 가장 필요한 자질이다. 팬데믹이 말해주듯, 전례 없는 상황에서 다양한 사람들에게 민첩하게 반응할 줄 아는 능력은 모두의 탁월함을 키운다.

민첩함은 우리 안에 있다

사진작가 피터 린드버그는 의미심장한 말을 했다. "옛날에는 훨씬 더 쉬웠다고들 생각하지만 더 쉬웠던 적은 없다. 현재가 더 어려운 것도 아니다. 그저 있는 그대로일 뿐이다." 애자일은 실리콘밸리에서 처음 발명되지 않았고, 디지털과 함께 성장한 Z세대만의 특권도 아니다. 모든 인류가 애자일 덕분에 예기치 않은 상황에 적응할 수 있었고, 실현할 수 없는 계획을 넘어 성장할 수 있었다.

> 쾰른 대성당의 지하 기도실을 보면 중세시대 사람들이 변화된 조건에 민첩하게 반응했음을 알 수 있다. 대성당의 기둥은 모두 똑같이 세심하게 건축되지 않았다. 1330년에 건축된 기둥이 1449년에 지어진 기둥보다 훨씬 세밀하고 화려한데, 14세기에 유럽을 덮친 페스트 때문이다. 페스트 이후 인건비가 폭발적으로 상승하자 건축 책임자는 더 단순한 건축 방식을 택했다.[4]

성당 건축 책임자는 무의식적으로 애자일 선언문의 네 번째 행동 원칙을 따랐다. "계획을 따르기보다 변화에 반응하라." 이 원칙을 따르려면 완벽주의자이거나 편협해선 안 된다. 쾰른 대성당의 최선의 해결책은 새로운 건축 방식이었다. 600년을 버틸 만큼 견고하지만, 막대한 비용이 드는 세부 장식은 포기하는 것. 매출 감소를 고려하여 비용을 줄이든, 냉장고에 있는 자투리 재료로 요리를 하든, 주어진 상황에서 최선의 결과를 내는 사람은 민첩한 사람이다. 여기서 최선의 결과란 대충 타협한 차선책이 아니라, 감탄이 나올 만큼 단순함과 혁신이 돋보이는 최선책이다.

코로나로 모든 콘서트 및 축제가 중단되었다. 하지만 뷔르츠부르크의 모차르트축제 준비위원회는 순순히 포기하고 싶지 않았다. 계획대로 된다는 보장은 없었지만, 그들은 코로나 상황에 맞게 콘서트를 열 수 있는 새로운 포맷을 고안했다. 결과는 놀라웠다. "원형의 조명으로 음악가 한 명, 관객 한 명, 일가족 등을 각각 동그랗게 빛으로 둘러쌌다. 그렇게 각각을 보호하는 동시에 다른 사람들과 거리를 유지하게 했다."[5] 콘서트가 끝날 때까지 모든 관객이 각자의 동그란 빛에 둘러싸여 있었다. 마지막에 이 빛은 커다란 하나의 원으로 합쳐져 모든 관객과 음악가를 에워쌌다.

애자일. 새로운 것은 아니지만 아직 많은 이에게 생소한 사고 방식이다. 그러나 대다수 임원진과 직원들은 애자일을 알고 있다. '2019 미래 조직 보고서'에서 임원진과 직원들 517명에게 애자일에 대해 물었다.[6] 모든 응답자가 애자일을 잘 알고 있었지만 모두가 자신을 민첩한 사람으로 보진 않았다.

임원진 중 절반만이, 직원은 4분의 1만이 자신이 민첩하다고 대답했다.

고객이나 시장이 새로운 요구를 한다고 해서 우리가 곧바로 민첩해지진 않는다. 그러기에 우리는 너무 안정과 편리함에 매여 있다. 우리는 성공해 왔던 방식으로 계속하기를 가장 좋아하지만 대개는 그런 생각을 혼자만 간직하고 밖으로 얘기하지 않는다.

팬데믹 같은 사건은 우리의 정신을 유연하게 만든다. 상황이 유연성을 요구하면 우리는 유연해진다. 해야 한다면 해낸다. 앞으로 어떻게 될지 아무도 말할 수 없는 상황에서 우린 어떻게든 살 방법을 찾아냈다. 우리는 직관적으로 "현재 상황에서 어떤 행동이 가장 많은 부가가치를 창출하는지" 결정했다. '2019 미래 조직 보고서'를 공동발기한 르네 크렐링이 설명한 민첩한 사고방식의 핵심이란 바로 그런 것이다.[7]

아웃풋보다 더 중요한 것

———◆———

스마트폰을 깜빡하고 집에 두고 오면 불안한가? 음식이 맘에 들지 않으면 손님을 초대할 용기가 나지 않는가? 의뢰인이 당신의 제안에 100퍼센트 동의하지 않으면 당황스러운가? 아이가 태어나기도 전에 벌써 최고의 학교를 조사해 두었는가? '예'라고 답한 질문이 많을수록, 고전적 계획자에 속할 확률이 높다. 이들은 목표를 세우고 그것을 위해 체계적으로 일한다. 이들의 강점은 철저한 준비에 있지만, 정작 그들이 세운 계획에는 실수와 예기치 못한 변화가 빠져 있다. 그래서 그런 일이 벌어지면(생각보다 자주 그런 일이 벌어진다) 혼란을 겪는다.

민첩하게 생각하는 이들은 계획 외에도 두 번째 대책을 갖고 있다. 손님이 빈 접시 앞에 앉든, 주문이 잘못 진행되든, 손을 씻어야 하는데 비누가 없든 그냥 내버려 둔다는 뜻일까? 당연히 아니다. 그들도 계획을 세운다. 그러나 그들의 행동 기반은 철저하게 계획된 프로세스가 아니라 확고한 비전이다. 그러므로 예상치 못한 일이 발생하여 궤도에서 엇나가는 일은 없다.

> 손님 접대를 가정해 보자. 아주 오래된 친구가 여행 중에 당신을 방문하거나 직장 상사가 가족과 함께 온다. 당신은 일반 케이크와 비건 케이크 둘 다 준비해 둔다. 샴페인을 차갑게 준비하고, 아이들을 위해 딸기 초콜릿을 사둔다. 손님이 오면 커피콩을 갈기 시작하여 손님이 그 향을 맡을 수 있게 한다. 그때 갑자기 전기가 나간다. 언제 다시 전기가 들어올지 아무도 모른다. 혹은 손님이 15분 일찍 도착하거나 고양이가 케이크를 먹기 시작한다. 당신은 거의 미치기 직전이지만 그저 아무도 그것을 눈치 채지 못하기만을 바란다.

민첩하게 생각하는 사람은 다르게 준비했을 것이다. 똑같이 준비했더라도 그들은 예기치 못한 상황에서 실패하지 않는다. 그들은 성과(Output)로 성공 여부를 정하지 않기 때문이다. 인스타그램에 올릴 만한 테이블 장식이나 바리스타 못지않은 커피 등 계획한 목록을 모두 실행했느냐로 성공을 측정하지 않는다. 그들이 가장 중시하는 성공 잣대는 결과(Outcome)이다. 좋은 손님 접대는 여유로운 오후라는 결과를 가져온다. 화기애애한 대화, 놀이에 푹 빠진 아이들, 초대한 사람과 초대받은 사람 모두가 좋은 추억으로 간직할 시간. 이런 오후는 최소한의 비용으로도 실현될 수 있다. 손님이 도착하고, 샴페인을 딴다. 누군가 이탈리아 젤라토를 가져온다. 대화는 물 흐르듯 이어진다. 아이들이 약간 심심해하는 것을 옆눈으로 본다. 이제 무슨 일이 벌어지든 상관없으니, 아이들에게 곡괭이를 들려주고 정원에서 잔디 몇 군데를 파게 한다.

차이가 느껴지는가? 고전적 계획자는 필요한 것을 구하기 위해 분주해질 것이다. 민첩한 계획자는 계획을 잊고 지금 여기에 집중하여 원하는 결과에 초점을 맞춘다. 그들은 낯선 영토에서도 신중하게 더듬으며 앞으로 나아간다. 모든 대안을 열어두더라도 되돌릴 수 없는 지점이 있기 마련이다. 애자일 프로젝트 관리에서는 이 지점을 '책임이 따르는 마지막 지점(Last Responsible Moment)'이라고 부른다. 이 지점에서 해결하지 못한 문제는 나중에 훨씬 큰 비용을 들여야 상쇄할 수 있다. 손님 초대의 사례에서는 심심해하는 아이들이 바로 그런 지점에 해당된다.

아주 당연해 보이는 일에도 끊임없이 주의를 기울일 필요가 있다. 계획이 술술 잘 풀릴 거라는 보장은 없기 때문이다. 민첩하게 생각하는 사람은 끊임없이 계획한다. 우선 대략적인 선에서 프로젝트를 시작한다. 그리고 다음 단계에서 실행할 것만 상세하게 계획한다. 월별로 혹은 시간별로 상세히 확정하는 대신 마지막 순간에 세부사항을 살핀다. 앞서 든 손님 초대의 사례에서 살펴본다면 이런 것이다. 모두가 편안한가? 잔이 채워져 있는가? 대화가 매끄럽게 진행되는가? 너무 덥거나 너무 추운가? 아이들이 심심해하진 않는가? 이렇게 하면 상황이 아무리 복잡하더라도 이 모든 세부사항을 해결할 수 있다. 실시간으로 상황에 맞춰 행동하기 때문이다.

완벽한 계획이란 꿈이다. 현실이기에는 너무 아름다울 때가 많다.

그 아름다움 때문에 계획을 버리기가 매우 어렵다. 그래서 우리는 계획을 기필코 실현하려고 애쓴다. 그렇게 되면 결과적으로 조직이론가 러셀 애코프가 지적한 역설이 생긴다. "잘못된 일을 효율적으로 행할수록 당신은 더욱 잘못 행동한다. 잘못된 일을 잘하는 것보다 올바른 일을 잘못하는 것이 훨씬 낫다. 올바른 일을 잘못 행한 뒤 그것을 수정하면 당신은 발전한다." 완벽주의와 야망은 우리를 혼돈으로 이끌 수 있다. 상황이나 관계자가 계획대로 움직여주지 않아 계획이 잘못된 것으로 판명되면 아무리 아름다운 계획이라도 소용이 없다. 상황을 파악할 수 없을수록, 전개가 불확실할수록 계획은 더욱 어렵다. VUCA 세계의 빠른 변화 속도로 볼 때 우리는 각각의 모든 세부사항을 어떻게 해결할지 1년, 몇 주, 때로는 하루 전에도 미리 알 수 없다. 그러나 우리는 사고방식을 확장할 수 있다.

계획대로 주행하려면 눈으로 확인하며 운전해야 한다.

눈으로 계속 확인하며 운전할 때 우리는 장애물에 즉각 반응할 수 있고 기회의 머리채도 재빨리 움켜쥘 수 있다.

코로나로 인해 많은 계획들이 궤도를 이탈했다. 그러나 패션잡지의 기획 기간은 아주 길기에, 코로나가 닥친 봄에 대부분의 잡지는 미리 기획한 그대로 출간되었다. 하지만 이탈리아의 패션지《보그》는 달랐다.《보그》4월호는 텅 빈 표지로 출간되었다. 내지에서도 미리 찍어두었던 사진들을 모두 빼고 셧다운 상황에서 순간 포착 사진들을 실었다. "우리 이탈리아 사람은 어차피 마지막 순간까지 일을 미루는 습성으로 유명하잖아요." 민첩한 대처를 보여준 편집장 에마누엘레 파네티가 말했다. "이번에는 그런 습성이 변화에 빠르게 대응하는 데 도움이 되었습니다."[8]

모른다고 인정하기

학자들은 뉴노멀의 필수 요소를 불확실성으로 본다.[9] 표류하는 기분은 VUCA 세계의 일부이다. 그러므로 무지를 부끄러워할 필요 없다. 불안감을 숨기지 않아도 된다.

아는 것과 모르는 것을 투명하게 드러낼수록 더 많은 신뢰와 존중을 받는다.

소통에도 새로운 시대가 열렸다는 뜻이다. 얼마 전까지 결정권자는 모든 걸 아는 사람처럼 방향을 제시했었다. 직원과 유권자들에게 무지를 드러낼 수는 없었다. 코로나 시대로 예를 들어보자. 엄격하게 적용된 초기의 코로나 셧다운은 느슨한 정책을 먼저 도입했다가 다시 엄격한 정책으로 바꿀 수는 없을 거라는 이유로 정당화되었다. 그러나 위기는 위대한 스승이 된다. 우리는 팬데믹 상황에서 낯선 소통형식을 배웠고, 그런 형식은 동참 의지를 키웠다.

> 2020년 3월 당시 나는 미생물학자 크리스티안 드로스텐이 누군지 전혀 몰랐다. 정치 토크쇼 「마이브리트 일너」에서 드로스텐을 처음 보았던 때를 똑똑히 기억한다. 그의 설명 방식이 맘에 들었다. 신중하게 발언하고, 아주 당연하게 자신의 오류를 수정하고, 모르는 것을 모른다고 인정했다. 그런데도 권위가 전혀 손상되지 않았다. 그런 토크쇼 게스트는 처음이었다. 불안감을 드러내선 안 되고, 불확실을 가정하는 화법을 써선 안 되며, 언제나 냉정함을 유지해야 한다는 소통의 기본규칙이 갑자기 과거의 일이 된 것일까? 그래서 드로스텐이 확실한 건 아무것도 없다고 용감하게 인정하는 걸까? 마스크 착용도 처음에는 불필요한 일로 여겨졌다가 나중에는 의무로 권장되었다. 그러니까 이 모든 일에서 '아주 조금이나마' 성장한 걸까?[10] 이것이 시대에 맞는 소통방식이었을까?

드로스텐의 소통방식은 모두가 곧 배우게 될 일의 작은 끄트머리에 불과했다. 새로운 일상, 뉴노멀이라는 말은 그 자체로 모순이다. 지식은 끊임없이 변한다. 오늘 최고의 지식으로 여겨졌던 것이 내일 틀린 것으로 밝혀질 수 있다. 사람들은 영원한 해답이 존재하지 않음을 받아들일 준비가 되어 있다. 독일 연방하원의원 크리스티네 아쉔베르크두크누스는 이미 사고의 전환을 마쳤다. "국민은 어린애가 아니다. 그러므로 결정권자는 더 자주 '모릅니다!'라고 인정하는 편이 더 나을 것이다."[11] 오래전에 그랬어야 했다. 세상이 불확실하다면, 비록 지식 기반이 불완전하더라도 결정의 근거를 투명하게 전달하는 리더가 신뢰를 받는다.

뉴욕주 연방상원의원 키어스틴 질리브랜드 역시 절대적이지 않은 소통방식을 옹호한다. "내 경험으로 볼 때, 개방성과 투명성을 보여준다면 많은 사람이 당신의 뒤를 따를 것이다." 투명성은 변화에 담긴 위협성을 제거하는 동시에 절대성이 없으므로 협상의 여지가 열릴 수 있다. 예나 지금이나 특히 독일에서는 말을 바꾸지 않는 사람이 정직한 사람으로 통한다. 변화는 종종 변덕스러움과 동일시된다. 그래서 자신을 넘어 성장하기가 더 힘들다.

2020년 여름, 독일에서는 다음 질문들이 오르내렸다. 마르쿠스 죄더가 과연 총리가 될 수 있을까? 그가 그것을 원하기는 할까? 그가 총리가 되길 바라는 사람이 확실히 많았다. 총리 적합도 설문조사에서 그는 명확히 선두였다. 그러나 문제가 하나 있었다. 마르쿠스 죄더는 지금까지 바이에른주 주지사로 일했고, 바이에른주 안에서만 자신의 미래를 본다고 평가되었다. 기독교사회연합당(CSU) 부

대표 킬리안 젠트너가 뉘른베르크 시의회에서 말했다. "죄더가 바이에른에 머물겠다고 하면, 그는 바이에른에 머물 것입니다. 죄더는 정직한 사람이니까요."12

아주 전형적인 사고방식이다. 그러나 이런 사고는 유통기한이 끝났다. 발표된 계획을 뒤집는 것이 신뢰도를 떨어트린다면 변화된 상황에 어떻게 탁월하게 대응하란 말인가? 우리가 과제를 수행하며 성장하고, 더 높은 목표로 바꾸고, 갑자기 생겨난 가능성을 이용한다면 그것이 정말 약삭빠른 행동일까? 당연히 아니다. 민첩성을 훌륭하게 발휘했을 뿐이다. 상황에 따라 입장까지도 바꿔야 한다. 시대의 변화에 발맞춰 자신도 변할 수 있다는 가능성을 아는 이가 탁월한 자기 발전에 성공한다.

결과의 탁월함을 결정짓는 것

제품이나 서비스의 탁월함은 어디에서 드러날까? 개발자와 책임자는 철저한 계획과 과감한 투자 그리고 독특한 기능 등을 성공의 기반으로 본다. 그러나 소비자는 다른 잣대를 들이댄다. 그들은 프로세스의 효율성과 기능의 세부적 구현이 아니라 결과와 경험으로 성공을 측정한다.

함부르크 엘프필하모니, 아이폰, 오스틴 미니 같은 전설적 제품이 그 증거이다. 엘프필하모니는 예산을 약 열 배나 올렸고, 아이폰은 출시된 당시에는 우수했지만 시리즈로 만들 준비는 아직 미흡했었으며, 1959년에 개발된 오스틴 미니는 최신 기술을 장착했으나 투박한 외관으로 고객의 취향을 맞추지 못했다. 레이싱카 디자이너 존 쿠퍼가 모두를 위한 소형 스포츠카의 잠재력을 발견했을 때에야 오리지널 미니는 숭배 대상이 되었다.[13] 이들 모두 프로젝트 단계에서는 명성을 얻지 못했지만 최종 제품이 고객의 비전 을 실현한 것으로 인정받았다. 존 레논은 운전면허도 없으면서 1964년에 미니 쿠퍼 S를 주문했다. 오늘날에도 전 세계에서 수많은 사람이 최신 아이폰을 먼저 손에 넣기 위해 애플 매장 앞에서 밤을 새운다.[14]

사람을 중심에 두는 솔루션의 비밀은 신경을 자극한다는 것이다. 사람들은 기다렸다는 듯이 감탄하고 전율한다. 이런 짜릿함에 비하면 시리즈 준비나 일정, 예산 따위는 아무것도 아니다. 물론 그렇게 간단하지만은 않다. 관리자·팀·의뢰인은 당연히 평탄치 않은 진행이 기발한 제품으로 이어지리라 확신할 수도 없고 그러고 싶지도 않다. 사생활에서도 '예산과 시간'은 우리를 강하게 흔든다. 가령 집을 짓는데 엘프필하모니처럼 건축 비용이 예산의 열 배가 되면 당신과 나는 분명 무너져 내릴 것이다. 열 배는커녕 50퍼센트만 초과하더라도 정신이 아득해지리라.

그럼에도 고객의 관점에 맞춰야 한다. 시스템이 잘 갖춰진 국가라면 고객들은 자동차가 안전하게 달리고, 임플란트가 안정적으로 자리를 잡고, 콘서트홀의 음향 시설이 고성능이기를 당연하게 기대한다. 그렇지만 나를 정말로 매료시키는 것은, 나조차 알지 못했던 소망을 채워주는 제품과 서비스이다. 예를 들면 마법의 키보드가 장착된 아이패드 프로나 여전히 사용자 중심 개발의 천재적 모범이라 할 만한 '킨더 서프라이즈 에그'(달걀 모양의 초콜릿 안에 장난감이 들어 있는 완구. 한국에는 '킨더 조이' 등이 있다–옮긴이)가 그렇다. 이 초콜릿이 처음 출시되었을 때는 아직 사용자 중심 개발이라는 용어도 없었지만, 그럼에도 고객 중심 원칙을 50년 넘게 지키며 어린이 고객을 만나왔다. 고객을 중심에 두는 제품과 서비스는 경험이라는 부가가치와 감탄을 준다. 어쩌다 보니 고객에게 맞는 게 아니라, 애초부터 고객을 위해 만든 것이다.

고객 중심 디자인을 위해서는 고객을 깊이 연구하고 고객과 직접 소통해야 한다. 혹은 애자일 선언문에 있듯이 "고객 협력을 계약 협상보다 우위에 둬야 한다." 애자일 프로젝트는 바로 이 부분에 강하다. 당연히 애자일 프로젝트 역시 철저한 계약을 기반으로 하지만 계약 내용과 초기의 약속을 넘어 프로젝트 개발에 사용자를 참여시키는 데 초점을 둔다.

이 정도의 친밀성은 고전적 프로젝트 관리에서 예외에 해당한다. 의뢰인이 의뢰할 때나 기획안 발표를 할 때 요구사항을 전달한다 해도, 그 후에는 숲속의 잠자는 공주가 된다. 공주는 제품 소개 때가 되어서야 비로소 잠에서 깬다. 의뢰를 받은 사람은 그때까지 조용히 자기 일을 한다. 의뢰인은 사고 및 개발 과정에 거의 관여하지 않는다. 관여하는 고객은 프로젝트의 효율성을 떨어트리는 성가신 존재로 인식된다.

고전적 작업방식은 순조로운 진행에 좋을 수 있지만 뼈아픈 깨달음으로 끝날 수도 있다.

그러므로 애자일 프로젝트에서는 처음부터 끝까지 사용자가 결정적 역할을 한다. 사용자는 욕구와 문제를 가지고 프로젝트팀의 머릿속에 항상 존재한다. 고대 그리스 연극의 '데우스 엑스 마키나'처럼('기계장치로 내려온 신'이란 뜻으로, 불가항력의 상황에서 뜬금없이 신을 개입시켜 결말을 짓거나 갈등을 푸는 플롯을 뜻한다-옮긴이), 프로젝트 마무리 단계에 갑자기 끼어들어 예상치 못한 전환을 만드는 대신, 정기적으로 피드백을 주고 소망을 밝힌다. 그러면 결함이 조기에 발견될 수 있고, 요구와 아이디어를 추가하더라도 민첩한 대응이 가능하다. 그러므로 고객의 소망은 그 어떤 것보다 애자일 프로젝트의 길을 넓게 열어준다.

내가 의뢰받았던 대필 프로젝트의 경우, 의뢰인과 소통하는 과정에서 그가 처음에 언급했던 것과 달리 자료조사가 풍부한 책을 원치 않는다는 사실이 드러났다. 그는 일상에서 겪은 에이전트 경험을 이야기처럼 풀어내는 기획을 훨씬 더 좋아했다. 덕분에 일이 간단해졌고, 처음에 미친 짓처럼 보였던 일정도 다소 여유로워졌다.

고전적 프로젝트에서는 기술의 완벽한 구현 같은 요구사항을 충족했느냐로 제품의 질을 측정하지만 애자일 프로젝트는 다르게 평가한다. 고객의 소망이 세밀하게 반영되었는지를 중요하게 본다. 애자일 선언문 역시 "작업을 완료할 수 있을 만큼만 개발하라"고 권고한다. 즉 '고객의 소망을 채울 수 있을 만큼'만 개발한다.

이런 규칙을 따르는 사람은 사생활에서도 더 여유롭게 일한다. 완벽주의에 빠지는 일 없이 적은 비용으로, 때로는 기대를 낮춰서 일한다. 그들의 접근방식은 실용적이되 평범한 사고를 뛰어넘는다. 우리는 일단 생각을 바꿔야 한다. 꿈의 결혼식이든 아이를 위한 간식 준비든, 우리가 최고라고 생각하는 기준을 잣대로 삼아선 안 된다. 어떤 사람을 위해 최선을 다했는데 그가 알아주지 않으면 객관적으로 최고의 결과라고 해도 가치가 없다. 그 사람이 결과마저 탐탁지 않아 하면 더 최악이다. 각 분야의 전문가인 우리는 이런 차이를 받아들여야 한다. 당신이나 내가 최고라고 생각하는 그것은 탁월하지 않다.

우리가 노력을 쏟으려는 그 사람이 최고라고 생각하는 그것만이 탁월하다.

둘은 같지 않다. 둘 사이에는 심지어 하나의 세계가 놓여 있다. 그럼에도 다른 사람의 머리와 심장에 닿는 길을 찾기 위해, 우리는 미지의 땅을 탐험하듯 다른 사람의 소망을 탐험해야 한다. 탐험 과정에서 우리는 종종 전에는 몰랐던 새로운 가능성을 만난다. 애자일 선언문에 서명한 17명 중 한 사람인 짐 하이스미스가 말한다. "생산성 중심의 사고방식은 우리의 비전을 실현 가능성 안에 가둘 수 있다. 불가능해 보이는 것을 탐험할 때 호기심과 모험정신이 우리를 돕는다."[15]

자신에게 실패를 허락하라

너무 진부해 요즘엔 잘 쓰지 않는 관용구들이 있다. 이를테면 '나쁜 일이 나쁘기만 한 건 아니다', '한쪽 문이 닫히면 다른 쪽 문이 열린다', '실패는 성공의 어머니이다' 등등. 당신은 어떤지 모르지만 이런 말은 내게 위로가 되지 않는다. 오히려 화를 돋울 때도 있다. 아마도 부주의, 잘못된 예측, 실패한 경험 등 내가 싫어하는 일들이 일어날 때면 이런 관용구들이 튀어나오기 때문일 것이다.

물론 이런 말들이 틀린 건 아니다. 분명히 실패는 배움과 성장의 일부이며 뭔가를 시도하는 사람이라면 꼭 실패를 경험한다. '유일한 실수는 실수에서 아무것도 배우지 못하는 것'이라는 말을 우리는 귀에 딱지가 앉도록 들었다.[16] 그러나 우리의 감정은 머리를 따라잡지 못한다. 실수에서 불안을 느끼고, 실수를 할 때에는 마치 낙인이 찍힌 기분마저 든다. 과거의 '실수 제로 문화'가 여전히 그림자처럼 남아 있다.

　호엔하임대학교의 연구가 그것을 보여준다. 실수가 장기적으로 긍정적 결과를 낳을 수도 있다고 응답한 사람이 80퍼센트나 되었지만, 실패한 기업가들은 매우 회의적인 반응이었다. 특히 원인 제공자가 자기 자신이라면 실수는 더 무겁게 느껴진다. 사업기획이나 고객 및 직원의 결속에서 문제가 생기면 실패 확정이 유보되고, 질병과 경기 침체만이 받아들일 만한 실패 요인으로 꼽힌다.[17]

　그래서 실수하지 않는 것이 최고란 말인가? 우리 대부분은 그렇게 배웠다. 틀린 답을 말하면 안 되고, 약해 보이면 안 된다. 이런 각인은 일과 삶 모든 영역에서 영향을 미친다. 창피 당하기 싫어 모두가 몸을 사린다면, 기업은 설립되지 않고 결정은 내려지지 않으며 입장 표명도 없다. 혁신과 아이디어도 탄생하지 못한다.

우리는 능력 발휘로 빛을 내지만 바로 그 때문에 발전하지 못한다.

　여전히 내연기관에서 전기모터로 넘어가는 과도기에 머물러 있는 독일 자동차산업은 물론이고 일반 가정에서도 이것을 확인할 수 있다. 가슴에 손을 얹고 답해보라. 처음 시도하는 요리로 손님을 대접한 적이 있는가? 그렇다고 대답할 사람은 몇 없을 것이다. 새로운 요리를 시도해 창피를 당하는 것보다 평소에 잘하던 요리를 준비하는 편이 훨씬 낫다. 검증된 방식은 안전한 결과를 만드니까.

이런 사고방식 때문에 독일 자동차산업은 구식 엔진 기술에 갇혀 있고, 기업은 디지털화에서 뒤처졌으며, 수많은 학교에서는 여전히 프로이센 시절에 시작된 45분 단위 수업이 진행된다. 새로운 시도가 곧 실패를 의미하진 않을 것이다. 그럼에도 닦여진 길이 없는 험한 지형에선 우리가 예전만큼 빛나 보이지 않을 위험이 높다. 그러므로 "작동하는 시스템은 바꾸지 말라"는 전략은 이해할 만하다.

다만 이런 전략에는 단점이 있다. 무결점과 효율성에 너무 집착하면 우리는 새로움에 도전할 용기나 민첩성 같은 탁월한 자질을 발달시키지 못한다. 비판을 두려워하는 마음은 혁신 의지를 꺾는다. 저널리스트 파울리네 싱켈스가 그 이유를 명쾌하게 설명한다. "실수 후 부정적 피드백을 받은 사람이 새로운 아이디어를 내는 경우는 드물다. 실수를 부정적으로 보는 문화는 종종 스트레스나 성과 압박, 완벽주의로 이어진다."[18]

압박과 멸시는 민첩한 정신을 마비시킨다. 어쩌다 이런 일이 벌어졌는가? 누구의 잘못인가? 어떻게 감출 수 있을까? 이렇게 물어선 안 된다. 다음과 같이 물어야 한다. 이제 어떻게 해결할까? 이 일에서 무엇을 배울 수 있나? 같은 실수를 반복하지 않으려면 어떻게 해야 할까? 신뢰를 주는 문화는 사고의 전환을 불러온다. 관리자가 먼저 책임 추궁을 그만두고 자신도 새로운 일에서 종종 실수를 저지른다고 (적절히) 공개하면, 실수를 열린 마음으로 대하는 문화가 만들어진다.

중장비회사 트럼프의 대표이사 니콜라 라이빙거 카뮐러는 직원들이 예술에 눈을 뜨고 유행 너머의 작품과 예술가에게도 관심을 가지길 바란다. 그는 직원들의 관점을 전환하기 위해 자신을 배우는 사람으로 드러내고, 어렸을 때 부모의 손에 이끌려 전시회에 갔던 모든 일을 얘기한다. "처음에는 강제성이 필요하지만, 점점 예술적 감각이 풍성해질 겁니다."[19]

영감을 주고 공감하는 리더는 장애물을 없애고 풍부한 자극을 준다. 하지만 진정으로 탁월함을 추구하는 사람은 자기 자신에게 묻는다. 누군가가 우리를 안락한 장소에서 끄집어낼 때까지 기다릴 작정인가? 이 질문에 '그렇다'라고 답하는 것은 마치 조용한 주택가에서만 자전거를 타는 것과 같다. 평범한 사람이란 뜻이다. 탁월함을 추구하는 사람은 자신을 추동하고 능동적으로 행동한다. 아직 모르는 지식과 실수를 피해야 하는 치욕으로 여기는 시각을 극복할 때 가장 큰 이익을 얻는다. 그러려면 위기를 견디는 능력인 회복탄력성이 필요하다. 다음의 행동방식이 도움이 될 것이다.

· 위험신호와 위험요소를 능동적으로 예상하고 대비한다.
· 실수와 부족한 점을 가능한 한 일찍 알아낸다.
· 문제로 커지기 전에 결점을 수정한다.
· 창의적으로 대안을 찾는다.
· 도움을 청한다.

· 이 모든 것이 여의치 않으면, 충격에서 빨리 회복하고 경험에서 배운다.

너무 이상적인 것처럼 보일 수 있지만, 회복탄력성은 훈련으로 강화할 수 있다. 불확실한 VUCA 세계에서는 실수를 정보를 제공받는 과정으로 받아들여야 한다.[20] 의식이 이 수준에 도달하면 문제가 생겼을 때 창피함과 자기연민 없이 대처하고, 필요하다면 후퇴도 할 수 있다. 반면 불확실한 일에 뒷걸음질 치는 사람은 당장 신발이 젖진 않겠지만 한 걸음도 앞으로 나가지 못한다.

코로나는 민첩한 실수 문화가 얼마나 많은 걸 가져오는지 보여주었다. 정치인도 미생물학자도 지식의 한계를 인정했다. 이번 팬데믹에서 모두가 뭔가를 배운다고 총리가 매일 털어놓는다. 정치인이나 전문가들에게 계속해서 과거의 원칙들을 요구해서는 안 된다고 미생물학 교수 멜라니 브링크만이 지적했다. 어제 확실했다가 오늘 구식이 된 것을 고치는 일은 이제 미덕이 되었다.

도전 과제가 복합적이고 새로울수록 올바른 길을 알기 어렵다. 판단 오류가 잦아지고, 기다리며 전개 상황을 살피고 싶은 유혹이 점점 더 커진다. 일부는 여전히 주식차트 분석에 머무르고 있지만, 일부는 이미 결정을 내리고 가능한 일을 시도하고 있으며 시제품을 출시하고, 주가 변동을 활용하며 야외 오페라 티켓을 예매한다.

민첩하게 행동하려면 실수와 판단 오류를 미리 계산해둬야 한다. 잘못된 결정으로 멀리 둘러 가게 되더라도 최대한 재빠르게 수정하면, 원래 원했던 대로 될 뿐만 아니라 한층 더 발전한다. 그러나 실수에 민첩하게 대응하는 일이 절대 즐겁지는 않다. 민첩한 실수 문화에서는 약점과 미흡함이 공개될 수밖에 없기 때문이다. 문제를 숨기는 일은 있을 수 없다. 이에 관해 스크럼 공동개발자 켄 슈바버가 경고한다. "스크럼은 시어머니와 같다. 당신의 실수를 '빠짐없이 그리고 낱낱이' 드러낸다."[21] 애자일 프로젝트에서는 실수가 더 자주, 더 일찍 드러난다. 그렇기에 오히려 어려움 없이 실수가 수정될 수 있고 발전의 원동력으로 이용될 수 있다. 이런 실수 문화는 불확실하고 복잡한 상황을 성공적으로 다루도록 돕는다. 이때 다음이 중요하다.

규칙 1: 실수는 늘 생긴다. 새로운 세계에 들어섰고, 한 번도 겪지 못했던 일이 벌어진다면 실수는 생길 수밖에 없다. 그러나 같은 실수가 여러 번 발생해선 안 된다. 또한 부주의가 실패의 원인이어선 안 된다.

규칙 2: 주저 없이 시작하라. 주저 없이 미지의 세계로 뛰어들어라. 그러면 어떻게 돌아가고 있는지, 또 무엇이 잘못된 길로 이끄는지 빨리 알게 된다. "뮤즈가 작업실에 날아들어 타자기나 컴퓨터에 마법의 가루를 뿌려주는 일은 절대 없다. 뮤즈는 지하실에 살고 있다. 여러분이 뮤즈가 있는 곳으로 내려가야 한다."세계적 베스트셀러 소설을 60권 넘게 출간한 스티븐 킹의 말이다.

규칙 3: 실수 하나에 세상이 무너지진 않는다. 실수는 그저 또 하나의 공부이다. 뭔가를 점검하고, 적응하고, 더 발전할 기회다.

규칙 4: 반복해서 생각하라. 복잡한 과제는 곧바로 해결되지 않는다. 여러 시행착오를 거쳐 해결책에 접근할 확률이 매우 높다. 전통적 시각에서 이는 효율성이 떨어지는 것처럼 보이기도 한다. 하지만 민첩하게 생각하는 사람은 잘못된 목적지로 향하는 직진보다 올바른 목적지로 구불구불 돌아가는 게 더 낫다고 여긴다.

A는 생물학과에 입학했다. 학점은 잘 나왔지만, 실험 수업이 재미없었다. 결국 휴학을 하고 6개월 동안 동물병원에서 일하며 수의사가 자기 적성임을 깨달았다. 1년을 기다려 수의학과에 입학했다. 고등학교 졸업 후 3년 6개월 만에 자기 길을 찾은 것이다. A의 친구는 같은 시기에 휴학과 전과 없이 이미 정치학 석사 과정에 있었다. 그러나 그 친구는 옛날로 돌아간다면 정치학을 또 선택하진 않을 거라고 말했다.

불확실한 세계에서 탁월하려면 자기 자신을 수정할 줄 알아야 한다. 좋아하는 명제를 버릴 수 있어야 한다. 자신의 판단 오류를 인정할 수 있어야 한다. 이미 완료된 결과도 버릴 수 있어야 한다. 처음부터 다시 시작할 수 있어야 한다. 그러면 이전보다 지식이 많아지고 경험이 늘어난다. 피아니스트 엘로이스 리스타드의 말에 위대한 지혜가 담겨 있다. "자기 자신에게 실패를 허락한다는 것은 스스로의 한계를 넘도록 허락한다는 뜻이다."[22]

내가 틀릴 수도 있다는 생각

민첩한 사고는 어떻게 배울까? 무의식적 사고 패턴을 극복해 더 크게 성장하려면 어떻게 해야 할까? 그 시작은 겸손에 있다. 우리 대부분은 자신의 세계관을 확신한다. 우리가 지혜로 똘똘 뭉쳤다고 믿는 건 아니지만, 우리의 생각과 행동이 완전히 틀린 건 아니라고 강하게 확신한다. 바로 이 지점이 사각지대이다. 인간은 인지 왜곡에 취약하다. 이른바 확증편향이 그중 하나이다. 우리는 이미 알고 있는 지식과 경험, 윤리 규범에 맞춰 정보를 선별하고 해석하는 경향이 있다. 어떤 사람은 짜증나는 의견을 내세우고 또 어떤 사람은 짜증나는 가치관과 주장을 들이민다. 우리는 자신의 편협함을 인식하지 못한 채, 자신의 세계관을 방해하는 모든 것을 성가신 팝업창 닫듯 즉시 제거한다. 이미 정보 과부하 상태라면 이런 경향은 더욱 강해진다.

이때 우리는 수평적 사고를 돕는 긍정적 영향을 놓치게 된다.

일상에서의 사례를 들어보자. 당신은 첫 전기자전거를 사려 한다. 대략 조사를 해보니 특정 회사의 특정 모델이 마음에 든다. 자전거 매장에 가서 원하는 특징과 기능을 설명한다. 모든 가능성을 열어두기 위해 특정 브랜드는 언급하지 않는다. 1번 판매원이 매우 설득력 있게 주장하며 당신이 처음 들어보는 회사의 어떤 모델을 추천한다. 2번 판매원은 조사 때 당신이 눈여겨봤던 바로 그 모델을 추천한다. 당신은 누구를 더 신뢰할까? 아마도 당신의 기존 선택을 지지하는 판매원일 것이다. 인간적인 반응이다. 재확인을 받으면 인정받은 것처럼 기분이 좋기 때문이다. 반면 '정신적 과부하(mental overload)'는 스트레스를 준다. 우리는 반대되는 의견으로 세계관을 흔드는 사람보다 자신의 의견을 지지하는 사람을 더 믿고 싶어진다.

모든 집단에서 이런 현상을 목격할 수 있다. 여자들은 여자들과 더 이야기하고, 남자들은 남자들과 더 많이 이야기한다. 아이가 있는 사람은 자식 또래의 아이가 있는 사람에게 더 끌린다. 비슷한 분야에서 일하는 사람들이 완전히 다른 분야에서 일하는 사람들보다 더 순조롭게 대화를 이어간다. 최고경영자는 비슷한 수준의 상류층과 교류한다. 유유상종은 복잡한 삶을 그나마 단순하게 해준다. 끼리끼리 모이면 같은 렌즈를 끼고 세상을 보고 자신의 견해를 아주 편안하게 재확인받는다. 그것은 안락감과 친밀감을 준다. 누구도 자신의 '오버톤 윈도우(overton window)' 밖의 입장과 발언을 다루지 않아도 된다. 오버톤 윈도우란 정치학자 조지프 오버톤이 만든 용어로, 사람들이 의미 있으며 받아들일 만하다고 여기는 범위를 뜻한다.

정서적 일치에는 단점이 하나 있다. 바로 우리의 정신적 민첩성을 갉아먹는다는 것이다. 자기와 비슷한 사람들만 좋아하다 보면 현실을 보는 눈이 왜곡된다. 굳이 낯선 가치관을 직면하지 않아도 되어서 편하지만 낯선 가치관을 통해 풍부해지지도 못한다.

우리는 자기가 만든 틀에서 벗어난 관점에 귀를 닫고, 흥미로운 자극을 피하고, 방해되는 사실을 마주하지 않으며, 숨은 기회를 식별해내지 않는다.

아무것도 우리에게 계속 생각하라고 요구하지 않는다. 새로운 생각을 만나려면 자신이 선호하던 안락한 사고의 둥지를 떠나야 한다. 자신과 다른 세계에 사는 사람들과 교환할 때 가장 가치 있는 아이디어의 불꽃이 발화하기 때문이다.

추리소설가 도나 레온은 반평생 영어영문학을 가르쳤다. 그리고 곧 80세가 되는 지금 29번째 베네치아 추리소설을 출간한다. 그녀는 세계적으로 이름을 알리는 초석이 된 첫 작품의 아이디어를 1992년 라 페니체 극장에서 오페라를 볼 때 얻었다. 오페라 마니아인 그녀는 당시 물품 보관소에서 지휘자 가브리엘레 페로와 그의 아내를 우연히 만났다. "우리는 다른 지휘자에 관해 대화를 나누다가 그의 죽음에 대한 이야기로 넘어갔어요. 그러자 추리소설을 시작하는 아주 흥미로운 방식이라는 생각이 들었고, 그때 글을 써보리라 결심했죠."[23]

지적 자극이 있어야 우리는 탁월함에 더 다가갈 수 있다. 애자일 전문가 멜라니 보네르트와 디트마어 보네르트가 표현한 것처럼 "민첩한 사고방식을 발달시키고자 하는 사람은 정신적 반작용을 활성화해야 한다."[24] 그러려면 계속해서 생각하도록 자극하는 본보기나 사람, 정보가 필요하다. 바른길을 가고 있는지 점검할 수 있는 피드백과 우리의 생각을 흔들어 놓는 인풋 역시 필요하다. 그래야 새로운 아이디어에 도달할 수 있고, 그동안 우리의 세계관을 공격했던 관점에도 조금씩 다가갈 수 있다.

얼마 전 치과에서 있었던 일이다. 크라운을 새로 씌워야 해서 본을 뜨기 위해 어금니를 꽉 물고 있는 5분 동안, 의사는 나의 주의를 딴데로 돌릴 요량으로 자기 딸 얘기를 했다. 그의 딸은 대입시험 직후에 혼자서 차를 몰고 스웨덴에 갔다. 아빠로선 맘이 편치 않았지만 딸의 꿈을 위해 여행을 허락해 주었다고 이야기하며, 의사는 루소의 말을 인용했다. "모든 아이는 일찍 죽을 권리가 있다." 이 인용구는 그 안에 담긴 사고만큼이나 낯설었다. 실리콘과 금속이 입에 가득하지만 않았어도, 곧바로 반박했을 것이다. 그러나 아주 급진적으로 들렸던 루소의 견해는 여운을 남겼다. 내가 그 견해에 동의하는지 아닌지는 지금까지도 잘 모르겠다. 하지만 그것은 나를 흔들어 오버톤 윈도우를 확장했다.

민첩한 사고는 흥미롭고 긴장감 넘치는 환경을 요구한다. 이런 견해는 경제계에도 스며들었다. 다양성과 포용성이 사회정의의 문제만이 아님을 깨달은 기업이 점점 많아지고 있다. 상반되는 경험과 인생 설계, 출신과 아비투스, 나이, 성적 지향, 종교, 그리고 육체적·정신적 능력의 차이에서 기회가 자란다. 이에 따라 영감, 혁신능력, 제품 다양성, 직원 만족도, 사업 성공률이 증가한다. 2018년 다양성 연구를 담당했던 컨설팅회사 페이지그룹(PageGroup) 대표 고란 바리치가 말한다. "서로 다른 사고방식과 성격 구조를 합치는 것이 중요하다. 그러나 안타깝게도 세대나 성별 토론에서 그 사실이 자꾸 잊힌다."[25]

미국 디자이너 네리 옥스먼이 MIT 미디어랩 연구소에서 자연에서 영감을 얻어 건축자재를 개발했다. 연구팀은 노아의 방주처럼 다양한 분야의 전문가 두 명씩으로 구성되었다. 옥스먼은 연구팀의 접근방식을 이렇게 설명했다. "인간은 세상을 하나의 렌즈로 보는 실수를 합니다. 그래서 훌륭한 환경학자와 재료과학자, 화학자, 해양생물학자, 그리고 제품 디자이너와 기계제작자, 건축가, 도시계획자를 한곳에 모으고자 합니다. 모두가 각자 다르게 볼 테니까요."[26]

아프리카에는 멋진 격언이 있다. "아이 한 명을 키우는 데는 마을 전체가 필요하다." 이는 탁월함에도 같은 원리로 발휘된다. 풍요롭고 다양한 환경이 필요하다. 고립된 섬에 머물면 편할 수 있지만 서로 이질적인 분야가 상호적으로 영향을 주고 받아야 시야를 더 넓힐 수 있다. 익숙한 신념에 이의를 제기하게 되는 것이다. 물론 낯선 사람의 낯선 특성은 불안감을 주고 추가 작업도 유발할 수 있다. 그러나 보글보글 발효되는 효모처럼 우리의 성장을 자극하고 변화 능력을 가속하기도 한다. SAP의 최고인사책임자 자비네 벤디크는 이렇게 말했다. "우리는 거의 모든 사람에게, 그러니까 그 일을 더 잘 할 수 있는 사람한테 뭔가를 배울 수 있다."

탁월함의 비밀 ⑦
: 더 민첩하게 계획하는 7가지 기술

세상은 끊임없이 변하고, 그럴수록 우리의 지식과 경험들은 점점 더 빨리 무효해진다. 어제까지 옳던 일이 오늘 잘못된 일이 될 수도 있고, 오랫동안 꿈조차 꿀 수 없었던 일이 갑자기 가능해질 수도 있다. 이런 급작스러운 사고전환을 쉽게 받아들이는 사람은 거의 없다. 첫 성공에 도달하면 우리는 성공 요인을 기꺼이 확인한다. 그러나 그런 요인들은 돌에 새겨져 있는 것처럼 고정된 것이 아니다. 바뀔 수 있으며 바꿀 수 있다. 민첩성이란 적극적으로 결정하고 삶의 세부사항을 의식적으로 다르게 다룬다는 뜻이다.

1. 비전을 그리자

세안하기, 커피 내리기, 아이들 깨우기. 이런 아침 루틴이 만족스럽지 않아도 우리는 보통 변화를 꾀하지 않는다. 왜 그럴까? 세세한 문제는 신경 쓰지 말고 완전히 자유롭게 당신이 꿈꾸는 아침 풍경을 그려보라. 조깅하기? 더 건강한 아침 식단 섭취하기? 아니면 그냥 15분 정도 더 자기? 가족 개개인의 서로 다른 비전을 어떻게 합칠 수 있을까? 어쩌면 각자의 비전이 너무 달라서 당신의 소망을 실현하기가 어려워 보일 수 있다. 그러나 적어도 자신의 소망이 무엇인지는 알 수 있을 것이다.

2. 최소 기능 제품을 개발하자

최소 기능 제품이라는 용어는 애자일 프로젝트 관리에서 비롯되었다. 이는 최소한의 비용으로 요구사항을 채우는 제품을 말하는데, 예를 들어 당신이 15분 정도 더 자기를 바랄 때의 최소 기능 제품은 늘 먹던 아침이 아니라 '오버나이트 오트(밤새 불린 귀리)' 뮤즐리이다. 식사 하나만 바꿔도 성공적으로 소망을 이룰 수 있다.

3. 계획을 단계별로 실현하자

최소 기능 제품을 시작으로 발전이 진행될 것이다. 반드시 최종 솔루션일 필요는 없다. 이제 당신은 첫 번째 성공을 점검해 좋은 것(15분 더 자기)은 유지하고 부족한 부분은 계속 개선할 수 있다(불린 귀리를 오래 먹으면 질릴 테니까). 다른 단계로 무엇을 하면 목적지에 더 가까이 갈 수 있을까? 무엇을 최적화하고 보완하면 좋을까? 무엇이 잘못된 방향으로 흐를 수 있을까? 짧은 단계로 목표를 쪼개면 새로운 단계가 최종 소망과 일치할 때까지 단계별로 계속 점검하고 개선할 수 있다.

4. 과제표를 만들자

프로젝트가 불확실할수록 더 많은 반복 작업이 필요하다. 과제를 표로 작성해 두면 언제나 한눈에 조망할 수 있으니 완료해야 할 모든 과제를 포스트잇에 적어 보드에 붙여보라. 해야 할 일, 진행 중인 일, 완료한 일 중에서 최우선 순위의 과제들을 가장 위에 붙여야 한다. 이렇게 정렬하면 무엇이 시급한 일이고, 무엇이 현재 진행 중이며, 무엇이 완료되었는지 한눈에 파악할 수 있다.

5. 스탠드업 질문 세 가지를 하자

애자일 프로젝트팀은 매일 혹은 자주 스탠드업 미팅을 한다. 서서 하는 짧은 회의에서 진행 상황을 확인한다. 이때 중요한 세 가지 질문이 있다. 지난 회의 이후로 어떤 업무를 처리했나? 다음 업무는 무엇인가? 계획대로 업무를 이행하는 데 방해가 되는 것이 있나? 마지막 질문이 특히 중요하다. 이 질문으로 당신은 문제를 일찍 알아차릴 수 있으며 적은 비용으로 해결할 수 있다.

6. 실패를 새롭게 평가하자

탁월함을 추구하는 사람은 익숙한 자리에 안주하지 않는다. 그들은 더 배우고, 새로운 세계로 들어서며, 미끄러지고 구르고 창피를 당할 위험을 감수한다. 이런 용기를 선천적으로 타고나는 사람은 없지만 훈련할 수는 있다. 아이들은 알아서 이런 용기를 훈련한다. 수영장 난간에서 물로 뛰어들다가, 다음에는 출발대에 올라 뛰어내리고, 나중에는 3미터 다이빙대 그 후에는 5미터에서도 뛰어내린다. 작가이자 코치인 파트리크 헤르만은 어른에게도 이런 담력 훈련을 권한다. "나는 특히 겁이 나는, 가장 피하고 싶은 바로 그곳에서 훈련한다. 그곳에서만 실행 의지를 얻기 때문이다."27

7. 경험에서 배우자

애자일 프로젝트 관리에서는 모든 과정이 성찰로 끝난다. 팀원들은 성찰을 통해 자기 자신을 관찰한다. 나의 방식이 효과적이었나? 성공 요인은 무엇이었나? 장애물은 무엇이었나? 다음에는 무엇을 다르게 해보고 싶은가? 일주일 동안 나는 어떻게 발전했나? 앞으로 또 하고 싶은 일은 무엇인가? 어떤 변화를 기꺼이 시도해보고 싶은가? 혼자이든 팀이든, 루틴화된 멈춤과 성찰은 고정된 사고와 고착된 행동 패턴을 깨트린다. 우리는 자극과 반응을 더 의식적으로 인식하고, 그것으로 더 현명한 계획을 세울 수 있다. 신경세포와 뇌 영역 사이에 새로운 연결이 생기게 되며 그 연결은 시간이 흐를수록 점점 더 단단해진다.

9

웰빙

때때로 멈춰 서서 자신을 돌보아라

자정 직전, 나는 침대에 누워 아이폰으로 뉴스를 훑다가 철학자 알랭 드 보통의 글을 만났다. 감탄하며 그가 쓴 잠에 관한 글을 읽었다. "비참한 기분이 든다고 해서 꼭 이혼할 필요는 없으리라. 어떤 의미에서 이혼은 새로운 직종으로 이직하거나 외국으로 이주하는 것과 같다. 종종 우리에게 부족한 것은 깨지 않고 내처 자는 규칙적인 일곱 시간뿐이다."¹ 나는 이 생각에 완전히 동의하며 감탄한 후, 다음 글로 넘어간다. 그렇게 밤새 읽는다. 뭘 읽었는지는 기억나지 않는다. 너무 덥다가, 너무 춥고, 문이 덜컥대고, 잠깐 내일의 날씨도 찾아본다. 여섯 시간이 채 지나지 않아 알람이 울린다. 다음 날 아침, 나는 잠이 부족한 느낌이다. 기분도 좋지 않다. 우리는 육체적·정신적으로 최고 상태일 때만 탁월할 수 있다. 더 정확히 표현하면 최고의 상태를 유지할 때만 탁월할 수 있다.

몸과 마음이 모든 걸 결정한다

코로나 이후로 우리는 건강이 그저 중요한 수준에 그치지 않음을 알았다. 국가와 사회가 경제 성장보다 심신의 평안을 이토록 우위에 둔 적은 없었다. 날이 갈수록 일상과 건강이 주가와 수익성보다 더 중요해졌다. 신체와 정신의 고갈을 더는 탁월함의 증거로 보지 않는 세대 덕분이다.

수면시간에 주의를 기울이고, 명상하고, 감기 때문에 집에서 쉬는 정치인과 관리자들이 약골이라고 놀림 받던 시대는 끝났다. 이제는 정반대가 되었다. 코로나 이전에도 일과 삶의 합리적 균형인 이른바 '워라밸'을 추구하는 사람이 현명한 사람으로 통했다. 의식 있는 사람들은 오래전부터 세계보건기구(WHO)의 건강 정의를 따랐다. "건강은 질병과 부상이 없는 상태만을 뜻하지 않는다. 건강은 육체·정신·사회적으로 완전히 평안한 상태를 뜻한다."

여건이 되는 사람들은 건강을 위해, 보기 좋은 몸매를 위해, 노화를 최대한 늦추기 위해 많은 걸 한다. 이런 노력은 압박스타킹, 영양제의 안개에서 벗어나면 더 쉬워진다. 건강을 총체적으로 그리며, 유지하는 것보다는 누리는 관점에서 보게 된다. 밀레니얼 세대와 베이비붐 세대도 슈퍼푸드로 에너지를 끌어올리고, 헬스앱으로 건강 변수를 측정하며 애매한 증상에 대해 인터넷에서 검색하고, 매년 새해 결심 목록에 다이어트를 적는다. "건강을 잃으면 모든 걸 잃는 것이다." 이런 생각이 광범위하게 퍼져 있다.

심신의 평안은 역량을 강화하고, 그 외에도 많은 이득을 가져온다.

건강한 몸과 마음은 이제 메가트렌드에 속한다. 우리는 신체적 최적화를 위해 많은 걸 한다. 건강한 생활방식의 다섯 가지 요소(금주, 운동, 식이, 감량, 금연)의 권고사항을 따르는 사람은 2형당뇨나 심혈관질환, 암 등의 문명병을 평균적으로 8~10년 정도 뒤로 미룰 수 있다.[2] 더 나은 건강 상태가 모두에게 더 많은 행복의 순간과 새로운 역량, 자신감을 선사한다. 우리는 현재 통계상으로 가장 건강하지만 우리는 더 건강하기를 원한다.

정기 검진을 받을 때, 문진 시간에 나는 더 편안하고 더 활기찬 상태가 되고 싶다고 말한다. 그다음에는 통상적인 검진이 이어진다. "데이터상으로는 아주 건강하십니다." 의사가 종합해서 말한다. "현재 심장병, 암, 당뇨, 기관지 질환이 없습니다. 당연히 일을 늘려서도 괜찮습니다. 하지만 솔직히 말하자면, 제 의견은 다릅니다."

내 주치의는 의견을 감추는 부류가 아니다. 나는 야단에 가까운 비판을 들었다. "아프지 않은 것은 당연한 일이 아니고 그렇게 유지되지도 않습니다. 그러나 알고 있듯이 삶을 맘껏 누리고 높은 자리에 오르려면 그만한 힘이 있어야겠지요. 그래서 우리는 에너지와 활력이 넘치기를 원하고 있고요. 단추만 누르면 기분이 좋아지고 집중력이 높아지기를 바라는 겁니다. 필요할 때면 언제든 불러낼 수 있는 초인적 영웅이 되고 싶은 거죠."

미래연구소는 총체적 건강을 '헬스니스(Healthness)'라고 부른다. 이 단어는 건강에 관한 지금까지의 생각을 넘어선 최적의 생활 에너지를 표현한다. 인생의 모든 가능성을 평생에 걸쳐 최대로 맘껏 누리고 싶다는 요구처럼 들린다. 운동이나 건강한 식단을 통해 많은 사람이 신체 나이를 여권에 적힌 나이보다 훨씬 낮추는 데 성공한다. 우리는 이렇게 할 수밖에 없다. 왜냐하면,

자신의 욕구만 높아지는 게 아니라, 우리에게 주어지는 요구도 점점 높아지고 있기 때문이다.

노동시장에서든 연애시장에서든, 가능하다면 높은 수요와 최상의 상태를 평생 유지하는 것이 중요하다. 그러려면 아이디어와 함께 민첩성과 호기심이 필요하다. 당연한 말이다. 그러나 우리의 강점을 얼마나 발휘할 수 있느냐는 우리의 체질과 체력, 집중력에 달렸다. 얼마나 대담하게 생각하는가? 얼마나 신중하게 표현하는가? 다른 사람에게 얼마나 공감하는가? 얼마나 신뢰할 만한 사람으로 보이는가? 얼마나 민첩하게 변화를 맞이하는가? 얼마나 끈기 있게 자질을 다지고 있는가? 이 모든 것이 상당 부분 우리의 심신 상태에 달렸다. 육체적·정신적으로 탁월한 상태에 있으면 우리는 더 쉽게 탁월한 역량을 발휘한다. 심신이 평안한지, 평안하지 않은지 그 상태도 겉으로 드러나게 된다. 스스로 탁월한 컨디션이 아니

라고 느끼면 역할을 잃어버리기 쉽고, 옛것에 안주하고자 하며 그
럭저럭 버틴 것에만 기뻐하게 된다.

끊임없는 자극 대처하기

우리는 예전보다 더 많은 사회적 관계 속에서 산다. 블로그에
서 생각을 표현하고 인스타그램에서 우리를 보여준다. 별생각 없
이 올린 게시물이 예상보다 오랫동안 주목 받기도 한다. 우리는 자
기 자신을 동료나 이웃 혹은 몇 년에 한 번 만나는 동창들하고만
비교하지 않는다. 이제는 소셜 미디어에서 매일 보고 듣는다. 옛날
애인의 딸이 영국 기숙 학교에 입학하고, 인플루언서가 내 자세보
다 훨씬 아름답게 요가 자세를 취하고, 중국 비즈니스 파트너가 탁
월한 협상가일 뿐 아니라 디제이로도 활약하는 걸 구경한다. 우리
는 줌과 스카이프로 여러 장소에 동시에 존재한다. 신호 대기 중에
재빨리 메신저 앱을 확인하고, 저녁에 거실 소파에 누워 느긋하게
스트리밍 서비스로 영화와 드라마를 즐긴다.

**온라인 생활, 직장 생활, 부모의 역할, 대화 상대자 역할 사이에서 우리의
주의력은 15개 창이 동시에 열려 있는 모니터 화면만큼 쪼개져 있다.**

우리는 끊임없이 요구, 주의 산만, 자극의 사격을 받는다. 밀려

드는 정보에 이따금 미칠 것 같은 기분이 든다. 모든 책임은 소셜 미디어와 디지털 기술 그리고 절대 줄지 않는 우리 자신의 기대에 있다. 물론 아주 큰 변화가 과거에도 있었지만 우리가 직면한 도전 과제는 삶이 점점 더 빨리 점점 더 평행하게 흐른다는 점이다. 코로나는 이미 오래전부터 있던 현상을 더 강화했다. 전통적 기업들이 해내지 못했던 급격한 디지털화를 식탁에서 이뤄낸 것이다. 화상회의 프로그램인 줌(zoom) 이용자 수가 몇 주 안에 1000만에서 2억으로 증가했다. 코로나 사태가 끝나면 급하게 고안하고 조직했던 것들 대부분을 사회·경제적으로 새로운 수준에서 다루게 될 것이다.

그러나 코로나는 느닷없이 닥쳤다. 그 때문에 디지털 생활에 부담을 느끼게 된 것도 사실이다. 쇼핑센터가 문을 닫아도 쇼핑은 계속된다. 대학 강의가 온라인으로만 진행되어도 나쁘지 않다. 모두의 취향에 맞는 놀이와 문화 프로그램이 어찌나 많은지 1퍼센트도 채 이용할 수 없을 정도다. 잡지사들이 저렴한 가격에 온라인 자료실을 개방했고 라이브 요가 강좌가 줌을 통해 진행된다. 모든 것이 동시에 무제한으로 끊임없이 제공된다. 주의가 산만하여 숨 쉴 틈이 없다.

자발적 격리 첫째 주, 그 모든 가능성에 나는 감탄했다. 둘째 주에는 고마움을 느꼈다. 그러나 다섯째 주부터는 광범위하게 가상세계로 축소된 생활이 밍밍해지기 시작했다. 마치 디카페인 에스프레소처럼. 급기야 머리가 아프고 눈이 침침해지며 어깨가 뭉쳤다. 소셜미디어와 메신저가 진짜 움직임을 대체했다. 처음에는 스카이프를 통해 친구들을 만났지만 나중에는 그마저도 사라졌다. 마스크를 쓰고 하는 마트 쇼핑이라도 온라인 쇼핑 택배를 받을 때보다 더 진짜처럼 느껴졌다. 장기적으로 보면 완전히 디지털화된 생활은 나의 '인지 폭'을 좁혔다. 이 개념은 프린스턴대학교 심리학자 엘다르 샤리프가 만들었다. 그의 연구에 따르면 우리의 정신적 용량은 한정되어 있다. 그 용량을 모두 사용하면 약정한 인터넷 데이터를 모두 사용했을 때와 같은 일이 발생한다. 한마디로 속도가 느려지고 진행이 매끄럽지 않게 되는 것이다. 비록 그럭저럭 진행되더라도 탁월한 성능에 필요한 속도를 내지 못한다. 그리고 우리는 생각보다 빨리 이런 상태에 처한다.

스마트폰이 거부할 수 없는 존재가 된 이유

디지털 기술은 환상적인 가능성을 열어준다. 그러나 30만 년 된 우리의 뇌는 정보와 자극에 오래 환호하도록 만들어지지 않았다. 인간은 창조적으로, 그리고 직관적으로 생각할 수 있다. 그러나 인간의 지능은 인공지능과 달라서, 수많은 데이터와 자극을 지치지 않고서는 연결하여 상관관계를 만들어내지 못한다. 인간의 뇌가 최고 수준에서 학습하고 생각하고 작업하려면 조용히 몰두할 시간이 필요하다. 과도한 자극은 오히려 뇌 역량의 확장을 방해한다. 너무 많은 일을 동시에 하려고 하면 우리의 뇌는 그를 따라갈 수가 없다. 우리가 클릭하지 않더라도 어떤 글에 딸린 링크 하나가 정보의 분석, 결론, 평가에 필요한 인지 자원을 갉아먹는다. 라이프니츠 지식미디어연구소의 전문가들이 시선 추적 기법으로 이것을 입증했다.[3] 독일 뇌과학자 만프레트 슈피처가 경고한 것처럼, 디지털 치매가 당장 우리를 위협하지는 않더라도 탁월해지고 싶은 사람은 다음을 명심해야 한다.

디지털 생활은 확실히 우리의 뇌를 극도로 힘들게 한다.

조심하지 않으면 미디어는 우리의 생산성을 높이는 대신 가로막는다. 스마트폰은 수많은 문제 중 하나에 불과하다. 그러나 스마트폰은 가장 개인적인 디지털 매체로, 우리가 온종일 사용하는 디지털 도우미를 상징적으로 대표한다. 2015년 독일 본(Bonn)대학교의 컴퓨터 공학자 알렉산더 마르코베츠는 6만 명의 스마트폰 이용 데이터를 분석했다. 피험자들은 당시에 하루 평균 50번씩 스마트폰을 이용했다. 이메일 확인하기, 소셜미디어와 메신저 앱 확인하기, 주가 확인하기… 그러니까 사람들은 평균 18분에 한 번씩 하던 일을 멈추고 스마트폰을 본다는 뜻이다. 이로 인해 작업 능률과 대화 상대의 인내심만 떨어지는 건 아니다. 지속적인 한눈팔기는 우리가 인식하는 것보다 훨씬 많은 에너지를 뇌에서 빼앗는다.

심리학자이자 작가인 레온 빈트샤이트가 이 결과를 분석했다.

"우리를 조종하는 것이 원시적 존재임을 많은 사람이 간과한다. 우리가 머릿속에 늘 넣고 다니는 이 오래된 하드웨어는 사실 디지털로 연결된 빠른 세상과 전혀 맞지 않는다."[4] 독일의 뇌과학자 마르틴 코르테 역시 입증했듯이 "우리는 뇌가 절대 좋아하지 않는 방식으로 디지털 매체를 사용한다."[5] 음식물이 차고 넘치는 걸 싫어하는 위처럼, 인터넷이 주는 자극이 차고 넘치면 뇌 또한 일종의 비상사태로 여겨 전원을 꺼버린다. 과잉은 단순화로 이어진다. 그 결과 우리는 객관성을 잃고, 가짜뉴스에 쉽게 속으며, 최고의 정보보다 가장 먼저 받은 정보에 만족한다.

> 피험자 800명, 스마트폰 800대. 텍사스대학교의 과학자들은 다음 의문을 풀기 위해 막대한 비용을 들였다. 스마트폰을 가까이 두면 뇌의 역량은 어떤 영향을 받을까? 피험자들을 무작위로 세 집단으로 나누었다. 한 집단은 스마트폰을 옆방에 두었고, 두 번째 집단은 가방이나 주머니에 두었다. 세 번째 집단은 바로 옆 탁자에 놓고 주의를 빼앗기지 않도록 뒤돌아 앉았다. 이 상태에서 피험자들은 컴퓨터 앞에 앉아 사고력이 요구되는 여러 문제를 풀어야 했다. 실험 결과, 피험자들은 스마트폰과 멀리 떨어져 있을수록 문제를 잘 풀었다. 스마트폰을 옆방에 둔 집단이 최고 성적을 냈다.[6]

스마트폰이 손이 닿는 가까운 곳에 있기만 해도 주의가 산만해져서 최상의 정신 상태를 유지하지 못한다. 문제의 근원을 파헤치고 잠재된 탁월함을 실현하기가 어려워진다. 정신 집중을 중시하는 사람이라면 이런 연관성을 아주 잘 알 것이다. 그러나 인간은 색다름을 추구하는 존재이다. 뇌는 디지털 기술에 자연스레 사로잡힌다. 클릭하고 화면을 밀 때마다 당장 뭔가 멋진 일이 벌어지지 않을까 기대하게 된다. 흥미진진한 콘서트 소식, 프로젝트에 필요한 결정적 정보, 내 블로그 포스트에 달린 댓글. 얼마 전에 보기 시작한 마블 영화도 잠깐 이어서 본다.

손 닿는 곳에 있는 스마트폰의 끌어당기는 힘은, 냉동실에 있는 초콜릿 아이스크림이 끌어당기는 힘과도 같다.

특히 지치고 권태로우면 도파민 자극을 갈구하게 된다. 그런 순간에는 디지털 기기를 포기하기가 특히 힘들다. 그렇게 되면 스웨덴 동화작가 아스트리드 린드그렌이 멋진 문장으로 묘사한 최고의 순간을 놓친다. "그럴 땐 그냥 자리에 앉아 멍하니 앞을 보는 시간을 가져야 한다." 신경과학자는 이런 '아무 의도 없이 아무것도 하지 않는 순간'을 'REST(Random Episodic Silent Thinking)'라고 부른다. 멍하니 생각나는 대로 생각하기. 이 시간에 우리의 뇌는 옛날 내용을 새롭게 연결하고 조합한다. 최상의 경우, 이때 '아하 경험'과 VUCA 세계에서 성공과 진보를 추동하는 혁신적 아이디어가 떠오른다.

화가가 자신의 그림을 볼 때처럼

나는 주중에는 여유를 만끽하는 시간이 거의 없다. 그러나 토요일 오후나 일요일 아침에 몇 시간이라도 여유를 누리려 노력한다. 가장 바라는 일은 바로 8월에 일정을 비우고 사무실에서 디지털 매체를 추방하는 것이다. 계획이 그렇다는 얘기다. 하필이면 이런 게으른 기간에 주로 흥미진진한 아이디어가 떠오른다. 그리고 그 아이디어는 다음 달 내내 나를 떠나지 않는다. 크게 애쓰지 않는데도 그런 아이디어가 날아든다. 온종일 빈둥댈 때 뇌는 휴식을 얻는다. 이럴 때 압박이 약해지면서 관점이 달라진다. 영국의 생물학자로 노벨의학상을 수상한 폴 너스가 중국의 젊은 연구자들에게 설명했던 일이 발생한다. "압박이 없어야 새로운 생각이 여러분을 찾아옵니다. 우수한 연구자가 되고 싶다면 너무 열심히 일해선 안 됩니다."[7]

머리가 가득 찰수록 저속화와 차단은 큰 이익이 되어준다. 산책하기, 독서하기, 깜빡 졸기, 수다 떨기. 세상에서 가장 단순해 보이는 일. 그런데 아무것도 하지 않으려면 뭔가 지원을 받아야 할 것만 같다. 길리 랑칸푸시 몰디브 리조트의 슬로건은 "no news, no shoes(뉴스 없이, 신발 없이)"이다. 나는 이 슬로건이 좋다. 삶의 과도한 자극과 대립각을 단 네 단어로 요약한다. 이를 실현하기 위해 굳이 비행기를 타지 않아도 된다. 물론 새하얀 해변과 완벽한 기후가 맨발의 사치를 더욱 매력적으로 만들긴 하지만 말이다.

파도 소리를 듣기 위해 꼭 바다가 있어야 하는 건 아니다. 물놀이도 마찬가지이다.

팬데믹이 활동 반경을 좁힌 것은 맞다. 그러나 우리는 그 어느 때보다 제한 없이 활동한다. 코로나 이전 못지않게 삶은 복잡해졌다. 재택근무 또한 높은 인지적·정서적 에너지를 요구한다. 일의 집중화 및 압축화, 멀티태스킹, 한눈팔기 역시 업무의 일환이다. 지역건강보험조합(AOK) 과학연구소의 2019년 결근보고서가 이것을 보여준다. 보고서에 따르면, 재택근무를 자주 한 직원들이 그렇지 않은 직원들보다 정신 건강 면에서 더 빈번하게 아팠다. 피로감을 호소한 비율을 보면 재택근무자는 67퍼센트, 회사에 출근한 직원이 45퍼센트였다. 신경쇠약과 예민함에서는 53퍼센트와 43퍼센트였고, 우울감에서는 38퍼센트와 28퍼센트였다. 게다가 재택근무자는 매번 집중력 감소와 의욕 저하, 두통과 싸웠다. 이 문제를 없애려면 산업재해방지법도 노동자조합도 필요치 않다. 우리가 직접 이 문제를 탁월하게 해결할 수 있다.

디지털 작업의 결과가 몸으로 느껴진다면 '화가가 자신의 그림을 볼 때처럼 한발 뒤로 물러날' 때가 된 것이다. 시인이자 작가인 크리스티안 모르겐슈테른은 노트북이 발명되기 수백 년 전부터 정신 활동을 많이 하는 사람의 정신 건강을 지키는 방법을 알고 있었다. 오래 앉아서 일하는 사람에게 별도의 운동 시간이 필요한 것처럼, 생활이 디지털에 치우친 사람은 의도적으로 감각에 집중하고 여유 시간을 가져야 한다. '뉴스 없이, 신발 없이'. 스마트폰 없이, 자료 연구 없이, 보고 없이. 우리가 루틴 모드로 일하는 한 뇌도 루틴 모드로 일한다. 우리가 의식적으로 중간 중간 루틴 업무에서 벗어나야 우리의 정신력도 궤도에서 벗어난다.

링크드인의 공동 설립자인 리드 호프먼은 자신의 팟캐스트 「마스터즈 오브 스케일」에서 다양한 최고경영자와 대화한다. 그는 모두에게 늘 똑같은 질문을 한다. "방향을 결정할 때 주로 어디에서 생각하십니까?" 모든 대답은 비슷한 곳을 가리킨다. 페이스북 최고경영자 마크 저커버그는 정원을 거닌다고 말했고, 페이스북 최고운영책임자 셰릴 샌드버그는 크로스트레이너 위에서, 피아트(FIAT)그룹의 회장 존 엘칸은 자연에서 생각한다고 답했다. "놀라운 대자연의 아름다움은 우리를 땅과 연결해주는 동시에 크게 꿈꾸고 야망을 갖도록 자극합니다."[8]

빛나는 아이디어는 주로 휴식 단계에서 등장한다. 그러므로 우리는 멈춰야 한다. 강가에 앉아 하릴없이 스마트폰 화면을 보는 사람은 휴식도 아이디어도 얻지 못한다. 4세기 말에 나쁜 태도라 일컬어지던 7가지 태도 중에서 일곱 번째를 차지한 것이 '아카에디아(Acaedia)'였다. 한눈팔 대상과 자극만 찾으며 아무것도 하지 않는다는 뜻이다. 그것은 휴식을 주기는커녕 오히려 피로와 내적 불안을 유발한다.

인간은 수면 중에 재생된다

—◈—

"이제야 내 삶에 등장한 어떤 존재를 당신에게 소개하고 싶다. 나는 35년 전부터 그에게 경탄해 왔다. 그는 결백과 정직, 예술을 상징한다. 나는 침대에 누울 때 언제나 그와 함께한다." 잠이 오지 않아 뒤척일 때면, 잠을 "모두가 탐내는 사치"라고 표현한 미국 배우 셜리 매클레인의 말에 깊이 공감할 것이다. 귀할수록 우리는 더욱 갈망한다. 수면 추적 앱이 호황을 누리고, 예민한 사람은 무거운 이불로 잠을 되찾는다. 잠이 정신을 맑게 한다는 깨달음이 점차 퍼진다. 잘 자는 사람이 인생을 더 많이 즐길 수 있다. 고루하게 들리지만, 최근까지만 해도 일반적인 얘기가 아니었다.

잠을 충분히 자려는 사람은 게으른 잠꾸러기처럼 여겨졌고, 밤을 낮으로 삼는 사람은 강하고 능력 있는 사람으로 통했다.

이런 견해가 너무 깊이 자리하고 있어 종일 세미나를 하고 밤 늦게까지 책을 쓰는 동료를 보면 나는 지금도 약간의 열등감을 느낀다. 겨우 며칠만 잠이 부족해도 나는 리모컨 조종을 받는 기분마저 드는데 말이다. 독일의 수면 연구자인 위르겐 출리가 수면 부족이 우리에게 미치는 영향을 알려준다. "비유적으로 말하면, 밤에는 외부로 향하는 모든 문이 잠기고 외부 세계와의 접촉이 대폭 축소된다. 유기체 내부에서 자율복구 시스템이 켜지고 작업이 진행되며 다음 날 아침에 다시 외부 자극에 대처할 수 있게 에너지를 충전한다. 밤에 진행되는 '작업'은 낮에 제대로 활동하기 위한 전제조건이다."9

하루 네다섯 시간만 자고도 끄떡없다고 알려진 앙겔라 메르켈 총리처럼 수면 욕구가 거의 없는 사람들도 아주 괜찮은 건 아니라고 고백한다. "매일 그렇게 자는 건 아니에요! 어느 정도 일정한 컨디션을 유지하려면 네다섯 시간보다 더 많이 자야 합니다."10

UC버클리에서 진행한 실험들이 독일 총리의 경험을 재확인해 준다. 얼마나 잘 자느냐는 사회활동에도 영향을 미친다. 신경심리학자 에티 벤 사이먼 연구팀은 피험자들을 하룻밤 동안 재우지 않았다. 반면 비교 집단은 아무 방해도 받지 않고 푹 자게 했다. 다음 날 모든 참가자가 동영상을 시청했다. 그들은 동영상에서 연달아 걸어오는 사람들을 보았다. 참가자들은 동영상 속 인물이 너무 가까이 다가온 기분이 들면 그때 단추를 눌러야 했다. 이때 잠을 못 잔 사람이 충분히 잔 사람보다 더 빨리 압박감을 느꼈다. 연구팀은 다음과 같이 결론지었다. "잠이 부족하면 금세 사회부적응자가 된다."11 연구팀은 두 번째 실험에서 반대 상황을 만들었다. 1000명이 넘는 온라인 시청자에게 텔레비전 토론회를 보여주고, 토론자의 성격과 사회적 지위를 평가해 달라고 부탁했다. 이때 토론자 일부는 잠을 못 잔 상태였고, 이 사실은 오직 연구팀만 알고 있었다. 결과적으로, 수면 부족으로 피곤한 토론자는 충분히 수면을 취한 토론자보다 덜 사교적이고 덜 성공적인 사람으로 인식되었다.

잠을 충분히 잘수록 더 사교적으로 행동하고 더 성공한 사람처럼 보인다.

잘 자는 것은 개운함 그 이상이다. 숙면은 사고력과 인상에 영향을 미친다. 잠재된 탁월함을 실현하려면 수면 욕구를 순순히 따라야 한다. 멀린다 게이츠나 아마존 대표 제프 베이조스, 혹은 온라인신문《허핑턴포스트》설립자 아리아나 허핑턴처럼 탁월한 수준에 이른 사람들은 자신의 역량을 최대로 발휘하기 위해 수면을 진지하게 여긴다. 그러나 그들도 밤의 평안을 거저 얻지는 않는다.

멀린다 게이츠는 저녁 7시 이후에는 아무것도 먹지 않고, 9시 30분에 잠에 들려 노력한다. 제프 베이조스에게 여덟 시간 수면은 업무의 연장이다. 최고경영자는 까다로운 결정을 내리는 대가로 거액을 받는다. 이런 위치에 있으면서 자기 관리를 제대로 못 하는 사람은 "'지치고 피곤해서 혹은 기분이 나빠서' 아마 자신의 가능성보다 낮은 곳에 머물 것이다"[12] 아리아나 허핑턴은 여덟 시간 수면을 리더의 과제로 여긴다. "정신이 훨씬 맑고 기분이 더 밝으며더 명료하게 앞을 내다볼 수 있으니, 나는 틀림없이 더 나은 리더이다."

프로답게 잠자기

———◆———

세계 최고의 축구 선수 크리스티아누 호날두는 수면 코치를 따로 둘 만큼 잠을 최우선으로 생각한다. 그의 수면 코치 닉 리틀헤일즈는 이렇게 말했다. "호날두는 실력을 끌어올리기 위해 뭐든지 합니다. 그리고 무엇보다 잘 자야 한다는 것도 알고 있죠." 호날두는 심지어 하루 일정 전체를 뒤집기도 한다. 그는 밤에 일곱 시간 혹은 여덟 시간을 자는 대신 수면 시간을 90분씩 5회로 쪼갠다. 이런 식으로 그는 실력이 떨어지는 걸 막으면서 하루 수면 권장 시간인 7시간 반을 잔다.

호날두의 수면 패턴은 극단적일 뿐 아니라 일반 직장인이나 가정생활에 적용하기는 어렵다. 리틀헤일즈는 더 쉽게 실천할 수 있는 다른 조언들도 준다. 비결은 변화에 있다. 그가 관리하는 최고의 운동선수들은 이불부터 잠자는 자세에 이르기까지 수면에 영향을 미치는 모든 세부사항을 최적의 조건으로 바꾼다. 모든 것을 다 따를 필요는 없다. 하나만 바꿔도 벌써 휴식의 질이 개선된다.

수면 시간. 대다수의 사람들에게는 대략 일주일에 90분씩 35회를 자는 것이 이상적이다. 그렇게 하면 90분 주기로 비렘수면 네 단계, 그러니까 회복에 특히 중요한 숙면의 네 단계를 모두 거친다. 그래서 수면 주기마다 몸이 최적으로 재생된다. 이 방법은 해외여행이 잦은 사람이나 갓난아기를 키우는 부모 혹은 당직을 서는 의사에게 적합하다. 이 방법을 따르면 자정 전이나 자정 후, 심지어 낮에도 생활패턴과 생체리듬에 가장 잘 맞도록 90분 주기를 어렵지 않게 지킬 수 있다. 중요한 것은 일주일 수면 결산을 맞추고 주기마다 90분을 꽉 채우는 것이다. 리틀헤일즈는 이것을 지키려면 수면일지를 작성하라고 권한다.

패션 디자이너 카를 라거펠트의 수면 리듬은 리틀헤일즈가 말한 방식을 모범적으로 따른다. "나는 새벽 2시에 자면 아침 9시에 일어나고, 자정에 자면 아침 7시에 일어납니다." 라거펠트는 이런 습관을 통해 최고의 컨디션을 유지하기 위한 필수 조건을 채웠다.

자극 최소화. 이것은 가장 중요한 규칙이면서, 디지털 세계에서 가장 지키기 어려운 규칙이다. 잠들기 90분 전에는 스마트폰과 노트북, 텔레비전, 스마트워치, 깜빡이는 LED를 멀리 둬야 한다. 블루라이트만 당신의 잠을 방해하는 게 아니다. 스마트폰을 손에 드는 것 자체가 자극이다. 고객의 이메일을 밤에 받든, 게임을 하며 쉬든, 시각 자극은 한 시간 이내에 당신의 수면을 파괴할 수 있다. 또한 잠들기 한 시간 전에 하는 격한 운동 역시 수면을 파괴하는 것으로 밝혀졌다.

수면 환경. 숙면을 원한다면 18도가 넘지 않는 조용하고 깜깜하며 편안한 분위기의 방에서 자야 한다. 보호받는 기분이 드는 환경을 마련해야 한다. 침대는 가능한 한 커야 한다. 시트와 이불은 새것일수록 좋다. 같이 자는 사람의 잠버릇이 얌전해야 하는데, 그렇지 못하면 차라리 따로 자는 편이 낫다. 리틀헤일즈는 의뢰인의 침실에서 텔레비전과 전자기기를 없앴다. 스마트폰은 다른 방에 두고, 알람 시계도 수면 추적기도 사용하지 않는다.

수면 자세. 잠드는 과정에서 많은 이들이 수면의 마지막 단계에서 실패한다. 말하자면 올바른 자세를 찾느라 뒤척이다 잠들지 못하는 것이다. 이때, 쉽게 익힐 수 있는 습관이 도움이 된다. 매일 같은 자세로 잠드는 게 좋다. 주로 사용하지 않는 쪽으로 누워 양다리를 접는다. 그러니까 오른손잡이는 왼쪽으로, 왼손잡이는 오른쪽으로 돌아누워 태아 자세를 취한다. 리틀헤일즈가 자신의 책 『슬립(Sleep)』에 쓴 내용은 설득력이 있어 보인다. "편안한 자세를 찾기 위해 더 이상 뒤척이지 말자. 엎드렸다가 바로 눕지도 말고, 이쪽에서 저쪽으로 돌아눕지도 말자. 그 대신에 당신이 주로 사용하지 않는 쪽으로 누워 태아 자세를 취하고, 눈을 감고 코로 숨을 쉬면 (…) 이내 쌔근쌔근 잠이 든다."[13]

여운. 아침에는 숙면의 효과와 함께 하루를 시작하는 것이 중요하다. 눈을 떴을 때 스치는 모든 생각을 기록하는, 이른바 '모닝 페이지'를 세 쪽씩 작성하는 것이 좋다. 이 발상은 국제적으로 유명한 글쓰기 트레이너 줄리아 캐머런에게서 왔다. "머릿속을 떠돌며 자극과 혼란을 주는 생각들을(두려움, 고민) 제쳐두면, 우리는 하루를 맑은 정신으로 시작할 수 있다."14 그녀의 말에 따르면, 모닝 페이지는 영감과 창의성의 원천이 된다.

스트레스 관리 대신 마음챙김

자기조직화는 비즈니스이다. 투 두 리스트, 불렛저널, 마일스톤 등을 이용해 업무 홍수를 통제한다. 바람직하지만 자기 돌봄은 한 걸음 더 나아가야 한다. 자신이 정말 잘 지내고 있는지 주의를 기울이는 일은 낯선 일이다. 더 중요한 일이 있다며 자기 몸을 사리는 사람을 우리는 이기적이거나 나약하다고 여긴다. 스트레스 관리? 물론 통할 수 있다. 그러나 그것은 과로한다는 사실을 암시한다. 스트레스를 풀고 에너지를 충전하기 위해 주말에 휴양을 떠난다. 사우나와 물침대에서 기분 좋게 몸을 이완하고 마음을 진정시킨다. 며칠 동안 몸을 느끼고, 책에 흠뻑 빠지고, 푸르른 자연을 누린다. 그리고 결심한다. 이런 여유를 일상에서도 누릴 것이라고. 그러나 일주일도 채 지나지 않아 일상은 우리를 지배하고 악순환이 다시 시작된다. 애석하게도 우리는 심신의 평안이 아니라 스트레스를 관리하고 있다.

그 이유 중 하나는 바로 뿌리 깊은 관념이다. 혹시 다음과 같은 말을 들으며 성장하지 않았는가? '해야 할 일을 마친 후에 놀아라.' '숙제 먼저 해놓고 썰매 타러 가라.' '취직하고 아이 낳고 나서 자신감과 여유를 찾아라.' 전자에 얼마나 많은 시간과 에너지가 필요한지, 또 후자를 얼마나 많은 이들이 중도에 포기하는지 경험으로 알고 있지 않은가? 바로 여기에 사고의 오류가 있다. 우리는 자신에게 휴식을 허락하는 여유를 성과로 얻어야 하는 보상으로 본다. 우리는 각종 서류를 처리하고 음식물 쓰레기를 버린 뒤에야 잠깐 앉는다. 한 분야에서 자신의 입지가 탄탄해졌을 때 비로소 긴장을 푼다.

하지만 조금만 관점을 바꾸면 우리는 더 건강할 뿐 아니라 더 생산적일 수 있다. 왜 우리는 자신을 돌보는 태도를 쉽게 무시할까? 탁월한 역량을 위한 전제조건인데도 말이다. 스마트폰에서도 그것을 확인할 수 있다. 리튬 배터리는 완전히 방전시키지 않고, 과도한 무리를 주지 않아야 수명이 가장 길다. 배터리를 30에서 80퍼센트 사이의 '건강한' 중간으로 계속 유지해야 성능이 오래 간다. 그러려면 정기적으로 충전 상태를 살펴야 한다. 우리 자신도 마찬가지이다. 수시로 주의를 기울여야 안정적으로 유지할 수 있다. 방전 직전에 도달했을 땐 이미 소용없다. 회사 경영진이 나서서 직원들이 자신의 힘을 다 소진하지 않도록 살핀다면, 당연히 큰 도움이 될 것이다. 그러나 자기 돌봄은 궁극적으로 다음을 뜻한다.

다른 사람이 스트레스와 부담으로부터 나를 보호해 주기를 기대하지 말고, 스스로 자신의 평안에 책임을 져야 한다.

결국 우리에게 무슨 일이 벌어지는지 우리만큼 잘 판단할 수 있는 사람은 없다. 그러므로 정기적으로 멈춰서 살펴라. 나는 지금 어떤 기분인가? 내 허리는 잘 있는가? 내 직감은 뭐라고 말하는가? 이 순간 내 머리는 얼마나 맑은가? 내게 무엇이 부족한가? 물 한 잔? 동네 한 바퀴? 동료와 잠깐 수다? 아니면 더 깊이 들어가서 더 많은 기쁨? 인정? 자유? 모험? 아주 간단해 보이는 일들이 업무 부담과 스트레스 사이에서 쉽게 사라진다. 대부분의 사람이 자동 조종 장치처럼 정해진 일을 해결하고 맡은 일을 한다. 조용한 순간을 만끽할 여유가 없다. 마음챙김은 이 모든 것과 반대이다. 정기적으로 자기 자신을 점검하는 사람은 '지금 여기'를 의식한다. 사무실 창밖의 뭉게구름이나 방금 내린 커피 향 같은 아름다운 순간을 더 강렬하게 인식한다. 그래야 몸과 마음의 한계를 넘어서는 부담을 알아차리는 순간 재빨리 대응할 수 있다.

이렇게 행동하면 삶의 자세도 바뀐다. 저항력이 발달하고, 인생을 더 강렬하게 누릴 수 있으며 스트레스 상황을 더 잘 차단하고, 다른 사람들과 더 잘 지내게 된다. 그러므로 크게 성공한 사람들 대다수가 마음챙김을 일정표에 넣는다. 명상이나 요가뿐 아니라 마음챙김에 근거한 스트레스 완화(MBSR: Mindfulness-Based Stress Reduction), 주의 깊은 식사, 그리고 자연 경험하기 등을 말이다.

미국 토크쇼 사회자이면서 배우이자 기업가인 오프라 윈프리는 세계에서 가장 영향력 있는 여성 중 한 명이다. 자신의 잡지《오(O,

The Oprah Magazine)》에서, 마음챙김이 얼마나 간단한 일인지 설명한다. "트윗트윗, 나는 새의 지저귐을(트위터 말고 진짜 새소리) 듣고 잠을 깬다. 일어나기 전에 가만히 새소리에 귀를 기울인다. 그리고 설령 뉴욕에서 트럭의 소음을 듣고 잠을 깨더라도, 나는 대도시에서 잠을 깼다는 걸 인식하고 새로운 날이 열리고 하루를 허락받은 것에 감사한다."[15]

미국의 리더와 달리 유럽의 오피니언 리더는 자신의 평안을 항상 사적인 일로 취급한다. 그러나 그들도 마음챙김 훈련을 쓸데없는 일로 치부하지 않는다. 그 효용성이 너무 높기 때문이다. 하버드 의학전문대학원의 신경과학자 브리타 휠첼의 한 연구가 그것을 보여준다. MBSR 훈련 뒤에 해마의 회색 세포 밀도가 올라갔다. 해마는 기억력, 학습력, 감정조절을 담당하는 뇌 영역이다.

15분 동안 조용히 앉아 깊게 호흡하며 들어오고 나가는 숨에 집중하기 싫은 사람도 마음챙김의 긍정적 효과를 누릴 수 있다. 우리에게 그리고 주변에서 일어나는 일을 그냥 주의 깊게 의식하면 좋다. 그러면 자신의 감정·욕구·반응에도 주의를 기울이고 더 주의 깊게 행동하게 된다.

어렸을 때 신나게 놀다 지나치게 흥분해도, 부모님은 혼을 내지 않았다. 그냥 간식을 주고 침대로 데려가 가슴을 토닥여 주며 이마에 뽀뽀했다. 낮잠 혹은 밤잠에서 깨어 다음 날 아침을 맞으면 세상은 평온해져 있었다. 우린 어른이 되어서도 종종 이런 상황을 맞이한다. 완전히 지치고, 기분이 나쁘고, 역할을 다하지 못한다. 이럴 때 부모가 해주었던 행동을 바로 나 자신에게 해야 한다. 자신에게 약간만 주의를 기울이면 된다. 때로는 한 줌의 견과류 혹은 짧은 산책을 통해 충분히 기운을 다시 차릴 수 있다. 어쩌면 다른 것이 더 필요할 수도 있다. 온탕 목욕, 아홉 시간 수면, 스트레스를 날려버릴 록콘서트, 초대도 여가 활동도 없는 느긋한 주말 같은 것 말이다.

마음챙김은 무엇보다 건강한 자기 돌봄이다. 자신에게 주의를 기울일수록, 더 맑은 정신으로 더 탁월하게 행동할 수 있다. 다행스럽게도 그것을 위해 다음 휴가를 고대하지 않아도 된다. 매 순간 잘 지낼 수 있게 자신을 돌본다면 일과 삶 모두에서 최고의 역량을 발휘할 수 있다.

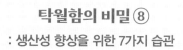

탁월함의 비밀 ⑧
: 생산성 향상을 위한 7가지 습관

너무 진부하게 들리겠지만 탁월함을 말하려면 그것의 기본조건을 먼저 충족해야 한다. 심신의 평안은 비범한 성과와 현명한 결정의 초석이다.

1. 일과 삶을 분리하자

일과 삶의 경계가 흐려질수록 경계선을 명확히 긋는 법을 배워야 한다. 자신과 일을 동일시하면 경계를 세우기가 더욱 어렵다. 시간 관리 전문가 로타르 자이베르트의 말을 명심하자. "120퍼센트를 쏟아붓고 50세에 탈진하는 사람은 좋은 직원이 아니다."[16] 전 미연방대법관 루스 베이더 긴즈버그는 대학생 시절 탁월하게 학업과 가족의 균형을 맞췄다. "나는 8시 30분부터 강의를 들었고 오후 4시면 집에 왔다. 그때부터는 아이들을 위한 시간이었다. 그 시간 동안은 대학 생활을 완전히 중단했다. 그 시간은 딸을 재우기까지 이어졌다. 그다음 나는 기쁘게 다시 전공 교재를 읽었다. 내 삶의 모든 영역이 서로에게 회복과 휴식을 주는 것 같았다."[17]

2. 직접 요리를 하자

요리에 들이는 노력은 헛되지 않다. 요리를 즐기는 사람은 음식과 관련된 일을 스스로 결정한다. 유기농 혹은 가공식품, 제철음식 혹은 수입농산물, 수제 소스 혹은 마트에서 산 소스. 독일 영양협회(DGE)의 13차 영양보고서에 따르면, 요리를 자주 하는 사람은 더 건강하게 먹고 더 적은 칼로리를 섭취한다. 과자와 음료는 적게, 채소와 과일은 많이 먹는다.[18] 직접 요리한 음식을 가족이나 친구

와 함께 먹는 사람은 심신의 평안을 위해 많은 일을 하는 것이다.[19]

3. 완벽함을 낮추고 탁월함을 높이자

완벽함과 탁월함은 동의어가 아니다. 완벽주의자는 소위 이상에 초점을 맞춘다. 그들의 시선은 허점과 부족함, 결핍을 좇는다. 늘 뭔가 부족한 기분은 스트레스를 만들고 몸을 병들게 한다.[20] 하지만 탁월함을 추구하는 사람은 더 건강한 길을 따른다. 그들 역시 높은 잣대를 대지만, 현명한 목표를 정하고 도달할 수 없는 이상은 좇지 않는다. 그들은 맡은 일을 잘하는 것과 그 일을 점점 더 잘 해내는 데서 에너지를 얻는다. 반면 완벽주의자들은 여전히 부족하다는 두려움에 스스로 마비된다.

A는 40세가 채 안 되어 임원에 올랐다. 주변 사람들은 A의 지식과 진지함, 완전무결함을 높이 본다. 그러나 A 자신은 동료들 사이에서 불안감을 느낀다. 교육과 스몰 토크, 사교성에서 부족하다고 여긴다. 우리는 코칭에서 성공과 성공했다는 기분의 차이를 얘기했다. 그러나 A는 완고했다. 나는 다음 목표가 무엇인지 물었다. 그가 한 대답에서 A의 완벽주의가 얼마나 마음 깊숙이 박혀 있는지 알 수 있었다. 상대를 부르는 올바른 호칭을 잘 모른다며 그것을 보완할 예정이라는 것이다. 주교, 대사, 남작….

4. 에너지를 관리하자

밀레니얼 세대는 고용주에게 업무 시간을 줄여 달라고 한다. 누가 가장 늦게까지 남아 있느냐가 중요했던 이전 세대의 귀에 이런 요구는 다소 건방지게 들린다. 그러나 가장 어린 직원의 말이 옳다. 억지로 긁어모은 힘으로는 어떤 업무도 탁월하게 해낼 수 없다. 그러므로 방전될 때까지 에너지를 끌어다 쓰는 기계 같은 삶은 그만둬라. 예를 들어 줌이나 마이크로소프트 팀스를 통한 회의는 대면 회의보다 더 많은 에너지가 들어간다. 자기 자신을 잘 돌보는 사람은 에너지 손실을 멈추고, 가능하면 카메라를 끈다. 우리의 기분이 항상 옳기 때문이다.

5. 건강에 신경쓰는 편안한 사람들과 가까이 지내자

기업가이자 동기부여 코치인 짐 론이 말한다. "우리의 삶은 우리가 가장 많은 시간을 보내는 다섯 사람의 평균이다." 우리는 이 다섯 사람의 평균만큼 건강하거나 날씬하다. 그만큼 긍정적으로 혹은 부정적으로 생각한다. 그만큼 스트레스를 받고 긴장을 푼다. 당신의 친구나 동료가 자신의 평안을 돌보면, 당연히 당신도 그들과 똑같이 하게 된다.

6. 자연으로 나가자

빈대학교의 환경심리학자 레나테 체르빈카에 따르면, 잠깐만 자연에 머물러도 일상의 정신적 피로가 풀린다. 봄에 공원 벤치에 앉아 주변을 보거나 강가에서 발밑의 조약돌을 느끼면 심장 박동이 확연히 편안하게 뛰고, 혈압이 안정되며, 근육이 이완된다. 자연 속에 5분만 있어도 스트레스가 줄고 자존감이 높아진다.

7. 생각과 하나가 되자

비용과 노력을 덜 들이고도 심신의 평안을 얻는 방법이 있다. 플로리다 주립대학교의 박사학위 지망생인 애덤 헨리가 주목할 만한 실험을 했다. 그는 일상에서 평안을 얻는 방법을 찾고자 했는데, 대학생 51명에게 설거지를 시켰다.[21] 설거지를 하기 전에 절반은 최고의 설거지 기술에 관한 설명서를 읽었고, 절반은 마음챙김에 관한 글을 읽었다. 글에는 이런 문장이 있었다. "나는 완전히 나에게 집중하고 나의 호흡을 느끼고 나의 행동과 생각을 의식한다." 두 집단 모두 설거지를 깨끗이 끝냈다. 그러나 마음챙김 글을 읽고 모든 감각을 설거지에 집중했던 집단은 부차적인 효과를 얻었다. 그들은 전보다 약 27퍼센트 덜 긴장하고 25퍼센트 더 열정을 느꼈다. 나머지 비교 집단에서는 이렇다 할 효과가 목격되지 않았다.

10

공명

혁신은 홀로 태어나지 않는다

사일로에서 나와라. 함께 문제를 풀어라. 지식을 결합하라. 서로 소통하고 영감을 주고 자극하라. 사방에서 울려 퍼진다. 혁신은 오로지 협력을 통해 이루어진다. 전문 분야·기업·국가를 넘어 협력해야 한다. 외로운 천재는 소멸 중이다. 글로벌 협력 시대에 혁신적인 사람들은 혼자 일하지 않는다.

서로 자극을 주고받고, 받아들이려는 자세에서 탁월함이 생긴다.

요즘은 팀 단위로 논문을 작성한다. 학제간융합 프로젝트에서 아이디어가 나온다. 여러 분야를 통합한 노벨상이 수여된다. 공동체, 커뮤니티가 잘 작동하려면 신뢰가 필수이다. 유연하게 일하고, 자기 자신을 의심하고, 미친 짓을 단행하더라도 안전하다고 느낄 수 있을 때 신뢰가 생긴다.

이런 조건이 충족되면 위대한 일이 가능해진다. 위대한 아이디어와 결과가 한 사람의 역량을 훨씬 뛰어넘게 된다. 경쟁과 권력 독점, 지배는 공명을 방해한다. 인상 깊은 잠재력을 발휘하는 공명은 항해 때 만나는 바람과 같다. 공명은 강요로 생기지 않는다. 사람들이 모든 차이를 강점으로 인식할 때 공명은 저절로 생긴다. 그러나 그것 역시 보장된 건 아니다.

힘이 기하급수로 세지는 비결

사회학자 하르트무트 로자는 '세상과 관계 맺는 고무적 형식'을 설명하기 위해 '공명'이라는 용어를 사용했다. 로자는 이 용어를 라틴어 'resonare(같이 진동하다, 메아리가 울리다)'에서 가져왔다. 공명이란 진동할 수 있는 독립된 두 물체 사이에 잠재된 힘을 뜻한다. 이는 음악에서 명확히 드러난다. 아네조피 무터나 빌데 프랑은 바이올린 연주로 멋지게 공명을 일으킨다. 바이올린의 몸체와 빈공간의 협력으로 아름다운 소리가 탄생한다. 공명하는 물체와 그것의 진동이 없으면 아무리 뛰어난 음이라도 밋밋하게 들린다. 인간관계에서도 마찬가지이다. 물론 우리는 혼자서도 위대한 일을 할 수 있다.

그러나 다른 사람과 공명할 때 더 높이 도약한다.

문화와 자연도 우리를 더 높은 곳으로 올려준다. 아름다운 풍경과 예술작품, 음악, 개인의 추억 등은 깊은 울림을 줄 수 있다. 울림은 우리를 변화시키고, 더 위대한 일을 꿈꾸게 하며 자신을 넘어서게 한다. 하르트무트 로자에 따르면 누구와 혹은 무엇과 공명하든 '성공적 관계 형식'의 핵심은 언제나 다음의 네 가지 특징으로 정의된다.[1]

울림. 모든 것의 시작이다. 누군가 혹은 무언가가 우리에게 다가와 마음을 움직인다. 황홀한 노래, 아름다운 그림, 친구의 아기, 깊이 있는 대화, 책의 한 구절 등 다양한 사람과 사물이 우리에게 울림을 준다. 이런 경험은 대개 신체 반응과 연결되어 있다. 눈이 빛나고 호흡이 가빠지며 소름이 돋는다. 전율과 함께 해방감과 행복을 느낀다.

자기효능감. 결정적 특징이다. 수동적 자세로 경험을 그냥 흘려버리면 공명은 생기지 않는다. 하루 만에 한 도시를 관광하고 사흘 만에 애리조나의 모든 국립공원을 둘러보려 하는 등의 경험을 해봤다면 그저 고갈된 기분을 잘 알 것이다. 더는 아무것도 마음을 울리지 않는다. 경험한 것을 시작으로 자기만의 생각을 만들고, 마음을 열고 감탄하고, 새로운 생각이 꼬리를 물고, 그것이 다른 사람을 자극할 때 우리는 비로소 공명한다. 로자가 말한다. "내가 하는 일이 세상에 영향을 미치는 것을 느낍니다. 그리고 다른 사람의 말 또한 내게 울림을 주고 영향을 미친다는 걸 깨닫습니다. 이 두 가지는 동시에 작용합니다."[2] 이런 상호 영향을 주고받을 때, 한쪽이 다른 한쪽을 덮어버리는 일은 없다. 어느 것도 사라지지 않은 채로 모든 것이 인식된다.

변화. 가장 흥미로운 특징이다. 공명은 모든 관계자를 움직이고 변화시킨다. 문장 하나가 문제를 보는 우리의 시각을 바꿔놓는다. 그림 한 점이 깊은 그리움을 불러일으킨다. 기술 도구 하나가 그전까지 몰랐던 새로운 가능성을 보게 한다. 탁월함을 추구하는 사람은 공명의 영향을 기꺼이 받아들이는 동시에 자신도 다른 사람에게 영향을 미치는 존재임을 안다. 공명은 에너지와 몰입, 그리고 그 결과로 생긴 강한 헌신 의지와 창조성으로 이어진다. 마치 마법을 부린 것처럼 다른 눈으로 보고 새롭게 생각하게 된다.

예측불가성. 가장 힘든 특징이다. 공명은 어떤 버튼을 누른다고 생기는 게 아니다. 아무것도 공명을 보장하지 않는다. 얼마나 노력하느냐와 상관없이 자신이 누군가에게 자극을 줄지, 또 스스로 자극을 받을지 우리는 알 수 없다. 설령 공명에 성공하더라도 어떤 결과가 어떤 규모로 나올지 모른다.

비록 공명을 계획할 수는 없더라도, 일단 공명에 성공하면 많은 것이 저절로 이루어진다.

공명에 성공한 사람들은 울림을 느끼고 강해지며 인정받은 기분이 든다. 친밀감이 생기고, 소속감을 느끼고, 서로 지지하고 협력하며 긍정적 자극을 주고받는다. 이 모든 일이 생기지 않을 때, 그제야 공명에 어떤 활기와 아름다움이 있는지 깨닫는다. 아무리 애쓰더라도 공명이 없는 만남에서는 긴장이 지배하거나 조용할 거라고 로자는 말한다. 마이크로 매니지먼트가 지배하는 회사든, 억지로 참석한 친목 모임이든, 연대감이 없으면 열정도 상호관심도 없다. 공명은 당연한 일이 아니다. 바로 그렇기 때문에 우리를 강하게 끌어당긴다.

가구점 라이켄(Lichen)은 뉴욕 브루클린에서 숭배 대상으로 통한다. 두 설립자의 경영철학이 바로 공명이다. 직원·고객·주변 환경과의 공명, 지적 소통, 창조적 성장. 두 설립자는 그들의 커뮤니티에 깊이 뿌리를 두고 고객의 미적 감각을 깨워 감탄을 불러일으키며 계속 새로운 것을 발견하도록 고객을 움직인다. '이끼'를 뜻하는 상호 '라이켄'부터 의미심장하다. 이끼는 균류와 녹조류의 공생복합 유기체이다. 균류는 녹조류가 건조해지지 않게 막아주고, 녹조류는 광합성으로 영양분을 생산하여 균류에 보답한다. 이런 공생 덕분에 이끼는 극지방의 극한 환경에서도 생존할 수 있다.[3]

이기주의가 구식인 이유

"5년 안에 공동체적 사고와 집단 성공이 중심에 서게 될 것이다." 다니엘 한, 율리안 한, 라우린 한이 입을 모아 예측했다. 이 삼형제는 하위문화에서 E-모빌리티에 이르기까지 다양하고 주목할 만한 프로젝트를 실현한다. 《쥐드도이체 차이퉁》의 평가에 따르면, 그들은 현재 뮌헨을 가장 많이 바꾸고 있다.[4]

그러나 얼마 전까지만 해도 공명은 기업에서 외면당했고, 설령 공명 관계가 형성되었더라도 가리키는 명칭이 없었다. 팀 회의나 고객 상담 때 당연히 공명의 순간이 있다. 골치 아픈 상황을 함께 해결한 뒤, 나중에 '어떻게 그런 생각을 해냈을까'라고 회고하는 순간이 있었다. 그러나 소속감의 행복은 파티와 축제, 전시회와 회의 언저리에서만 생겼고 저녁 뒤풀이의 친숙한 분위기에서만 공명의 즐거움을 누릴 수 있었다. 이런 즐거움은 아침이 되면 다시 담당 업무, 이해 충돌과 파워 게임, 경쟁 압박에 자리를 내주었다. 그러므로 다음의 질문은 정당하다.

과연 환희에 들뜬 도시인이 프로젝트나 스타트업 너머에 있는 공명처럼 이해하기 힘든 일을 과연 성공할 수 있을까?

어차피 기업은 소규모 조랑말 농장이 아니니 절대 그렇게 되지 않을 것이다. 그러기에는 경제학에서 나온 '이익을 주는 이기주의와 손실을 주는 이타주의의 구분'이라는 생각이 너무 깊이 머리에 박혀 있다.[5] 그러나 지금은 격변의 시대이다. 직원들이 자신과 타인을 혹사하여 얻게 되는 가치와 이윤은 점점 줄어든다. 고수익을 얻으려면 기꺼이 지식을 공유하고 서로의 그네를 높이 밀어줘야 한다. 기업들은 그 어느 때보다 로봇과 인공지능을 넘어선 사람과 서로 협력하며 창조성을 격려하는 사람에게 더 많이 의존한다. 간식 제공이나 영감을 주는 작업환경 같은 혜택이 일부 도움이 될 수 있다. 그러나 탁월한 결과의 결정적 요인은 마음 깊이 느끼는 안전과 보호이다.

몇 년 전, 완벽한 팀 구성의 조건을 알고자 했던 구글은 그 대답을 찾기 위해 1년 넘게 180개의 다양한 개발팀과 운영팀, 그리고 그 팀의 팀장과 팀원, 관리자를 관찰하고 인터뷰했다. 그 결과 성공하는 팀의 가장 중요한 요인은 심리적 안정이었다. 설익은 아이디어를 내거나 실수를 하더라도 무능하거나 나태하다는 질책을 받지 않는다고 확신할 수 있어야 한다.

나르시시스트 혹은 이기주의자는 이런 안정 욕구를 짓밟는다. MBA를 수료했더라도 만일 동료들이 그 사람을 남을 괴롭히는 사람으로 인식한다면 팀에 해로운 인물이다. 하버드 비즈니스스쿨의 한 연구팀이 이런 해로운 동료가 팀에 얼마나 독이 되는지 밝혀냈다. 20명으로 구성된 팀에 문제의 팀원이 단 한 명만 있어도, 매우 훌륭한 팀원 한 명이 나머지 18명과 아무리 생산적으로 협력하더라도 팀원들의 이직 욕구가 약 54퍼센트 높아진다. 인사 변동으로

발생하는 금전적 손해만 해도 연간 12500달러에 달한다.[6]

　다른 사람을 속이고 압박하는 사람은 효율성을 떨어트린다. 즉, 소수의 독이 모두를 마비시키고 감염시키는 것이다. 부정적 진동이 팀을 지배한다. 이처럼 이기주의자는 팀에 해롭기 때문에 점점 더 많은 기업이 스탠퍼드대학교의 로버트 서턴 교수가 과감하게 '또라이 제로 규칙(No Asshole Rule)'이라고 명명한 원칙을 따르고 있다. 전문성은 뛰어나나 팀 분위기를 망치는 실력자보다는 팀워크가 우수한 사람을 승진시키는 편이 낫다.

　그러나 벼 사이에서 피를 골라내는 일은 그렇게 간단하지가 않다. 업무적 탁월함은 인격적 탁월함보다 더 쉽게 전달되고 비교될 수 있다. 설상가상으로, 팀에 독이 되는 사람이 완전히 실패하는 일은 드물다. 그들은 야심 찬 목표를 추구하고 자신감을 보이며 정치 게임에 능숙하게 적응하고 단기적으로 가치 창출에 공헌한다. 심지어 일부는 핵심 인재로 대우받는다. 그럼 그들이 장기적으로 팀에 해가 될 것을 어떻게 알아차릴 수 있을까? 팀에 독이 되는 사람을 채용 과정에서 미리 걸러내는 방법은 무엇일까? 심리학자이자 작가인 하이드룬 쉴러루비네츠키가 답한다. "기본적으로 믿을 수 없을 만큼 우수한 사람이 대개 탈락 후보자입니다. 일정량의 독이 그들 안에 잠재해 있을 확률이 높아요."[7]

　애석하게도 팀에 독이 되는 사람들은 종종 마음을 읽는 재능을 타고났기에 겉모습으로 결정권자에게 강한 인상을 준다. 그들은 계속해서 승진에 성공한다. 그러나 이런 유형의 수요는 점점 떨어지고 있다. 공명을 중시할수록, 최고의 인재를 늘리기보다 해로운 직원을 줄여야 팀이 더 탁월해진다는 깨달음이 커지고 있다. 공명을 만들기는 아주 힘들지만 망가뜨리기는 매우 쉽다.

경영 컨설턴트 트리샤 다호에 따르면 "독이 되는 사람은 다른 사람의 감정과 행동, 관점에 부정적 영향을 미치기 때문에 멀리해야 한다. 그들은 어떤 상황에서도 당신을 지켜주지 못한다. 그들이 얼마나 우수한지, 또 어떤 잠재력을 가졌는지는 중요하지 않다." 많은 리더가 갈등이 두려워 이런 직원을 쳐내지 못하고 뒷걸음질 친다. 독이 되는 사람의 전문지식이나 업무 능력을 포기하기 싫어 주저할 때도 종종 있다.[8]

공명은 혼자 할 수 없다

세계의 변화는 우리에게 공생을 새롭게 생각하라고 강요한다. 지구화와 자동화 그리고 코로나에 이르기까지, 도전 과제가 다층적일수록 혼자서는 최고의 전문 역량도 인격적 탁월함도 성취하기 어렵다. 다임러 이사 융고 브룅거가 말한다.[9] "이제 외로운 늑대는 없고, 있을 수도 없다." 시대의 정점에 있으려면, 새로운 관점과 강점을 장착해 전력을 보강해야 한다.

서열과 분야를 뛰어넘는 공명 관계만이 연구된 적 없는 복합적 연관성을 풀 수 있다. 개인 차원에서 말하자면, 아직 그런 관계를 맺지 못한 사람은 인간관계에 더 탁월해져야 한다는 뜻이다. 공명은 혼자 할 수 없기 때문이다. 한계를 넘어 성장하고자 한다면 경험 한계치를 높여줄 다른 사람들이 필요하다. 우리 역시 그들이 낯선 분야에서 방향을 찾을 때 그들을 도와줄 수 있다.

공명 관계의 시작은 아주 진부하다. 팀·업계·소셜미디어·현장에 있어야 한다. 그리고 고객과 성공한 다른 사람들의 눈에 띄어야 한다. 공명 관계에는 시간이 걸린다. 왜냐하면 모두가 공명할 준비가 된 건 아니기 때문이다.

우리는 당연히 이미 맺어진 관계인 가족, 친구, 단체와도 공명한다. 월드컵 응원 때 함께 소리치고 진동한다. 그러나 익숙한 사람들은 서로를 너무 잘 알기 때문에 공명이 생길 공간도 좁다. 너무 비슷하여 공유하는 경험과 공통점이 너무 많다. 서로의 과거와 견해들을 잘 안다. 소속감은 높지만 본질을 바꿀 사회적·문화적 자극과 마찰은 너무 적다.

같은 목소리를 내고 같은 생각을 공유하는 일은 옳고 좋은 것이다. 그러나 그것이 우리를 새로운 세계로 날아가게 하진 않는다. 익숙하지 않은 관점만이 우리를 혁신적 사고로 데려다준다. 우리와 다른 카테고리에 있는 자가 우리의 탁월함을 높인다. 그러므로 삶의 영역을 대폭 확장하고 개선하고자 한다면, 우리의 커뮤니티도 확장하고 개선해야 한다. 영감을 주고받는 사회에서 모든 이해관계자가 상호 교환할 때 공명은 가장 역동적으로 발달한다.

그런 커뮤니티가 어떤 모습일지 어쩌면 직장에서 이미 경험했을지도 모른다. 수많은 프로젝트팀이 매우 흥미롭게 구성된다. 직원들은 무엇이 더 공명 경험을 많이 만들어내는지 깨닫게 된다. 여자와 남자, 노인과 청년, IT 전문가와 사회학자, 바이에른주 산악지대 출신과 터키 고원지대 출신이 혼합된 팀은 비슷한 집단에서는 나올 수 없는 접근방식과 솔루션을 개발한다. VUCA 세계에서는 친구와 조직, 사회 전체에 같은 원칙이 적용된다.

다양할수록 더 많이 공명한다.

하르트무트 로자에 따르면 공명의 필수 전제조건은 '다름'이다. 그러나 너무 많은 공통점과 너무 적은 조화는 공명 관계를 방해하거나 불가능하게 만든다.[10] 그러므로 공명은 서로 다른 이들이 서로를 존중하고 특별한 경험과 문화를 상호 교환하는 장소에서 번성한다. 재즈부터 가장 혁신적인 도시에 이르기까지, 모든 흥미진진한 갱신은 이런 장소에서 이루어진다.

막스플랑크협회는 싱가포르를 다양성의 최고봉으로 평가한다. 싱가포르에는 중국인 75퍼센트, 말레이시아인 14퍼센트, 인도인 8퍼센트, 기타 1퍼센트가 산다. 중국어, 말레이시아어, 타밀어, 영어 이렇게 네 개인 셈이다. 그 뿐만 아니라 종교는 불교의 절, 힌두교의 만디르, 기독교의 교회, 이슬람교의 모스크가 서로 인접해 있다. 여러 문화의 존중과 혼합이 혁신에 탁월한 환경을 만든다. 스위스 국제경영개발대학원(IMD)이 작성한 2019년 스마트시티 인덱스 보고서에서 싱가포르는 102개 도시 중 1위에 올랐다.[11] 참고로 독일의 대표 혁신도시 뒤셀도르프는 10위를 차지했다.

서로 다른 것이 만날 때 일어나는 일

퓨전요리란 유럽 향신료와 일본 요리법처럼 전혀 어울리지 않는 것을 혼합하여 새로운 맛을 내는 요리를 말한다. 그냥 한 냄비에 섞은 잡탕이 아니라 '융합(퓨전, fusion)'요리다. 공명도 비슷하다. 다른 사람들과 공명한다는 것은 다른 경험과 사고방식을 그냥 합치는 게 아니다. 각 분모의 최소공배수를 찾아 통분하는 것은 더더욱 아니다. 공명은 활동 반경을 넓히고 도약적 혁신을 이루는 것이다. 당혹스러울 만큼 다른 것을 수용하고 나의 경험과 융합하여, 익숙한 영역을 떠날 기회를 높인다.

개념미술가 두 명과 호텔 전문가 한 명이 같이 일하니, 스위스 동부의 한적한 자연 곳곳에 나무판이 깔리고 그 위에 2인용 책상과 협탁 두 개, 조명 두 개가 놓였다. 천장도 벽도 없는 호텔 객실 위에는 하늘, 태양, 별들이 있다. 아침에 흰 장갑을 낀 집사가 침대로 아침상을 대령한다. 일종의 설치미술 작품이 히트상품으로 발전했다. 코로나 이전에도 숙박 대기자가 9000명이었는데 그사이 프랜차이즈 호텔로 확대되었다. 예술과 상업의 분야 융합과 특별한 협업으로 '예술과 경제와 생활의 접점에서' 비범한 현실이 탄생했다.[12]

함께라면 외로움이 덜한 것은 물론 사고의 한계도 없다. 우리를 둘러싼 사람들이 우리를 물들이고 변화시킨다. 탁월함을 추구하는 사람들이 새로운 생각으로 우리에게 영향을 미치고 신뢰를 얻고 우리도 똑같이 그들에게 영향을 미치고 신뢰를 얻으면, 우수한 결과가 나온다.

경영서 전문작가 톰 피터스는 서로에게 날개를 달아주는 팀원 10명을 구성하는 최고의 방법을 고안했다.[13] 기업의 감독위원회 맥락에서 나온 제안이지만, 팀원들을 전율하게 하는 프로젝트팀 혹은 친구와 지인, 동료로 구성된 사모임을 어떻게 구성하면 좋을지 영감을 준다. 여자와 남자가 공동 대표를 맡으면 유익하다. 그와 별개로 25세 이하가 적어도 두 명, IT/인공지능 전문가·디자인 전문가·기업가 한두 명, 분석적인 사고를 창조적 영감으로 보완할 수 있는 화가나 음악가 한두 명이 섞여 있으면 좋다. 완전히 다르거나 뚜렷한 다문화의 혼합도 당연히 가능하다. 단 도전의식이 있어야 한다. 'more of the same(같은 사람 여럿)'의 모임이어선 안 된다. 즉 익숙한 사람들 외에 온갖 친구들을 모아야 한다. 당신을 닮지 않은 친구면 누구든 괜찮다.

빌 게이츠와 워런 버핏. 세계적으로 성공한 두 사람은 거의 30년 지기 친구이다. 두 사람이 이른바 '불균형' 우정을 맺었을 때, 마이크로소프트 설립자는 30대 중반이었고 억만장자 투자자는 60세가 넘었었다. 그 이후로 두 사람은 수없이 많이 카드놀이를 했고, 같이 햄버거를 먹었으며, 조언을 주고받았고, 곁에 있어 주었다. 두 사람은 컬럼비아대학교 강연에서 그들의 불균형 우정에 관해 들려주었다. "좋은 우정을 쌓고 그것을 평생 유지하십시오. 여러분이 좋아하는 사람들만이 아니라 여러분에게 감탄을 주는 사람들과도 우정을 쌓으십시오."[14]

사교성이 최고의 자질인 이유

당연히 다양한 사람이 모이면 문제가 생길 수밖에 없다. 초보자와 숙련자, 무모한 모험가와 안전 제일 주의자, 프리스타일 스키 애호가와 텔레마크 스키 애호가, 기혼자와 미혼자가 함께 스키를 타러 간다고 상상해 보라. 어쩌면 당신은 이런 계획 자체가 미친 짓이라 생각할 것이다. 편이 갈라지고 이견이 좁혀지지 않는 등 기억 속 온갖 나쁜 일들을 떠올릴지도 모른다. 그러나 이 스키 여행이 대단히 성공적으로 끝날 가능성도 있다.

이 모임의 성패는 구성원의 마음과 태도에 달렸다. 가장 중요한 성공 조건은 당연히 상호존중이다. 모두가 서로의 다양성을 흥미롭게 여긴다면 더할 나위 없다. 서로의 가치를 인정하는 곳에는 차별과 소외가 사라지며, '다름'이 오히려 흥미진진해지고 때로는 행복감마저 준다. 그러면 울림과 자기효능감의 상호작용이 시작될 수 있다.[15] 아이디어와 좋은 감정을 서로에게 전염시키고 만남을 통해 서로를 변화시킨다.

난해하게 들릴 수도 있다. 공명 경험은 말로 설명하기가 어렵기 때문이다. 공명의 순간을 묘사할 적당한 단어를 찾기가 힘들다. 우리는 사람이나 경험을 만난 후, 뭔가 특별한 일이 일어났음을 감지한다. 뭔가 자극을 받았는데 정확히 설명할 수가 없다.

공명의 순간에 우리는 깊이 생각하게 되고, 통찰력이 깨어난다. 아이디어가 떠오르고, 먼지가 씻긴 듯 시야가 밝아진다.

나에게는 몇 년이 지나도록 잊히지 않는 강렬한 문장이 있다. 나의 지도교수가 별 의도 없이 말한, 특별히 나만을 위해 말한 것도 아닌 한 문장 때문에 나는 잘 되는 일이 하나도 없던 시기에 박사학위 논문을 썼다. 그러나 공명의 상호작용이 직접 방향을 지시하는 일은 드물다. 줌 회의 때 아주 잠깐 미소를 주고받는 그런 평범하고도 짧은 순간에 두 사람은 같은 파장으로 진동한다. 그때 뭔가가 자라는지, 또 자라난다면 얼마나 자라나는지 아무도 말할 수 없으리라. 말과 몸짓은 우리 안에 오래도록 남아 영향을 미친다. 때로는 메아리를 만들고, 때로는 생각에 잠기게 하여 위대한 결과를 낮게 한다. 짧은 미소에서 격려가 자라나고, 불쾌했던 기분이 사라지며, 마음에 맺혔던 응어리가 풀린다. 머릿속에서 핑크빛 상상이 펼쳐질 수도 있다. 공명 경험 없이는 결코 떠올리지 못했을 아이디어가 베일을 벗는다.

공명이 게임을 결정지을 수 있다. 다른 사람의 낯선 지식이 내 생각과 통합된다. 그러나 의미 있는 공명 관계는 선의와 존중 속에서만 발달한다. 악의와 무시 속에서는 실패의 두려움이 비범한 사고 능력을 죽이고 낯선 것에 마음을 열지 못하게 막는다. 공격받고 무시당할까 두려운 환경에서는 자기 자신 안에 갇힐 수밖에 없다. 해결책을 찾지 못하거나 계획대로 진행되지 않더라도 여유를 잃지 않을 수 있는 환경에서만 활기찬 상호 교환이 가능하다.

아이폰이 출시되기 전부터, 스티브 잡스는 대단한 성공을 거뒀었다. 1984년에 그는 마우스와 그래픽 화면이 포함된 최초의 데스크톱 컴퓨터인 전설의 매킨토시를 합리적 가격에 출시해 시장을 뒤흔들었다. 매킨토시 팀은 개발자들의 우상이 되었다. 스티브 잡스는 팀원들이 긍정적 공명 경험을 할 수 있도록 모든 지원을 아끼지 않았다. 그는 심지어 팀원들을 다른 건물에서 일하게 하여 동료들의 회의적 시선 없이 자유롭게 실험할 수 있게 했다.[16]

약 40년이 지난 지금도, 위대한 계획은 그 어느 때보다 긍정적 환경을 요구한다. 그렇다고 동료들이 절친한 친구가 될 필요는 없으나 각자의 발달을 서로 방해해서도 안 된다. 이런 맥락에서 맥킨지의 연구 결과가 큰 깨달음을 준다.

사교성만큼 팀의 혁신 능력을 강화하는 자질은 없다.[17]

애자일 프로젝트 관리의 생명은 빠르게 시작하고, 실험하고, 점검하고, 분석하고, 버리고 다시 연구하고, 다시 실험하고, 다시 점검하는 데 달렸다. 불확실성이 높고 도전 과제들이 복잡하게 얽힌 환경에서는 성과보다 사람을 우선시해야 성공한다. 경영 컨설턴트 도로테아 아시히와 도로테 에히터는 모든 것을 포괄하는 이런 능력을 '커뮤니티 역량'이라 부르고, 상대방에게 연대감과 대접받는 기분을 주어 공명하게 하는 행동방식이라고 설명한다.[18] 두 사람은 커뮤니티 역량을 최정상 리그의 성공 코드로 보는데, 이 역량은 삶의 모든 차원에서 우리를 이롭게 한다.

누구든지 관계에 도움이 되는 사교술과 연대의식을 배우고 익힐 수 있다. 아직 그것에 익숙해지지 않았을 뿐이다. 직장에서는 업무가 사람보다 우위에 있다는 관념이 아직 깊이 박혀 있다. 여전히 능력이 먼저이고 그다음이 인간관계라고 생각한다. 한눈에 조망할 수 있는 좁은 환경에서는 이런 생각이 통할 수 있다. 그러나 복잡하고 때때로 혼란스러우며 점점 더 예측이 불가한 환경에서는 우선순위가 바뀐다. VUCA 세계와 코로나 이후 세계에서 개인은 더 이상 회사의 작은 톱니바퀴가 아니다. 개개인이 전체의 성공에 책임이 있다. 그러므로 상대의 가치를 인정하는 태도와 친절한 어조는 탁월함의 증거일 뿐 아니라, 최고의 혁신 역량과 업무 성과의 기본조건에 속한다. 특히 팀원들이 서로 다른 능력과 경험을 발휘할 때 팀의 혁신 역량과 업무 성과가 올라간다. 그렇다. 이런 팀에서 공명이 가장 크게 일어난다. 그러나 이런 팀에서는 불신이나 자만심 혹은 경쟁이 관계를 해칠 위험 또한 매우 크다. 끼리끼리 모인 집단에서보다 서로를 덜 긍정적으로 평가할 수 있다는 사실만 보더라도 그렇다.

함께 진동하기

"나는 서로에게 친절한 환경에만 머물려 애씁니다." 패션 디자이너 이브 생로랑이 말한다. 그는 위대한 디자인이든 우수한 설계든, 경쟁하는 환경이 아닌 서로 날개를 달아주는 환경에서 최고의 성과가 나온다는 사실을 알고 있었을 것이다. 서로 날개를 달아주는 태도와 행동방식은 연대감을 낳는다. 외부인이 보기에는 별것 아닌 것처럼 보일 수 있지만, 이는 매우 중대하다.

같이 진동할 때 공명의 기반이 마련된다. 같이 진동하지 않으면, 장기적으로 세상과 접촉하지 못할 수 있다.

'안하무인' 네 글자로 생활 태도가 요약되는 학자와 전문가들이 많아지고 있다. 그러나 고학력에 수요가 높은 Y세대와 그 후세대는 상호존중과 자아실현을 기대한다. 그러므로 서로 존중하며 함께 배우고 성장할 수 있는 편안한 관계가 삶의 모든 차원에서 기준을 정하게 될 것이다.

21세기에 새로 등장한 발명품은 없다. 언제나 가장 성공적이고 혁신적인 기업 뒤에는 공명이 있었다. 세 번째 달 착륙 임무를 맡은 우주인들의 이야기를 다룬 영화 「아폴로 13」은 사람들이 함께 진동할 때 어떤 놀라운 성과를 내는지 보여준다. 달 착륙이 거의 기정사실처럼 보였던 순간, 지구에서 30만 킬로미터 떨어진 곳에서 산소탱크가 폭발했다. 남은 선택지는 하나뿐이었다. 우주인들을 어떻게든 지구로 데려와야 했다. 실화를 바탕으로 한 영화이므로 우리는 결말을 잘 안다. 탁월한 팀의 모범사례로 오늘날까지 인용되는 프로젝트 관리 덕분에[19] 이 미션은 성공했고 '성공적 실패'로 나사의 역사에 기록되었다. 그러나 모든 기술적 어려움보다 한 문장이 내 뇌리에 더 깊게 각인되었다. 아폴로 13호의 사령관 짐 러벌을 연기한 톰 행크스가 지구대기권 안으로 재진입하는 가장 결정적인 순간 직전에 말한 그 문장 말이다. "제군들, 함께 비행해서 영광이었다!" 몇 년 전 나는 국립 항공우주 박물관에서 아폴로의 좁은 캡슐 내부를 볼 수 있었는데, 그 후 가장 위험한 순간에 깊이 감사하고 존중하는 소통이 얼마나 위대한 일인지 더 잘 느끼게 되었다.

「아폴로 13」은 이 장면과 다른 여러 장면에서 탁월한 팀의 커뮤니티 역량을 매우 인상적인 장면으로 보여준다. 미션 컨트롤 책임자 진 크랜츠를 연기한 에드 해리스는 "실패는 있을 수 없는 일이다(Failure is not an option)"는 전설적인 대사로 모두의 소망을 강하게 선언했다. 사령관 짐 러벌이 열병을 앓는 동료를 손으로 어루만진다. 가장 긴장되는 순간에 아무도 패닉에 빠지지 않는다. 사실은 과장되지 않았고 미화되지도 않았다. 게리 시나이즈가 연기한 우주비행사 켄 매팅리는 시뮬레이터에서 악조건을 뚫고 조종 캡슐 재활성화 프로세스를 개발했고, 수많은 반복으로 점차 솔루션에 다가갔다. 안타깝게도 홍역 가능성 때문에 마지막 순간에 비행 부적합 판정을 받아 달 착륙 미션 참가를 포기해야 했지만, 좌절하지 않고 팀을 위해 일했다.

공명하는 팀에서는 모두가 기쁘게 임무를 수행할 수 있다. 이런 분위기를 조성하는 데는 많은 것이 필요치 않다. 귀담아듣기, 이해 표현하기, 아이디어 공유하기, 간식 권하기, 실수를 모른 척하기, 성공 축하하기, 인기 드라마에 관해 잠깐 수다 떨기, 업무를 다른 사람에게 미루지 않기, 성과가 기대에 못 미치더라도 감사 표현하기. 작은 몸짓과 습관이 공명 관계를 만든다. 컨설턴트 듀오 아시히와 에히터가 말한 것처럼, 기본적으로 "눈높이를 맞추고 친근해져야 한다."[20]

골프장에서 10세에서 12세 사이의 청소년 세 명이 연습하고 있다.

첫 번째 선수가 친 공이 좋은 방향으로 멀리 날아간다. 두 번째 선수도 똑같이 한다. 그는 날아가는 공을 흡족하게 본다. "항상 왼쪽으로 살짝 기우는 경향이 있어. 아까부터 계속 그래." 뒤에서 세 번째 선수가 지적한다. 두 번째 선수가 골프채로 바닥을 때리며 큰 소리로 대꾸한다. "내가 너보다 두 배는 더 잘하거든!" 세 번째 선수가 친 공이 페어웨이 밖으로 멀리 사라진다.

이와 달리 어른들 세계에서는 상대의 성과를 깎아내리는 소통이 간접적으로 드러난다. 사람들이 모여 있는 곳이라면 어디에나 불안을 유발하는 발언과 잘난 척, 지위 다툼, 꼬투리 잡기식 피드백이 있다. 동의나 인정, 감사 같은 긍정적 감정이 말로 표현되는 일은 훨씬 드물다. 자기 자신의 성과와 관심조차 신중하게 표현한다. 왜 그럴까? 왜 서로를 격려하는 대신 깎아내릴까? 우리 모두가 자신을 최우선으로 여기고, 편집증 환자만이 살아남기 때문일까? 분명 이것도 이유 중 하나일 수도 있지만, 유일한 이유는 아니다.

우리 안에 있는 제동기가 가장 끈질기게 우리 자신을 힘들게 한다. 우리는 성과와 업무에 매달린다. 사람들과 잘 지낸 대가가 아니라 업무의 대가로 보상을 받고자 한다. 자신의 장점을 직접 말하면 어쩐지 허세처럼 보일 것 같다. 사람들과 연대하고 존중하는 태도를 아부나 복종으로 느끼는 이들도 많다. 그들은 자신의 영혼까지 팔고 싶지는 않다. 이런 자세는 (나 역시 그런데) 극복하기 어려운 부끄러움을 유발하여, 감탄과 자부심을 표현하거나 속마음을 드러내지 못하게 한다.

솔직함은 좋은 자질이다. 우리는 그것을 정직성과 성실성, 그리고 진솔함 같은 미덕과 연결한다. 그러나 솔직함에는 뾰족한 부분도 있어, 찔리면 꽤 아플 수 있다. 웹사이트 ingenieur.de는 플랫폼 이용자들에게 명확히 알린다. "정직과 개방성은 추구할 만한 자질이지만, 그것이 너무 과하여 다른 사람의 발을 밟는다면 차라리 침묵하는 게 더 낫다."[21]

그러므로 공명 가능성에 해를 끼치지 않는 것만으로도 이미 많은 공헌을 하는 것이다. 예를 들어 회의 때 조롱 섞인 농담을 하지 않는다. 친구들과 저녁을 먹을 때는 대화에 주의를 기울이며 주파수를 맞추려 애쓰고, 원산지와 숙성 방법을 강연하고 싶은 욕구를 누르며 조용히 이베리코 등갈비를 식탁 위에 올린다. 그렇지만 이런 삼가는 태도보다는 친절과 관심이 관계의 질을 더 많이 높인다. 이런 친절과 관심은 아부와 전혀 무관하다. 오히려 세심한 방식으로 생산적 분위기를 조성하여 공명과 탁월함을 크게 도약시키는 일이다. 분위기를 편하게 만들면, 공명과 탁월함 둘 다 훨씬 더 쉽게 다가올 수 있다.

팬데믹 상황에서 독일총리 앙겔라 메르켈은 마스크 착용 의무와 접촉 제한 그리고 문화생활 자제가 국민에게 큰 불편을 줄 것이라며 이해와 공감을 표현했다. 메르켈 총리는 연설에서 방역 정책에 반대하여 거리로 나온 시위자들을 지적하며 단호하게 말했다. "나는 시위자들의 마음을 이해합니다. 실제로 제한은 민주주의에 어긋나는 무리한 요구이지요. 그러나 제한을 결정하는 것 자체도 매우 어려운 일입니다. 독일은 자유와 민주주의가 확고히 자리 잡은 국가라 자부할 수 있습니다. 개인적으로 이를 큰 행운이라 여깁니다."[22]

독일 총리는 함께 협력하여 성공을 이루는 분위기를 조성하고, 견해가 다른 사람들도 협력에 동참시킬 수 있는 어휘를 선택하여 뜻을 같이하는 사람의 수를 늘렸다. 그러나 총리 역시 우리와 똑같은 조건 아래에 있다.

긍정적 공명 신호의 발신은 로또 번호를 채우는 것과 비슷하다. 어떤 결과가 나올지 불확실하다.

우리가 발신하는 제안이 반향을 일으킬지는 아무도 보장하지 못한다. 그래서 생산적 분위기를 조성하는 일이 아직 비즈니스에 속하지 못하는 것이리라. 그러나 한 가지는 확실하다. 대안은 대안이 못 된다. 시작하지 않으면, 세상은 결코 더 탁월해지지 않는다.

'예, 하지만'에서 '예, 그리고'로

사교적이고 재치있는 사람들은 공명의 기반을 마련한다. 그들의 소통 방식이, 그들이 보이는 모범이 기준이 될 확률이 높다. 다양한 배경과 관심사를 가진 여럿이 모여 있을 때 어떤 한 사람이 어투를 바꾸면 다른 사람들도 무의식적으로 그 어투를 따라간다. 예일대학 인간본성연구소의 감정 전이 연구가 이것을 뒷받침한다. 사회학자 니컬러스 크리스타키스 연구팀은, 날씨가 소셜미디어 상태 메시지의 분위기를 좌우한다는 사실을 이용했다. 연구팀은 페이스북 이용자 수백만 명의 데이터를 분석했다. 놀랍게도 날씨가 좋은 지역의 좋은 기분이 날씨가 나쁜 다른 지역에 전염되었다! 화창한 상태 메시지를 읽은 페이스북 친구들은 날씨가 우중충한 지역에 살면서도 기분 좋은 게시물을 평균 두 개씩 올렸다.[23] 연구팀의 분석에 따르면, 이런 낙수효과는 가상 접촉보다 직접 접촉에서 훨씬 더 명확하게 드러났다.

모니터에 팝업창이 떴다. 레스보스 섬의 모리아 난민수용소에서 화재가 발생한 지 며칠이 지난 뒤, 독일 정부는 난민 1550명을 수용하겠다고 발표했다. 다음 날 시사잡지 《포커스 온라인》은 "독일의 뒤를 이어, 벨기에는 레스보스의 난민을 최대 150명까지 받기로 했다"고 보도했다.[24] 인구 비율로 볼 때 150명이면 벨기에는 독일과 비슷한 규모로 난민을 돕는 것이다.

긍정적 제스처는 끌어당기는 힘이 있다. 정치뿐 아니라 직장과 가정 그리고 지역사회에서도 다른 사람의 생각과 행동에 영향을 미친다. 그 효과가 당장 내일 나타나진 않을 것이다. 또한 기회가 있을 때마다 효과를 내지도 않는다. 그러나 한 가지만은 확신해도 된다. 당신은 그런 선구적 행동으로 리더의 면모를 보일 수 있다. 공식 리더가 아니더라도 당신은 모범적으로 분위기를 좌우하고, 자유롭게 아이디어를 공유하는 환경을 만드는 데 공헌할 수 있게 된다. 그러므로 먼저 시작하라.

좋은 자극을 세상에 보내라.

동의를 표현하고, 기분 좋은 메시지를 보내고, 비판하고 싶은 욕구를 참고, 행운을 빌어주고, 고마움을 표현하라. 좋은 분위기를 유지하는 비공식 책임자가 되어라. 사교적인 사람은 탁월함을 향해 한 걸음 더 나아간다. 사교적인 태도로 인해 예스맨이나 호구로 인식될까 두려운가? 그렇다면 잘못 알고 있다. 사교성은 순진한 친절과 전혀 다르며 그렇게 인식되지도 않는다. 최정상에 오른 사람들은 사회적 도구로서의 사교성의 가치를 안다. 사교적인 사람은 공명의 배양토를 마련하고, 마음껏 솔루션을 탐색할 수 있는 환경에 공헌한다. 그래서 사교적인 사람은 어느 집단에서든 두각을 나타낸다.

IT 및 혁신 컨설팅 회사의 젊은 분석가 세 명이 대학생을 위한 워크숍을 열었다. 주제는 '디자인 씽킹은 어떻게 작동하나'이다. 3학기를 맞은 대학생들은 아직 미숙하다. 그들의 발표는 연습생 수준이지만 세 분석가는 어떤 비판도 하지 않는다. 누군가 말을 하면 끊지 않고 끝까지 듣는다. 종종 "그렇지"라는 추임새로 긴장을 풀어주고 생각할 여지를 준다. 때때로 "더 확장해서 생각하면?"이라고 물어 아이디어의 흐름을 발전시킨다. 최종 피드백은 사려 깊고 고무적이다. 그래서 개선되어야 할 사항을 모두가 명확히 알게 된다.

다양한 아이디어의 마찰이 변화와 성장을 북돋운다. 마찰 때문에 당신의 아이디어가 가치를 상실하는 일은 없다. 오히려 그 반대다. 낯선 자극에 마음을 열고 그 가치를 알아보고 수용하여 연구를 이어가면 당신의 아이디어는 확장되고 다듬어지고 실현된다. 공명이 있으면 마찬가지로 당신이 다른 사람에게 낯선 자극을 주고, 그 사람의 아이디어에 날개를 달아준다. 미래연구소 소장 해리 개터러의 표현을 빌리면 "울림을 받고, 울림을 준다. 울림이 쌍방향으로 진행될 때 비로소 공명이라 할 수 있다."[25]

이스라엘계 영국인인 스타 셰프 요탐 오토렝기는 텔아비브에서 철학을 공부했으며 런던에서 요리학교를 수료했다. 그의 어머니는 독일인이고 아버지는 이탈리아인이다. 그래서 오토렝기는 다양한 영향과 관점이 몸에 배었다. 가장 큰 특기를 물으면 그는 사람과 팀에서 최선의 것을 끄집어내는 능력이라고 답한다. 그는 매우 사교적이면서도 카리스마가 넘치는 것으로 유명하다. 함께 일하는 파티시에 헬렌 고가 말한다. "그는 거칠어 보일 수 있어요. 그의 피드백이 직설적이며 기대 수준이 높기 때문이죠. 하지만 동시에 따뜻하고 개방적인 부분도 있어요."[26]

공명은 논쟁과 혹독한 품질개선을 배제하지 않고 심지어 그것들을 지지한다. 공명은 낯선 것과 직면하기를 거부하지 않고 자기성찰과 발전적 사고로 이끌어준다. 공명 관계에서는 "아니오, 안됩니다"나 "예, 하지만…" 대신에 "예, 그리고 또한…"이라고 말한다. 그러면 익숙한 패턴을 뛰어넘어 새로운 길과 가능성이 연달아 등장하고, 아이디어가 개발되어 구체화되고 최적화될 것이다.

탁월함의 비밀 ⑨
: 아이디어를 실현하기 위한 7가지 시도

함께 진동하고 울리는 상호작용은 때로는 아주 작은 것을, 때로는 근본적인 것을 바꿔놓는다. 애석하게도 공명은 슈퍼푸드처럼 구매할 수 없다. 최고의 조건을 마련하여 유인할 수 있을 뿐이다.

1. 아이디어를 함께 고안하자

"내가 더 멀리 볼 수 있었던 이유는, 거인의 어깨에 올라탔기 때문이다." 중력이론의 창시자나 다름없는 아이작 뉴턴의 말이다.[27] 아마도 뉴턴은 오늘날 우리도 그렇듯이 선임자의 성과를 기반으로 했을 것이다. 한 사람 혼자 최고의 아이디어를 내는 일은 드물다. 우수한 솔루션은 종종 여러 사람의 공로가 합쳐져서 나온다. 디자인 씽킹의 기본규칙 중 하나가 괜히 "질보다 양!"이겠는가! 그러니 설령 덜 여물어 보이고 대수롭지 않은 잔꾀처럼 보이더라도, 다른 사람의 공로를 무시하지 않아야 많은 이들의 지식에서 이익을 얻을 수 있다.

모두의 공로가 인정되는 집단이 공명에서 가장 많은 이익을 얻는다. "톰의 악필이 없었다면 우리는 이렇게 빨리 여기까지 오지 못했을 것입니다." 존중과 인정을 받지 못하거나 너무 적게 받는다고 느끼는 사람은 좋은 아이디어가 있더라도 다른 사람과 공유하려 하지 않는다.

2. 같이 흥분하지 말고, 같이 진동하자

공명은 강요가 아니라 돌봄을 원한다. 이런 공명은 경청과 소속감 속에서 특히 크게 일어난다. 최선의 경우, 모두가 공동의 목표를 바라보며 서로를 지지한다. 하르트무트 로자는 같은 파장으로 진동할 때의 기분을 이렇게 묘사한다. "인생이 내 뜻대로 흘러가는 기분이 들 때가 있다. 그때가 바로 내가 '공명'이라고 부르는 것을 경험하는 순간이다."[28] 심신이 편안하고 활기찬 분위기는 존중하는 태도, 실수가 용납되는 문화, 영감을 주는 공간 그리고 설비가 잘 갖춰진 휴게실을 통해 조성된다. 교육이나 지시로는 절대 형성되지 않는다. 역동적인 팀장은 강력한 바람을 불어넣어 공명을 일으키려 하겠지만, "아자아자 화이팅!" 같은 직접적 호소는 소중한 진동을 다시 잠재울 뿐이다.

3. 자신감을 불어넣자

공명은 동의나 의견 일치가 아니다. 진정한 공명은 공통분모가 아니라 최고 솔루션을 찾는 일이다. 서로 다른 견해와 관점이 공명의 본질이다. 그것이 새로운 아이디어를 불러내고, 더 나은 솔루션으로 안내한다. 그러므로 당신의 강점에 집중하라. 맥박이 뛰게 하라. 당신의 관점과 기술을 자신 있게 드러내라. 과장 없이 사실 그대로 표현하고, 복잡한 연관성과 다방면의 이해도를 높여라. 명심하라. 지배와 통제를 목표로 삼아선 안 된다. 예술처럼 말없이 마음에 가서 닿고 울림을 줘야 한다.

4. 불완전한 상태로 그냥 두자

공명을 너무 강조하면 오히려 역효과가 날 수 있다. 활기찬 구호 같은 사소한 일은 저항을 일으키고 서로의 말을 귀담아듣는 분위기를 방해한다. 세부사항 따지기나 일정 압박하기, 한 가지 관점 고집하기도 마찬가지이다. 주요 데이터는 반드시 교환해야 하지만 즉각적인 해명을 기대해선 안 된다. 해석 권리를 주장하지 말라. 결말을 열어두고 다양한 의견들이 공중에 떠 있게 두어라. 그래야 다른 사람들이 강요받는 느낌 없이 다양한 의견들을 숙고할 수 있다. 고령에도 계속해서 정의를 위해 싸웠던 미국 전 대법관 루스 베이더 긴즈버그가 이런 경험을 전달한다. "판사는 계속해서 생각하고 변할 수 있습니다. 오늘은 법원이 사각지대를 보고 있지만, 내일이면 눈을 크게 뜨고 세상을 보게 되리라고 나는 늘 장담합니다."[29] 공명하는 팀도 비슷하게 반응한다. 그들이 어떤 아이디어를 수용했다면 뭔가가 그들의 마음을 울렸기 때문이다. 마음을 울리는 데는 시간이 필요하다. 그래서 제안된 아이디어가 일대일로 수용되는 일은 드물다. 주로 사고의 변화에 작은 영향을 미치거나, 로자가 감각적으로 표현했듯이 "열린 공통점으로" 이동한다.[30]

5. 리듬에 맞춰 진동하자

발언권 싸움은 공명을 파괴하는 반면 리듬과 조율은 공명을 부드럽게 밀어준다. 그러므로 팀원 모두가 하고 싶은 말을 끝까지 할 수 있게 하자. 다른 사람의 말에 끼어들거나 보충하지 말자. 두 경우 모두 화자는 공격으로 느껴 기발한 생각을 억제하게 된다. 쉬는 시간을 두어 얘기된 내용을 곱씹을 수 있게 하라. 모두가 발언권이 있음을 느낄 수 있게 연설 같은 독백을 피하라. 발언 시간을 적절히 조절하라. 끝낼 때 목소리를 낮춰서 자연스럽게 다음 발언자로 교체되게 하라. 모두가 골고루 충분히 발언하는 것이 좋다. 공명이 생기면 종종 활기가 돌고 살짝 들뜬 분위기가 형성된다. 주의력이 높아지고 더 많은 관점이 열리게 되며 우리는 친밀감과 기쁨, 그리고 감탄을 느끼게 된다.

6. 감정을 섬세하게 표현하자

마이크로소프트에서 사티아 나델라는 모든 관리자에게 15년 전에 출간된 책인 마셜 로젠버그의 『비폭력 대화』를 권한다. 관리자는 이 책에서 감정을 솔직하게 표현하는 법을 배운다. "나는 매우 슬프다/화난다/불안하다." 반대로 불쾌감의 책임을 간접적으로 다른 사람에게 전가하는 표현이 있다. "압박을 받는 기분이다/실망이다/무시당한 기분이다/사기당한 기분이다." 이런 방식의 간접적 비난은 긍정적 관계 맺기를 힘들게 하고, 대화상대로 하여금 방어자세를 취하게 한다. 그러면 공명은 불가능하다.

7. 명료함도 좋고, 모호함도 좋다

공명을 추구한다면 불협화음이 주요 주제가 되선 안 된다. 다른 견해를 말할 때 평소보다 완곡한 표현을 쓰는 편이 전략적으로 유리할 수 있다. 사실을 설명하고 견해의 근거를 댈 때는 구체적이고 직설적인 언어가 적합하지만 자신의 고유한 견해에 절대성을 부여하지 않는 것도 중요하다.

"내가 느끼기로" "내가 받은 인상은" "어쩌면 생각이 다를지도" 같은 조심스러운 어휘와 신중한 표현은, 자신의 제안 외에 다른 제안도 있음을 인정한다. 언어학에서는 이런 첨언을 '헤지(Hedge) 표현'이라고 한다. 애석하게도 독일에서는 이런 표현을 모호성과 어휘력 부족의 증거라고 여겨 무시한다. 그럼에도 나는 헤지 표현을 사용하라고 가르치고, 나 역시 가정법과 함께 즐겨 활용한다. 헤지 표현은 미묘한 뉘앙스를 담고 있어 정원의 생울타리(헤지)와 비슷한 기능을 하는데, 특히 소통의 냉혹한 바람을 막아 관계를 보호한다. 헤지 표현은 기본적으로 협력에 해를 끼치지 않으며 오히려 유익하다.

탁월함의 기적은
아주 가까이에 있다

CNN 앵커 앤더슨 쿠퍼는 탁월한 저널리스트로 통한다. 그는 방송과 보도로 에미상을 비롯한 수많은 상을 받았는데, 특히 2010년 포르토프랭스의 지진 보도로 아이티에서 공로훈장을 받았다. 2020년 11월에는 CNN에서 도널드 트럼프와 조 바이든의 스릴 넘치는 대통령 선거 개표 방송을 진행했다. 그는 방송 중에 분노를 표현했는데, 이를 통해서 CNN을 보지 않는 사람조차 그의 이름을 알게 되었다. 쿠퍼를 분노하게 한 사람은 당시 대통령이었던 도널드 트럼프였다. 부정선거가 있었다는 트럼프의 터무니없는 주장에 결국 분통을 터트린 것이다.

"그는 미국의 대통령입니다. 세계에서 가장 막강한 힘을 지닌 사람이죠. 그리고 지금 우리 눈앞에 있는 그는 자기 시대가 끝났음을 인정하지 않고, 마치 뜨거운 태양 아래 벌렁 자빠져서 허우적대는 뚱뚱한 거북이처럼 떼를 쓰는군요."[1] 쿠퍼가 논평했다.

쿠퍼는 수백만 시청자가 아마 하고 싶었을 말들을 거침없이 쏟아냈다. 이틀 후 그는 텔레비전 인터뷰에서 자신의 어휘 선택을 철회했다. "잘못된 어휘 선택을 후회하고 있습니다. 그러지 말았어야 했어요. 그날의 나는 내가 진정으로 바라는 모습이 아니었습니다. 순간의 분노를 참지 못한 것을 진심으로 후회합니다."

탁월함은 영감을 주는 단어이다. 다양한 해석과 구성을 허용함에도 불구하고 영감을 주는 것이 아니라, 바로 그런 허용 때문에 영감을 주는 것이다. 아리스토텔레스는 탁월함을 한마디로 '미덕'이라 부른다. 윤리적으로 올바른 일상 행동 말이다. 그러므로 탁월함을 추구하는 사람은 머리에 쓰고 있는 월계관에 절대 안주하지 않는다.

우리가 무엇을 성취하고 해내고 실현했든, 우리가 얼마나 우수하고 높은 위치에 있든, 우리 안에는 여전히 더 많은 것이 숨겨져 있다. 이미 전 세계적으로 탁월하다고 인정받는 사람들도 아직 발전의 끝에 도달하지 않았다. 앤더슨 쿠퍼가 스스로 발언을 철회하고 후회한다고 발표한 이유는 실언 때문이 아니다. 일반적 잣대에 따라 그렇게 한 게 아니다. 현직 대통령의 강력한 항의 때문은 더더욱 아니다. 그가 자신을 성찰했고, 그 결과 자신의 탁월하지 못한 행동을 후회했기 때문이다. 그 순간의 쿠퍼는 자신의 가치관에 부응하지 못했고, 자신이 되고자 하는 사람이 아니었다. 사후에 진실을 규명할지언정 외모를 비하해선 안 되었다.

물론 후회하고 발언을 철회한다고 해서 없던 일이 되진 않는다. 그러나 곤욕을 감수하고 모든 것을 솔직하게 공개하는 자세가 다시 최고의 품격을 증언한다. 과열된 표현의 철회에는 탁월함의 많은 자질이 담겨 있다. 쿠퍼는 신중하지 못했던 순간을 외면하지 않고, 한 발 더 나아갔다. 깊이 생각하기, 감정 조정하기, 다른 사람의 입장이 되어 생각하기, 자신을 극복하고 바꾸기, 끝으로 이 모든 것으로 모범이 되기. 공개 사과는 효과를 남기고 개별 사례에서 탁월함이 어떻게 작동하는지 모범을 보여준다.

이것이 바로 탁월함의 기적이다. 아주 멀리 있는 것처럼 보이지만, 실제로는 매 순간 아주 가까이에 있다.

우리가 하는 모든 일에서 탁월함을 실현할 수 있다. 탁월함은 최고를 뜻하지 않기 때문이다. 탁월함이란 자신의 재능과 가능성 안에서 최선을 만들어낸다는 뜻이다. 작게 혹은 크게, 인격적으로 혹은 전문적으로, 사적으로 혹은 직업적으로 취하는 태도나 활동으로 자기 자신과의 관계 혹은 다른 사람과의 관계에서 사회와 환경을 돌볼 때 탁월함을 발휘할 수 있다. 어떤 상황에서든 더 단순하고 탁월한 해결책이 언제나 있다. 그리고 그것을 위해서는 초인적 능력이 필요치 않다.

경영의 대가 톰 피터스에 따르면, 탁월함은 당신이 앞으로 5분 동안 하는 행동에 달려 있다.[2] 탁월함을 결정하는 그 5분에 따라, 우리는 새로운 정상에 오른다. 어쩌면 우리는 돈이나 지위, 명예 같은 성공을 늘릴 수도 있다. 그러나 확언하건대, 우리 안에 잠재된 탁월함을 발휘한다면 더 많은 기쁨과 성취감을 얻게 될 것이다.

여기서 끝이 아니다. 탁월함은 우리의 한계를 넘어서게 한다. VUCA 세계에서 우리의 행동과 아이디어는 더 큰 그림을 그린다. 디지털 가능성은 재능과 전문지식, 그리고 인간적 모범으로 세상에 선한 영향을 주도록 우리를 격려한다. 예전 세대 대부분은 지금의 이런 특권을 그저 꿈만 꿀 수 있었다. 우리 각자가 보통의 삶을 살지, 아니면 탁월한 삶을 살지 결정하는 순간, 이를 통해 개인의 삶을 뛰어넘는 더 많은 차이가 생긴다. "만약 개개인의 행동이 개선되면 세상도 개선될 것이다." 이스라엘 역사학자이자 가장 영향력 있는 지성인 중 한 명인 유발 노아 하라리가 말한다. 개인의 탁월함은 기회이다. 우리 뜻대로 세상을 설계하고 건설할 수 있다. 우리 안에 잠재해 있는 모든 것을 동원하여 이 일에 동참하자.

참고문헌

도리스 메르틴, 배명자 옮김, 『아비투스』, 다산초당, 2020.

미셸 오바마, 김명남 옮김, 『Becoming비커밍』, 웅진지식하우스, 2018.

사티아 나델라, 최윤희 옮김, 『히트 리프레시』, 흐름출판, 2018.

앤절라 더크워스, 김미정 옮김, 『그릿GRIT』, 비즈니스북스, 2019.

Capgemini Research Institute, "Emotional intelligence – the essential skillset for the age of AI", 2019. (www.capgemini.com/dk-en/wp-content/up-loads/sites/42/2019/10/Digital-Report-%E2%80%93-Emotional-Intel-ligence.pdf)

Carol Dweck, *Selbstbild*, Piper, 2017.

Dorothea Assig and Dorothee Echter, *Ambition*, Campus, 2019.

Eva Wlodarek, *Nimm dir die Freiheit, du selbst zu sein*, dtv, 2021.

Hartmut Rosa, *Resonanz*, Suhrkamp, 2019.

James Clear, *Die 1%-Methode–Minimale Veränderung, maximale Wirkung*, Gold-mann, 2020.

John Nosta, "Pushing Beyond the Bounds of IQ and EQ", *Psychology Today*, 2020. (www.psychologytoday.com/intl/blog/magical-enlighten-ment/202111)

Karima Mariama-Arthur, *Poised for Excellence*, Springer, 2018.

Openmjnd, *Innovation Roadmap, Design Thinking in der Theorie und Praxis, 2020.* (www.openmjnd.com/InnovationRoadmap/openmjnd_innovation_roadmap.pdf)

Rebekka Reinhard, "Zu dumm für die Zukunft? Welche Intelligenzen wir morgen brauchen", *Hohe Luft*, 2020.

Tom Peters, *The Excellence Dividend*, Vintage Books, 2018.

Ulrich Bröckling, *Von den Exzellenzen zur Exzellenz*, Genealogie eines Schlüsselbegriffs, Forschung&Lehre, 2009.

William B Irvine, *A Guide to the Good Life*, Oxford University Press, 2009.

1장 오직 탁월한 존재만이 대체되지 않는다

1. Capgemini, "Gesellschaft 5.0 – Implikationen der Digitalisierung", 2018. (www.capgemini.com/de-de/resources/studie-gesellschaft-5-0/)
2. Capgemini Research Institute, "Emotional Intelligence Research – The Essential Skillset for the Age of AI", Executive Survey, 2019. (www.capgemini.com/wp-content/uploads/2019/11/Report-%E2%80%93-Emotional-Intelligence.pdf)
3. 위와 동일.
4. 도리스 메르틴, 홍명희 옮김, 『EQ』, 해냄출판사, 1996.
5. Leanna Garfield, "Mark Zuckerberg asked Bill and Melinda Gates what advice they would give to their younger selves", 2018. (www.businessinsider.com)
6. Capgemini Research Institute, "Emotional Intelligence Research – The Essential Skillset for the Age of AI", Executive Survey, 2019. (www.capgemini.com/wp-content/uploads/2019/11/Report-%E2%80%93-Emotional-Intelligence.pdf)
7. Wolf Lotter, "Echt digital", Brand eins, 2019. (www.brandeins.de)

8. Capgemini Research Institute, page 5~6.

9. C. Dierig and N. Doll and S. Fründt and O. Gersemann and G. Hegmann, "Deutschlands Problem ist der deutsche Ingenieur", Welt, 2015.

10. Lea Hampel, "Zu starr, zu genau", Süddeutsche Zeitung, Nr. 301, 2019/1, 2020.

11. Raphaela Kwidzinski, "Jede Sekunde checken sechs Airbnb-Gäste ein", Ahgz.de, 2019. (www.ahgz.de)

12. Jürgen Stüber, "Airbnb will mit Künstlicher Intelligenz die Magie des Reisens wiederentdecken", Gründerszene, 2018. (www.gruenderszene. de)

13. PwC Deutschland, "Digitale Ethik – Chancen, Orientierung und Haltung für verantwortungsbewusste Unternehmen in der digitalen Welt", 2020. (www.pwc.de/de/managementberatung/pwc-digitale-ethik-white-paper.pdf)

14. Reid Hoffmann, "How to Scale a Magical Experience: 4 Lessons from Airbnb's Brian Chesky", Medium, 2018. (reid.medium.com)

15. Hohe Luft-Team, "Total digital! Total menschlich?" Hohe Luft Magazin, 2018. (www.hoheluft-magazin.de)

16. John Nosta, "Pushing Beyond the Bounds of IQ and EQ", Psychology Today, 2020. (www.psychologytoday.com)

17. Florian Rötzer, "Der Aufstieg der kreativen Klasse verändert die Städte", Telepolis, 2015. (www.heise.de)

18. Brian Ford, "Seek Excellence, Not Perfection with Tiger Woods", Medium, 2018. (medium.com)

19. Wilhelm Schmid, *Die Fülle des Lebens*, Insel Verlag, 2006.

20. Nora Gomringer, "Verpasste Ausstellungen" Aviso, Magazin für Kunst und Wissenschaft in Bayern, 03/19.

21. Capgemini Research Institute, "Emotional Intelligence – the essential skillset for the age of AI", Executive Survey, 2019. (www.capgemini. com/wp-content/uploads/2019/11/Report-%E2%80%93-Emotional-Intelligence.pdf)

2장 열린 마음: 호기심은 초능력을 발휘하게 한다

1. Andreas Steinle and Dr. Carl Naughton, "Was macht Menschen neugierig?", Neugier-Management, 2014. (www.zukunftsinstitut.de)
2. J. R. Larson Jr., C. Christensen and T. M. Franz and A. S. Abbott, "Diagnosing groups", Journal of Personality and Social Psychology, 1998.
3. S. Breit, J and Samochowiec, "Nie zu alt?", Gottlieb Duttweiler Institute, Nr. 48. (www.gdi.ch/sites/default/files/documents/2020-05/gdi_studie_offenheit_web-summary.pdf)
4. Merck KGaA and Group Communications, "Seien Sie neugierig", Neugier-Studie, 2018. (www.merckgroup.com/company/de/Merck-Neugier-Studie-2018.pdf)
5. Katharina Kubisch Presse + Kommunikation, "Generation Z und die Arbeitswelt", IUBH Internationale Hochschule GmbH, 2018. (idw-online.de/de/news707894)
6. 2019 Deloitte Global Millennial, Survey A: generation disrupted, Germany results.
7. Hillary Hoffower, "US-Studie: Die Hälfte der Millennials kündigen ihren Job wegen psychischer Probleme". Business Insider, 2019. (www.businessinsider.de)
8. Deloitte, "Deloitte Millennial Survey 2019 – Millennials und Generation Z essimistischer als je zuvor". (www2.deloitte.com)
9. Simon M. Ingold, "Wokeness heißt die gesteigerte Form der Political Correctness", Neue Züricher Zeitung, 2020.
10. Shane Snow, "A New Way to Become More Open-Minded", Harvard Business Review, 2018. (hbr.org)
11. Christiane Lutz, "Am liebsten würd' ich nach Indien fahren", Süddeutsche Zeitung, 2020, Nr. 69.
12. Gottlieb Duttweiler Institute, "Generationenstudie – Älter werden zwischen Offenheit und Bewahrung. (www.gdi.ch)
13. Friedemann Karig, "Der Rassist in mir", Süddeutsche Zeitung, Nr. 176,

1./2.

14. Smarterfahren.de, "Elektroautos: Design der Zukunft". (www.smart-er-fahren.de/elektroautos-design-zukunft/)

15. Gottlieb Duttweiler Institute, "Generationenstudie – Älter werden zwischen Offenheit und Bewahrung", (www.gdi.ch/sites/default/files/documents/2020-05/gdi_studie_offenheit_web-summary.pdf)

16. Epoch Times, "Neuer SAP-Co-Chef Klein will", 2019. (www.epoch-times.de/?p=3029746)

17. Dina Bass, "Satya Nadella Talks Microsoft at Middle Age", Bloomberg Businessweek, 2016. (www.bloomberg.com/features/2016-satya-nadel-la-interview-issue/)

18. 위와 동일.

19. 캐럴 드웩, 김준수 옮김, 『마인드셋』, 스몰빅라이프, 2017.

20. S. Shibu and S. Lebowitz, "Microsoft is rolling out a new management framework to its leaders. It centers around a psychological insight called growth mindset", Business Insider, 2019. (www.businessinsider.de)

21. Luke Smillie, "Openness to Experience", Scientific American, 2017.

22. YouTube, "The Monkey Business Illusion", 2010. (www.youtube.com/watch?v=IGQmdoK_ZfY)

23. D. J. Simons and C. F. Chabris, "Gorillas in Our Midst", Perception, 28.

24. Sabine Maas, Presse und Kommunikation, "Sehen schützt vor Blindheit nicht", Deutsche Sporthochschule Köln, 02, 2015. (idw-online.de/de/news640666)

25. Scinexx, "KI erkennt Brustkrebs – Selbstlernendes System erkennt Tumore in Mammografie-Aufnahmen so gut wie ein Radiologe", 2018. (www.scinexx.de/news/technik/ki-erkennt-brustkrebs/)

26. 한스 로슬링 외, 이창신 옮김, 『팩트풀니스』, 김영사, 2019.

27. Merck KGaA, Group Communications, "Seien Sie neugierig", Neugi-er-Studie, 2018. (www.merckgroup.com/company/de/Merck-Neugi-er-Studie-2018.pdf)

28. BR Wissen, "Werner Forßmann – Auf direktem Weg ins Herz", 2014.

(www.br.de/themen/wissen)

29. Nature, "This caterpillar can digest plastic", 2017. (www.nature.com/articles/d41586-017-00593-y)

30. Magdalena Räth, "Blinkist: Sachbuchinhalte in Häppchenform", Gründerszene, 2013. (www.gruenderszene.de/allgemein/blinkist)

31. Haubers Naturresort. (www.haubers.de)

32. Zukunftsinstitut, "Was macht Menschen neugierig?" 2014. (www.zukunftsinstitut.de/artikel)

33. Doug Maarschalk, "Safari mode: An active openness to serendipity", LinkedIn, 2019. (www.linkedin.com/pulse)

34. Kochquartett, "Wolfsbarsch", Süddeutsche Zeitung Magazin, Nummer 7, 2020.

35. Doug Maarschalk, "Safari mode: An active openness to serendipity", LinkedIn, 2019. (www.linkedin.com)

36. YouTube, "Stephen Hawking says 'Look at the stars and not at your feet'", 2015. (www.youtube.com/watch?v=ii7dspx6oCs)

37. J. Hardy and Alisha M. Ness and Jensen T. Mecca, "Outside the box", Personality and Individual Differences, Volume 104, 2017.

38. GatesNotes, The Blog of Bill Gates. (www.gatesnotes.com/Books)

39. Victor Ottati 외, "When self-perceptions of expertise increase closed-minded cognition" Journal of Experimental Social Psychology, Volume 61, 2015.

40. TED Blog, "Vulnerability is the birthplace of innovation, creativity and change" Brené Brown at TED2012. 2012.

41. Shane Snow, "Intellectual Humility" (www.shanesnow.com/articles/intellectual-humility)

3장 자기 성찰: 나의 소망과 가치를 아는 사람은 나뿐이다

1. Sibylle Berg, "Fragen Sie Frau Sibylle", Spiegel, 2011. (www.spiegel.de)

2. G. Di Stefano 외, "Making Experience Count", Harvard Business School, Working Paper 14-093, © 2014, 2015, 2016. (www.hbs.edu/faculty/ Publication%20Files/14-093_defe8327-eeb6-40c3-aafe-26194181cfd2. pdf)

3. Zameena Meija, "Bill Gates asked himself these questions at the close of 2018", CNBC make it, 2018. (www.cnbc.com)

4. Barbara Gillmann, "Lehrer haben große Not mit dem digitalen Lernen", Handelsblatt, 2019. (www.handelsblatt.com)

5. Inga Höltmann, "Neue Arbeit und die eigene Haltung", Bertelsmann Stiftung, 2019. (www.zukunftderarbeit.de/2019/03/06)

6. Patricia Riekel, "Zeit zum Nachdenken finden", Die Bundeskanzlerin, 2010. (www.bundeskanzlerin.de)

7. Andreas Sentker, "Wie setzt man sich durch, Frau Nüsslein-Volhard?", Zeit Online, 2020. (www.zeit.de/2020/05)

8. Todd Davey, "Wie Ihnen eine wichtige Fähigkeit von Profisportlern auch im Geschäftsleben helfen kann", Munich Business School Insights, 2017. (www.munich-business-school.de/insights/2017)

9. Max Hägler, "Für mich war die Quote nie ein Thema. Montagsinterview mit Ilka Horstmeier" Süddeutsche Zeitung, 2020, Nr. 51.

10. J. Bryan Sexton, "Three Good Things", YouTube, 2012. (www.youtube. com/watch?v=hZ4aT_RVHCs)

11. Elizabeth George, *Write away*, Hodder Paperbacks, 2005.

12. Nancy J. Adler, "Want to Be an Outstanding Leader? Keep a Journal", Harvard Business Review, 2016. (hbr.org)

13. M. Bar-Eli 외, "Action bias among elite soccer goalkeepers", Journal of Economic Psychology, Vol. 28, 2007. (www.sciencedirect.com/science/ article/abs/pii/S0167487006001048)

14. Katrin Bauer: Big im Beeren Business. JudithWilliams.com, 2019. (live- your-dream.com)

15. Detlef Krenge, "Ich fühle mich hier wirklich wohl", BR Klassik, 2017. (www.br-klassik.de)

16. Kathrin Werner, "Interview mit Katherine Maher", Süddeutsche Zeitung, 2020.

17. Andreas Auert, "Selbstreflexion als Hilfsmittel für Erfolg, Gesundheit und Lebenszufriedenheit", Personal entwickeln, 2015. (www.krisen-kommunikation.de/extdat/krikom-artikel-selbstreflexion.pdf)

18. K. Tanaka and Y. Tanno, "Self-rumination, self-reflection, and depression". Behavior Research and Therapy, Vol. 47, 2009. (www.sciencedirect.com/science/article/abs/pii/S0005796708002763)

19. Sven Prange, "Das Recht des Roboters", Handelsblatt, 2020. (www.handelsblatt.com)

4장 공감: 깊은 이해심은 혁신을 창조한다

1. Institut für Management-Innovation Prof. Dr. Waldemar Pelz, "Empathie: Menschen und Gruppen (Teams) besser verstehen". (www.managementkompetenzen.de/empathie.html)

2. John Dumbrell, *Clinton's Foreign Policy 1992-2000*, Taylor & Francis, 2009.

3. Karin Bauer, "Homeoffice forever? Auf Dauer allein geht nicht", Der Standard, 2020. (www.derstandard.de/story/2000117794478)

4. Stuart Pallister, "President of Worldwide Hotel Operations", Four Seasons Hotels. (hospitalityinsights.ehl.edu)

5. 위와 동일.

6. Hella Schneider, "Das sind die 10 besten Hochzeitsplaner Deutschlands", Vogue, 2020. (www.vogue.de/lifestyle/artikel/hochzeitsplaner-deutschland)

7. Sarah Obenauer, "Collaboration begins with empathy", Inside Design, 2019. (www.invisionapp.com)

8. https://www.onvista.de/aktien/chart/Microsoft-Aktie-US5949181045

9. Heinz-Paul Bonn, "Runter vom Podest – warum Microsofts Satya Nadel-

la viel richtig macht, t3n digital pioneers, 2019. (t3n.de/news/runter-po-dest-microsofts-satya-1226584/)

10. Morning Future, "Satya Nadella: when empathy is good for business", 2018. (www.morningfuture.com)

11. 위와 동일.

12. https://einhorn.my/einhorn-periodenrevolution-die-ultimative-um-frage/

13. Minda Zeitlin, "Michelle Obama's DNC Speech Is a Powerful Example of Emotional Intelligence", Inc.com, 2020. (https://www.inc.com)

14. Molly Rubin, "Full transcript: Tim Cook delivers MIT's 2017 commence-ment speech", Qz.com, 2017. (qz.com/1002570)

15. Michael Bauchmüller, "Keiner will im Kalten sitzen, um damit CO2 zu sparen", Süddeutsche Zeitung, 2020. Nr. 212.

16. The School of Life, "What is Empathy?". (www.theschooloflife.com/the-bookoflife/what-is-empathy)

17. Tagesschau.de, "Video - Herbert Diess, Vorstandsvorsitzender VW", über die Vorzüge eines Auto-Konjunkturprogramms. (www.tagesschau.de/multimedia/video/video-693645.html)

18. Deloitte Millennial Survey 2018. (www2.deloitte.com)

19. YouGov-Whitepaper, "Mehrheit findet: Marken sollten Position bezie-hen". (www.wuv.de/marketing/mehrheit_findet_marken_sollten_posi-tion_beziehen)

20. Schüller Anne M, "3 Führungsstile, um fit für die Zukunft zu sein", Wirtschaftsforum, 2020. (www.wirtschaftsforum.de)

21. Marie Schmidt, "Der Traum brennt lichterloh", Süddeutsche Zeitung, Nr. 130, 2020.

22. Alexander Nicolai, "Regina Wallner. Heureka?", Manager magazin, 2019. (heft.manager-magazin.de)

23. Andreas Zeuch, "Empathie. Ein ambivalentes Element der Unterneh-mensdemokratie", Unternehmensdemokraten, 2020. (unternehmens-demokraten.de/2019/05/27)

24. https://twitter.com/rainbraun/status/1254381003277242371

25. Laurel Donnellan, "The Response To Workplace Burnout Is Compassionate Leadership", Forbes, 2019. (https://www.forbes.com/sites/laurel-donnellan/2019/06/17/)

26. Andreas Zeuch, "Empathie. Ein ambivalentes Element der Unternehmensdemokratie", Unternehmensdemokraten, 2020. (unternehmens-demokraten.de/2019/05/27)

27. Till Eckert, "So wirst du ein einfühlsamerer Mensch", Ze.tt, 2018. (ze.tt/empathie-so-wirst-du-ein-einfuehlsamerer-mensch/)

28. Social Judgement Theory Experiment, Explorable.com, 2016. (explorable.com/social-judgment-theory-experiment)

5장 의지: 탁월함을 습관으로 만들어라

1. https://www.brainyquote.com/quotes/meryl_streep_785004?src=t_grit

2. Anna Dreher and Angelika Slavik, "Es ist eine Frage des Willens. Reden wir über Geld mit Kira Walkenhorst", Süddeutsche Zeitung, 2019, Nr. 260

3. Maya Shwayder, "Study suggests our assumptions about talent can influence our judgements", The Harvard Gazette, 2011. (news.harvard.edu)

4. Will Durant, *The story of Philosophy*, Pocket Books 206. 인용한 글귀의 원서 내용: "Excellence is an art won by training and habituation:we do not act rightly because we have virtue or excellence, but we rather have these because we have acted rightly; these virtues are formed in man by his doing the actions; we are what we repeatedly do. Excellence, then, is not an act but a habit: the good of man is a working of the soul in the way of excellence in a complete life (…) for as it is not one swallow or one fine day that makes a spring, so it is not one day or a short time that makes a man blessed and happy."

5. Whitney Scharer, *Die Zeit des Lichts*, Klett-Cotta, 2019.

6.   Angela Duckworth, "Grit: The Power of Passion and Perseverance", TED Talks Education. (www.ted.com/talks/angela_lee_duckworth_grit_the_ power_of_passion_and_perseverance)

7.   Teodora Zareva, "What the Early Life of Bill Gates Can Teach Us About Success", Bigthink, 2017. (bigthink.com)

8.   "So haben Verlage das Manuskript von J. K. Rowling abgelehnt", Sueddeutsche, 2016. (www.sueddeutsche.de)

9.   Isabel Richter, "Microsoft-Chefin Bendiek", Microsoft News Center, 2018. (news.microsoft.com/de-de/digitale-transformation-studie/)

10. Jim Grundner, "Grit – The Secret Indgredients to a Successful Agile Transformation", Vaco. (www.vaco.com)

11. Martin Zips, "Ein Orden für Grautvornix!", Süddeutsche Zeitung, 2020.

12. Thorsten Schmitz, "Ich interessiere mich für alles, was krank machen kann", Süddeutsche Zeitung, 2020, Nr. 81.

13. Andreas Radlmaier, "Im Gespräch mit: Joana Mallwitz", Curt Magazin. (www.curt.de)

14. James Clear, "How To Start New Habits That Actually Stick", Jamesclear. com. (jamesclear.com/three-steps-habit-change)

15. Johanna Adorján, "Bestsellerautor Haig", Süddeutsche Zeitung, 2020. (www.sueddeutsche.de)

16. Grover Tim S, "Excellence is lonely", Facebook, 2018. Online. (pt-br.facebook.com/timsgrover/videos/excellence-is-lonely-no-one-will-ever-understand-what-youre-going-throughto-ach/10160279364035716/)

17. Johanna Adorján, "Iris Berben über Erkenntnisse", Süddeutsche Zeitung, 8./9. 2020. Nr. 182.

18. Anja Reich, "Interview mit Christiane Paul", Frankfurter Rundschau, 2019. (www.fr.de/panorama/vielleicht-scheitert-eben-11374559.html)

19. René Nehring, "Interview mit Klaus Bischoff", Rotary Magazin, 2017. (https://rotary.de/wirtschaft/ein-anspruch-auf-exzellenz-a-11555. html)

20. Aubrey Daniels, "Expert Performance", ADI Aubrey Daniels Internation-

al, 2009. (www.aubreydaniels.com/blog/2009/07/21)

21. Dorothea Assig and Dorothee Echter, *Ambition*, Campus, 2012.

6장 리더십: 지시하지 말고, 영감을 불어넣어라

1. Branco Dacevic, "Leadership: Bewirke und bewege etwas bei deinen Mitarbeitern". Greator Business, www.business-factory.com/magazin/was-ist-leadership/)

2. https://twitter.com/igorpianist/status/1309225332503973890

3. Hans Schlipat, "Leader oder Manager", Creditreform-Magazin, 2019. (creditreform-magazin.de)

4. Airbnb, "Airbnb verzeichnet über 4 Millionen Übernachtungen in einer Nacht". (news.airbnb.com/de/airbnb-verzeichnet-uber-4-millionen-ubernachtungen-in-einer-nacht/)

5. Franz Kühmayer, "Herzblut – die Rolle von Emotionen im Leadership", Zukunftsinstitut. (www.zukunftsinstitut.de)

6. Jane Dalton, "Captain Sir Tom Moore honoured by David Beckham and FA as leader of 'Lionhearts inspirational heroes' team", The Independent, 2020. (www.independent.co.uk)

7. Richard Branson, "Virgin's Richard Branson: Apple boss Steve Jobs was the entrepreneur I most admired", The Telegraph, 2011. (www.telegraph.co.uk/technology/steve-jobs/8811232)

8. Duke University, "Apple CEO Tim Cook on Ethical Leadership", 2013. (www.youtube.com/watch?v=3ygNKNaMv4c)

9. Sebastian Redecke, "Es ergab sich wie von selbst, dass wir die Architekten mit dem Entwurf der Elbphilharmonie betrauten", Bauwelt, 2017. (www.bauwelt.de)

10. Bundesagentur für Arbeit, "Mai Thi Nguyen-Kim 'Ich freue mich über jede Unterschätzung'", Abi, 2019. (abi.de/orientieren/promi_interviews/mai-thi-nguyen-kim016231)

11. K. Weaver and S. M. Garcia and N. Schwarz and D. T. Miller, "Inferring the popularity of an opinion from its familiarity", Journal of personality and social psychology.

12. Jürgen Weibler, *Personalführung*, Auflage, München, 2016

13. https://twitter.com/BarackObama

14. Carmine Gallo, "How 2020's British Open Winner Trained Her Mind To Overcome Devastating Setbacks", Forbes, 2020. (www.forbes.com/sites/carminegallo/2020/08/28)

15. Daniel M Cable 외, "How best-self activation influences emotions, physiology and employment relationships", ECONBIZ, 2015. (www.econbiz.de)

16. Sylvia Lafair, "Learn the 5 Key Elements of Powerful Leadership Language", Inc., 2017. (www.inc.com)

17. Sebastian Krass, "Und dann hat Zoom nicht funktioniert", Süddeutsche Zeitung, 2020.

18. Esther Kogelbloom and Susanne Kippenberger, "Warum Top-Managerin Simone Menne auf diverse Teams setzt", Der Tagesspiegel, 2020. (www.tagesspiegel.de)

19. Susan Adams, "Wise words to the Class of Covid-19 from Oprah Winfrey Bill Gates, Malala Yousafzai, Barack Obama, Dr. Anthony Fauci, Megan Rapinoe, Tim Cook, LeBron James and more", Forbes, 2020. (www.forbes.com)

20. Cerstin Gammelin, "Was für eine Freude wird das sein", Süddeutsche Zeitung, 2020. (www.sueddeutsche.de)

21. Weshalb Unternehmen eine Vision brauchen, Kommunikationsatelier, 2019. (www.kommunikationsatelier.ch)

22. Markus, "Thiel, Dirigentin Joana Mallwitz", Merkur, 2020. (www.merkur.de)

23. https://www.instagram.com/jennabhager

24. Claus Kleber, "Nguyen-Kim zu Corona und Klima", zdf heute, 2020. (www.zdf.de)

25. Dr. Wlodarek Life Coaching. (www.youtube.com/watch?v=u-mUPOPXh100)

26. Lehrer Schmidt, "Einfach lernen!" (www.youtube.com/watch?v=AYUVz-5V3bA0)

27. Katarzyna (Kasia) Mol-Wolf, LinkedIn, 2019. (de.linkedin.com/pulse/working-mum-aber-keine-rabenmutter-dr-katarzyna-kasia-molwolf)

28. Carsten Pohlmann, "Thought Leadership – Erfolg durch Gewinnung der Meinungshoheit", Deutsches Institut für Marketing, 2019. (www.marketinginstitut.biz/blog/thought-leadership/)

29. https://www.brainyquote.com/quotes/chris_hadfield_637159

30. Information Factory, "Deutschland führt?!", 2015. (https://www.information-factory.com/fileadmin/user_upload/studien/Deutschland_fuehrt_Studie_2015.pdf)

31. 도리스 메르틴, 배명자 옮김, 『아비투스』, 다산초당, 2020.

32. Dorothea Assig and Dorothee Echter, *Ambition*, Campus, 2012.

33. Hannes Ametsreiter, "Ihr geht jeden Tag raus", LinkedIn. (www.linkedin.com/posts/hannes-ametsreiter_ihr-gehtjeden-tag-raus-f%C3%BCr-unsere-kundinnen-ugcPost-6650666746485309440-e-Xq)

7장 평정심: 감정을 다스려야 본질에 이를 수 있다

1. Hart aber fair, "Lagerkoller im Lockdown", Das Erste, 2020. (www1.wdr.de)

2. Russell, James, "A Circumplex Model of Affect", Journal of Personality and Social Psychology, 39. 1161-1178.

3. Thomas Maran 외, "Lost in time and space", Frontiers in Behavioral Neuroscience, 2017. (www.frontiersin.org/articles/10.3389/fnbeh.2017.00206/full)

4. Dieter Vaitl, "Blick ins Gehirn", Gießener Universitätsblätter, 2006. (www.giessener-hochschulgesellschaft.de/resources/GU/GU-39-2006.

pdf)

5.   Julie Bort, "'No Drama Obama': Barack Obama verrät seine Tricks, mit
    denen er auch unter Druck gelassen bleibt", Business Insider, 2019.
    (www.businessinsider.de)

6.   Hauke Goos; Thomas Hüetlin, "Geld muss man verachten", Spiegel,
    2016. (www.spiegel.de/spiegel/print/d-145417430.html)

7.   Dorothea Assig and Dorothee Echter, "Aus dem Ambition Manage-
    ment". (www.assigundechter.de//newsletter/2020-05-20.htm)

8.   David Remnick, "Going the distance. On and off the road with
    Barack Obama", The New Yorker, 2014. (www.newyorker.com/maga-
    zine/2014/01/27)

9.   Maria Hunstick, "Wäre ich ein Mann, würde niemand annehmen, dass
    ich wegen einer Heirat alles stehen und liegen lasse – im Gespräch mit
    Westwing-Gründerin Delia Fischer", Vogue, 2019. (www.vogue.de)

10. Seneca. Briefe an Lucilius (Epistulae morales ad Lucilium)

11. P. Laudenbach and S. Heuer, "Action!", Brand eins, 2015. (www.
    brandeins.de/magazine/brand-eins-wirtschaftsmagazin)

12. Johann Wolfgang von Goethe, Berliner Ausgabe, Poetische Werke [Band
    1 – 16], Berlin 1960.

13. "Giacomo Rizzolatti; Laila Craighero", Annual review of neuroscience.
    (www.cs.princeton.edu/courses/archive/spr08/cos598B/Readings/Riz-
    zolattiCraighero2004.pdf)

8장 민첩성: 계획을 따르지 말고 변화에 반응하라

1.   Wikipedia, Agilität(Management). (https://de.wikipedia.org/wiki/Agil-
    it%C3%A4t_(Management))

2.   Immer wieder Design, "Website-Relaunch für Geigerin Anne-Sophie
    Mutter". (immerwieder.design/projekte/website-relaunch-geiger-
    in-anne-sophie-mutter)

3. 위와 동일.

4. Deutsche Presseagentur, "Eine tiefe Zäsur", Gießener Allgemeine, 2020. (www.giessener-allgemeine.de/politik/eine-tiefe-zaesur-13633987. html)

5. Treppenhausorchester.de, Circles beim Mozartfest Würzburg. (treppen-hausorchester.de/termine/circles-beim-mozartfest-wuerzburg/)

6. Campana Schott, "Future Organization Report", 2019. (www.campa-na-schott.com)

7. Severine Guthier, "Agilität braucht Flügel –Vom Doing Agile zum Being Agile. Interview mit René Kräling", Newmanagement, 2019. (newman-agement.haufe.de/organisation/agiles-mindset)

8. Silke Wichert, "Der Titelheld", Süddeutsche Zeitung, 2020, Nr. 240.

9. Kremsmayr and M.: Unsicher –Auswirkungen einer veränderten Welt. In: Ramsauer, C.; Kayser D.; Schmitz C. (Hrsg.): Erfolgsfaktor Agilität – Chancen für Unternehmen in einem volatilen Marktumfeld. Wiley Ver-lag, Weinheim 2017.

10. M. Giebel and F. Schwarz, "Das macht ein bisschen Angst – Coro-na-Mutation?" Merkur, 2020. (www.merkur.de)

11. Ferdinand Otto, "Einfach mal sagen: Ich weiß es nicht!", Zeit, 2020. (www.zeit.de/politik/deutschland/2020-05)

12. Max Gerl 외, "Aber kann er auch Kanzler?", Süddeutsche Zeitung, Nr. 154, 2020.

13. Wolfgang König, "Der Wildeste unter Tausend", Autobild.de, 2011. (www.autobild.de/klassik/artikel/mini-cooper-s-1553501.html)

14. U. Knöfel and J. Kronsbein. "Hurra, ein Weltwunder–weil die Demokratie versagt hat Spiegel Kultur", 2017. (www.spiegel.de)

15. https://www.goodreads.com/work/quotes/552587-agile-project-man-agement-creating-innovative-productsthe-agile-softwa

16. Kirill Klimov, "Top 20 Quotes related to agile software development", SlideShare. (de.slideshare.net/f0g/top20-agile-quote)

17. Andreas Kuckertz 외, "Wie stehen die Deutschen unternehmerischem

Scheitern gegenüber?", Neue-Unternehmenskultur.de. (www.neue-unternehmerkultur.de/#ergebnisse)

18. Pauline Schinkels, "Macht mehr Fehler!", Spiegel.de, 2014. (www.spiegel.de)

19. Susanne Schreiber, "Interview mit Nicola Leibinger-Kammüller", Handelsblatt.com, 2020. (www.handelsblatt.com)

20. Doris Märtin, *Mich wirft so schnell nichts um*, Campus, 2010.

21. James Shore, "The Decline and Fall of Agile", James Shore – The Art of Agile, 2008. (www.jamesshore.com/v2/blog/2008/the-decline-and-fall-of-agile)

22. Eloise Ristad, "A Soprano on Her", Real People Press, 2012.

23. Kathrin Frank, "Donna Leon im Interview", Rhein-Neckar-Zeitung, 2013. (www.rnz.de)

24. Melanie and Dietmar Wohnert, "Agile Your Mind – Agilität beginnt im Kopf", Informatik aktuell, 2017. (www.informatik-aktuell.de)

25. Page Group, "Diversity Management Studie", 2018. (www.charta-der-vielfalt.de/uploads/tx_dreipccdvdiversity/Diversity%20Studie%20 2018.pdf)

26. Daniela Gassmann, "Stellen Sie sich vor: Aus einer Teetasse würde eine Orchidee werden", Süddeutsche Zeitung Magazin, Nummer 29, 2020.

27. Angelika Unger, "So lernen Sie, mutiger zu sein", Impulse.de, 2020.

9장 웰빙: 때때로 멈춰 서서 자신을 돌보아라

1. The School of Life, "Simplicity & Anxiety". (www.theschooloflife.com/ thebookoflife/simplicity-anxiety/)

2. Heike Kreutz, "Lebensstil und chronische Krankheiten", Bundeszentrum für Ernährung, 2020. (www.bzfe.de/inhalt/lebensstil-und-chronische-krankheiten-35207.html)

3. Petra Kaminsky, "Was das Smartphone mit unserem Kopf macht", Welt,

2019. (www.welt.de/gesundheit/article196824853)

4. Florence-Anne Kälble, "Alte Hardware im Kopf passt nicht in neue Welt", ZDFheute, 2019. (www.zdf.de/nachrichten/heute)

5. Petra Kaminsky, "Forschungsreport: Was Smartphones mit unserem Gehirn machen", Manager Magazin, 2019. (www.manager-magazin.de)

6. A. F. Ward 외, "Brain Drain: The Mere Presence of One's Own Smartphone Reduces Available Cognitive Capacity", Journal of the Association for Consumer Research, 2017. (www.journals.uchicago.edu)

7. Paul Nurse, "If you work too hard, you will keep going in the same direction", YouTube, 2015. (www.youtube.com/watch?v=HxDnH4dlS1)

8. Nicolas Himowicz, "Where to think big like a CEO", Medium, 2018. (medium.com/the-happy-startup-school)

9. Vera Müller, "Wir brauchen den Schlaf, um kreativ zu sein", Forschung und Lehre, 2018. (www.forschungundlehre.de)

10. "Merkel räumt mit Schlaf-Gerücht auf", Ntv, 2017. (www.n-tv.de)

11. Ben Simon 외, "Overanxious and underslept", Nat Hum Behav 4, 2020. (doi.org/10.1038/s41562-019-0754-8)

12. Ali Montag, "This is billionaire Jeff Bezos' daily routine and it sets him up for success", CNBC make it, 2015. (www.cnbc.com/2018/09/14)

13. Nick Littlehales, "Sleep – Schlafen wie die Profis. Albrecht Knaus Verlag", 2018.

14. 줄리아 카메론, 임지호 옮김, 『아티스트 웨이』, 경당, 2017.

15. Kayla Kazan, "Huge List of CEOs That Meditate at Work", Peak Wellness, 2020. (peakwellnessco.com/ceos-that-meditate-at-wor)

16. "Einfach mal abschalten: So trennen Sie Arbeit und Freizeit", Wolfsburger Allgemeine, 2019. (www.waz-online.de)

17. John Baldoni, "Ruth Bader Ginsburg: Against The Odds", Forbes, 2020. (www.forbes.com/sites/johnbaldoni/2020/09/18)

18. "Wer kocht denn in Deutschland?", Deutsche Gesellschaft für Ernährung e. V., 2017. (www.dge.de/presse/pm/wer-kocht-denn-in-deutschland)

19. Sophie Hilgenstock, "Interview mit Ernährungspsychologe Thomas El-

rott", Dresdner Neueste Nachrichten, 2019. (www.dnn.de)

20. Rachel Rettner, "The Dark Side of Perfectionism Revealed", Livescience. com, 2010.

21. Hanley, Adam 외, Washing Dishes to Wash the Dishes: Brief Instruction in an Informal Mindfulness Practice, Mindfulness.

10장 공명: 혁신은 홀로 태어나지 않는다

1. Hartmut Rosa, über Resonanz, Die Presse, 2018.

2. Michael Sapper und Thomas Kaspar, "Soziologe: Darum haben Trump und die AfD so viel Erfolg, Merkur, 2017. (www.merkur.de)

3. Camille Okhhio, "How Lichen, East Williamsburg's Coolest Furniture Store, Is Democratizing Design", Vogue, 2020. (www.vogue.com)

4. Michael Zirnstein, "Lichtgestalten, die ihre Stadt gestalten", Süddeutsche Zeitung, 2020, Nr. 199.

5. Daniel Rettig, "Egoismus: Wir kooperieren für unseren Vorteil", Zeit, 2010. (www.zeit.de)

6. Cornerstone On Demand, "Toxic Employees in the Workplace", Cornerstone On Demand. (www.cornerstoneondemand.com/sites/ default/files/thank-you/file-to-download/csod-wp-toxic-employ- ees-032015_0.pdf)

7. Gesche Peters, "So schützen Sie Ihre Firma vor Mitarbeitern, die die Stimmung vergiften", Impulse, 2020. (www.impulse.de)

8. Trisha Daho, "Let's Talk about Toxic People in Business", Empowered, 2017. (empoweredlc.com/2017/03/lets-talk-toxic-people-business)

9. Helena Ott, "Lust auf Macht", Süddeutsche Zeitung, 2020, Nr. 203.

10. Hartmut Rosa, über Resonanz, Die Presse, 2018.

11. IMD.org, "Singapore tops new citizen-centric global smart city index", 2019. (www.imd.org)

12. Evelyn Pschar, "Gut gelüftet", Süddeutsche Zeitung, 2020. (kreativ-

bund.de/fellows/frank-patrik-riklin)

13. Tom Peters, *The Excellence Dividend*, Vintage Books, 2018.

14. Bill Gates, "A conversation about friendship, failure, and the future", GatesNotes, 2017. (www.gatesnotes.com/About-Bill-Gates)

15. Hartmut Rosa, über Resonanz, Die Presse, 2018.

16. Felix Kranert, "Wie die Formel für Innovation aus einem Buzzword Impact macht", Founders, 2020. (founders-magazin.de)

17. Wouter Aghina 외, "How to select and develop individuals for successful agile teams", McKinsey & Company, 2018. (www.mckinsey.com)

18. Dorothea Assig and Dorothee Echter, *Ambition*, Campus, 2012.

19. Eberhard Huber, "Aus den Apollo Missionen für Projekte lernen", Openpm, 2013. (www.openpm.info/pages/viewpage.action?pageId=11404202)

20. Dorothea Assig and Dorothee Echter, *Freiheit für Manager*, Campus, 2018.

21. Mit Diplomatie die eigene Karriere als Ingenieur vorantreiben, Ingenieur. de. (www.ingenieur.de)

22. https://www.youtube.com/watch?v=WtHjd2Z206A

23. Lorenzo Coviello 외, "Detecting Emotional Contagion in Massive Social Networks", PLOS one, 2014, Volume 9. (journals.plos.org)

24. FOCUS Online Politik, politiknewsletter2.focus.de, 2020.

25. Harry Gatterer, "Resonanzmodell für die Zukunft", Zukunftsinstitut, 2017. (www.zukunftsinstitut.de)

26. Jill Dupleix, "How the Ottolenghi Effect swept the world", www.goodfood.com, 2019.

27. Brief an Robert Hooke, 5. Februar 1675/76; zitiert nach Richard Westfall: Isaac Newton. Eine Biographie. Spektrum Akademischer Verlag, Heidelberg/Berlin/Oxford 1996.

28. Sjoukje van de Kolk, "Wertschätzen, was da ist". (www.livingathome.de)

29. Katie Couric, "Exclusive: Ruth Bader Ginsburg on Hobby Lobby Dissent", Yahoo News with Katie Couric. (news.yahoo.com)

30. Hartmut Rosa, *über Resonanz*, Presse, 2018.

마치는 글 **탁월함의 기적은 아주 가까이에 있다**

1. https://www.youtube.com/watch?v=_bltIRGApig
2. Tom Peters, *The Excellence Dividend*, Vintage Books, 2018.

옮긴이 배명자

서강대학교 영문학과를 졸업하고 출판사에서 편집자로 8년간 근무했다. 이후 대안교육에 관심을 가지게 되어 독일 뉘른베르크 발도르프 사범학교에서 유학했다. 현재는 바른번역에서 번역가로 활동 중이다. 『아비투스』, 『숲은 고요하지 않다』, 『세상은 온통 화학이야』, 『우리는 얼마나 깨끗한가』, 『부자들의 생각법』 등 70여 권을 우리말로 옮겼다.

인간의 탁월함을 결정하는 9가지 능력

엑설런스

초판 1쇄 발행 2022년 2월 23일
초판 2쇄 발행 2022년 3월 4일

지은이 도리스 메르틴
옮긴이 배명자
펴낸이 김선식

경영총괄 김은영
책임편집 박혜원 **디자인** 황정민 **책임마케터** 박태준
콘텐츠사업4팀장 김대한 **콘텐츠사업4팀** 황정민, 임소연, 박혜원, 옥다애
마케팅본부장 권장규 **마케팅4팀** 박태준, 문서희
미디어홍보본부장 정명찬 **홍보팀** 안지혜, 김민정, 이소영, 김은지, 박재연, 오수미
뉴미디어팀 허지호, 임유나, 박지수, 송희진, 홍수경
저작권팀 한승빈, 김재원 **편집관리팀** 조세현, 백설희
경영관리본부 하미선, 박상민, 김민아, 윤이경, 이소희, 김소영, 이우철, 김혜진, 김재경, 최완규, 이지우

펴낸곳 다산북스 **출판등록** 2005년 12월 23일 제313-2005-00277호
주소 경기도 파주시 회동길 490 다산북스 파주사옥 3층
전화 02-702-1724 **팩스** 02-703-2219 **이메일** dasanbooks@dasanbooks.com
홈페이지 www.dasanbooks.com **블로그** blog.naver.com/dasan_books
종이 (주)아이피피 **출력** 민언프린텍 **코팅·후가공** 제이오엘앤피 **제본** 국일문화사

ISBN 979-11-306-8038-5 (03300)

다산북스(DASANBOOKS)는 독자 여러분의 책에 관한 아이디어와 원고 투고를 기쁜 마음으로 기다리고 있습니다.
책 출간을 원하는 아이디어가 있으신 분은 다산북스 홈페이지 '원고투고'란으로 간단한 개요와 취지, 연락처 등을 보내주세요.
머뭇거리지 말고 문을 두드리세요.